天津市社科规划重大项目成果

新时代政治思维方式
研究丛书

XINSHIDAI ZHENGZHI SIWEI FANGSHI
YANJIU CONGSHU

陈晏清◎主 编

王新生 阎孟伟◎副主编

中华民族文化自信的
理论逻辑和实践逻辑

ZHONGHUA MINZU WENHUA ZIXIN DE
LILUN LUOJI HE SHIJIAN LUOJI

阎孟伟 周德丰 等◎著

人民出版社

合作单位

南开大学—中国社会科学院大学 21 世纪马克思主义研究院

南开大学当代中国问题研究院

南开大学马克思主义学院

南开大学哲学院

丛书编委会

主　任:邢元敏　杨庆山　陈晏清

委　员(按姓氏拼音排序):

　　　　陈晏清　付　洪　李淑梅　刘凤义　史瑞杰　王新生

　　　　邢元敏　阎孟伟　杨庆山　翟锦程

本书作者

阎孟伟　南开大学马克思主义学院教授

周德丰　南开大学哲学院教授

张　娇　天津医科大学马克思主义学院讲师

吴建永　天津师范大学马克思主义学院副教授

目　　录

"新时代政治思维方式研究丛书"总序

陈晏清

党的十八届三中全会决议提出:"把完善和发展中国特色社会主义制度,推进国家治理体系和治理能力现代化作为全面深化改革的总目标。"这是党中央在新时代推进中国社会改革和建设的伟大战略部署,是习近平新时代中国特色社会主义思想的重要组成部分。

国家治理就是国家秩序、社会秩序的建构,在广义上就是政治建设。实现这个目标,依赖于高超的政治智慧,特别是正确的政治思维方式。国家治理现代化问题的提出,表明我们国家的社会治理已经逐渐由传统的自上而下的国家统治向更加复杂的现代社会治理转变。与此相适应,一些重要的政治观念及建立于其上的政治思维方式也应随之变更。基于这些考虑,我们选择了"新时代政治思维方式"的研究课题,并获准列入天津市社科规划重大委托项目。这套丛书就是这个课题研究的最终成果。

政治思维方式的研究是一种政治哲学的研究。马克思创立的政治哲学可以理解为一种基于事实与价值相统一的理想性政治哲学,它主要是对资本主义社会政治的批判,没有也不可能有关于社会主义制度下政治活动的系统性哲学阐释。在现时代,我们无疑应在承续这种理想性政治哲学批判性传统的同时,着力建设一种适应现实生活的现实性政治哲学,即基于事实与价值相统一的建构性的马克思主义政治哲学。这套丛书的写作和出版,就是朝着这个学术目标所做的一种努力。因此,在这里,我想结合这套丛书的设计、研究和写作过程中的一些问题及其解决之道,就研究和建构现实性马克思主义政治哲学中的几个重要问题,谈谈我的一些初步认识,以作为丛书的序言。

一、"政治"概念的澄明

古往今来,特别是近代以来,出现了各种"政治"定义,但相互之间没有公度性,几乎不可通用。究其原因,主要在于两个方面:一是各种政治学说的学术旨趣不同,或理论视角不同,因而对于"政治"的本质的理解和阐释也就不同;二是现实社会政治生活的变化较快,"政治"概念的外延不确定,相应地,它的内涵也难以确定,现代社会尤其如此。这使得政治思想的研究和对话、交流都不可避免地存在着逻辑上的障碍。我们过去使用的"政治"概念,是列宁的"政治"定义(政治就是各阶级之间的斗争),这在阶级社会是正确的、适用的,即使在现时代,对于某些重要的政治现象的思考仍然必须运用阶级的观点,但从总体上说,这样的概念显然是不够用了。

现在对于政治的关注和研究成为哲学社会科学的热点,政治哲学和政治科学的研究都十分活跃,却极少有人试图根据变化了的社会政治生活重新定义"政治"。有些学者对原来使用的"政治"概念作了必要的修正和补充,这当然是非常有益的,而且目前来说也只能如此。在我看来,出于上面所说的原因,要做出一个可公度、可通用的"政治"定义仍是很困难的。但若没有对于"政治"的基本规定,研究工作便无所依循。这套丛书是一套政治哲学的研究著作。我想超出政治科学的视野,先从哲学上作些思考,将来如有可能的话再回到政治科学上来,这样或许可以提供一些新的研究线索。这里说的从哲学上思考,也不是企图作一个关于"政治"的哲学定义,而只是从哲学角度把握政治的一般规定,提供一个研究政治生活的观念框架。

按照马克思主义的人类活动论(或实践论)的哲学范式,哲学是对于人类自身活动的反思。人类是以自己能动地改变世界的活动来满足自己的需要的。人类生活有三大基本的需要:一是作为有生命的存在物,首先有生存的需要或物质生活资料的需要;二是作为社会性的存在物,有秩序的需要;三是作为有意识有思想的存在物,有意义的需要。满足物质生活资料需要的活动是物质生产活动或广义的经济活动,满足秩序需要的活动是广义的政治活动,而满足生活意义的需要的活动便是广义的文化活动,它们构成人类活动的三大基本领域,即经济、政治、文化的领域。哲学反思人类自身的活动,当然包括对于这三大基本活动及其相互关系的思考。而政治哲学作为哲学的一个重要分支,作为一种专门的哲学形式,它的主要任务正应当是对于现存秩序及其构成方式的合理性(主要是正义性)的批判性思考。这个看法,就是我作出国家治理是广义上的政治建设以及对于国家治理问题的哲学研究是一种政治哲学的研究这一论断的观念依据。这样的观念,同列宁的"政治"定义是可以相容的。在阶级社会,阶级斗争无疑是改变旧秩序、建设新秩序的根本途径。只是在我国国内剥削阶级作为一个阶级已不复存在,阶级矛盾已不是社会的主要矛盾,社会主义建设包括政治建设即社会秩序的建构和维护的活动,不再以阶级斗争为纲,因此,就国内政治来说,对于原来作为指导思想的"政治"概念需要有所澄清。

当然,说广义的政治活动是满足人类的秩序需要的活动,这是对于"政治"的最为一般即最为抽象的规定,还必须有一系列的补充说明,即作出一系列的限定。秩序普遍存在于自然界和人类社会中,进入"政治"范畴的只能是社会秩序。进一步说,即使在社会生活中,也不是任何一种秩序都与政治相关。人的一切活动都是需要有一定秩序的,这种"秩序"或"秩序性"同人的理性的运作直接相关,但有的只是同科学理性相关,只是一种技术上的要求,而同价值理性无涉,不关乎人们的利益关系的调整。例如,在经济活动中,任何一个具体的生产过程都是按照一定的操作规程有序地进行的,这种"秩序"与政治不相干,而宏观的经济运行秩序如市场秩序,则会涉及人们的利益关系,不仅影响经济活动,而且会影响整个社会生活。这样的秩序合理与否就具有政治的性质了,这是经济中的政治。政治视野里的秩序,主要是社会成员共同生活的公共秩序,它的最重要的内容或标志,就是形成能够组织、协调和控制社会共同生活的社会权力,并建立起社会个体对社会权力的服从关系。

公共秩序实际上就是调控和维护个体与共同体即个人与社会的关系的秩

序。它的存在样态是由社会和人本身的发展状态决定的,是历史关系的产物。马克思指出:"人的依赖关系(起初完全是自然发生的),是最初的社会形态,在这种形态下,人的生产能力只是在狭窄的范围内和孤立的地点上发展着。以物的依赖性为基础的人的独立性,是第二大形态,在这种形态下,才形成普遍的社会物质变换,全面的关系,多方面的需求以及全面的能力的体系。建立在个人全面发展和他们共同的社会生产能力成为他们的社会财富这一基础上的自由个性,是第三个阶段。第二个阶段为第三个阶段创造条件。"①马克思的这个论述,为我们研究社会秩序建构的历史类型提供了基本的指导线索。

就文明社会以来的历史考察而论,这第一个阶段即人的依赖性的阶段,是指的前市场经济社会。在这个阶段上,个体依附于共同体,没有个体的独立性;生产规模狭小,生产力水平低下,人们相互之间的经济交往和社会交往极不发达,因而社会关系十分狭隘和简单,基本上是一种以人身依附关系为基础的自上而下的统治和服从的线性关系;经济活动本身不可能起到对于社会个体活动的整合作用,公共秩序只能依靠超经济的力量特别是政治的强制性力量来建立和维持。这就是专制政治得以产生的社会基础。在这种社会形态下,人只是"一定的狭隘人群的附属物"。这种"狭隘人群"就是古代的共同体,如家族、公社、行会等。社会与国家一体,国家就是社会的共同体。皇帝、国王就是国家,皇权、王权就是秩序。所有的人包括那些小的共同体的首领和成员都是国家的臣民,都依附于国家,即依附于皇帝或国王。

第二个阶段是指市场经济社会。这个阶段上传统的共同体解体,人们解除了人身依附关系,成为独立的自主活动的主体;社会生产有了巨大的发展,生产规模不断扩大,日益成为社会化的大生产;随着商品经济的发展,人们相互之间的经济交往和社会交往也逐步发展起来,使整个社会关系越来越丰富和复杂,使从前的以人身依附关系为基础的线性的关系,逐步为以纯粹的经济利益关系为基础的、由错综复杂的横向交往所织成的非线性的网络式的关系

---

① 《马克思恩格斯全集》第46卷上册,人民出版社1979年版,第104页。

所代替;社会化的生产和市场化的经济本身也对个体的活动具有整合的功能,社会秩序的建立和维护对于政治的强制性力量的依赖程度显然不如上述第一个阶段那么高,而主要依靠强力支撑的专制政治在客观上也已不适合于管理一个社会关系日益复杂的商品社会。这就是近代资产阶级民主政治兴起的社会基础。这里需要特别注意的是,马克思讲的第二个阶段的人的独立性是"以物的依赖性为基础的人的独立性"。这种"独立性",只是说的个人已解脱了人身依附,由人的依赖性变成了物的依赖性。这个"物"不是指的自然物,而是社会关系的物化,或物化的社会关系。"物的依赖关系无非是与外表上独立的个人相对立的独立的社会关系,也就是与这些个人本身相对立而独立化的、他们互相间的生产关系"①。由人的依赖性转变到物的依赖性,不过是由"人的限制即个人受他人限制"转变为"物的限制即个人受不以他为转移并独立存在的关系的限制"②。本来是人在自己的活动中创造的并作为自己活动的社会形式的社会关系,又反过来限制人的活动,并成为支配人的力量,这也是一种异化,即社会关系的异化。在以交换价值为基础的市场经济社会,"个人的产品或活动必须先转化为交换价值的形式,转化为货币,才能通过这种物的形式取得和表明自己的社会权力"③。所以马克思说,这种个人是"在衣袋里装着自己的社会权力"④,谁的腰包越鼓,谁的社会权力就越大。而且,按照市场经济自身的逻辑,它的自发发展的逻辑,必定是一部分人即少数人的腰包越来越鼓,另一部分人即大多数人的腰包越来越相对缩小的两极分化的趋势。所以,资本主义的市场社会,就是一个信奉货币万能、金钱万能的社会。这个社会中人的独立性,如马克思所说是"外表上"的,即形式上的,这个社会中表现人的独立性的一些基本的社会价值如平等、自由、民主等等,也就都只能是形式上的,而不能是事实上的或实质上的。我们只有按照马克思主义的

---

① 《马克思恩格斯全集》第46卷上册,人民出版社1979年版,第111页。
② 《马克思恩格斯全集》第46卷上册,人民出版社1979年版,第110页。
③ 《马克思恩格斯全集》第46卷上册,人民出版社1979年版,第105页。
④ 《马克思恩格斯全集》第46卷上册,人民出版社1979年版,第103页。

观点,这样去理解所谓"以物的依赖性为基础的人的独立性",理解这个社会的社会关系的性质,理解以此为基础和依据的社会秩序的构成方式,才能真正理解资本主义市场经济社会的政治。

第三个阶段就是指共产主义社会(社会主义是它的低级阶段)。在这个阶段,既消除了人的依赖性,也消除了物的依赖性,而是在个人全面发展基础上的自由个性;人们的社会结合方式是在共同占有和共同控制生产资料基础上的自由人联合体。这第三阶段同第二阶段的根本性的区别就在于人不再受物化的社会关系的支配,而是能够支配自己的社会关系,因而能够支配和控制自己的生存条件,成为自己的社会结合的主人。正是在这个意义上,恩格斯把从第二个阶段向第三个阶段的转变,称为"人类从必然王国进入自由王国的飞跃"①。

中国已经建立了社会主义制度,就表明中国已经进入了马克思说的人类社会发展的第三阶段,尽管现在仍处在这个阶段的初始时期。决不可因为中国现在仍在发展市场经济,就认为中国同其他没有建立社会主义制度的市场经济国家处在相同的发展阶段上。如果这样认为,那就是一种明显的错误认识,而且是一种政治思考的前提性错误。马克思说"第二个阶段为第三个阶段创造条件",但由于历史的原因,中国社会的第二个阶段即市场经济社会的阶段没有获得充分的发展,即没有为中国社会进入第三个阶段准备好充分的条件。这正是中国的社会主义社会必须经历一个漫长的初级阶段的原因。中国需要在社会主义的初级阶段,运用社会主义制度的优势,发展市场经济,为自己在第三个阶段内的发展创造条件。市场经济是人类社会的发展不可超脱的历史阶段。"全面发展的个人……不是自然的产物,而是历史的产物。要使这种个性成为可能,能力的发展就要达到一定的程度和全面性,这正是以建立在交换价值基础上的生产为前提的,这种生产才在产生出个人同自己和同别人的普遍异化的同时,也产生出个人关系和个人能力的普遍性和全面

---

① 《马克思恩格斯选集》第3卷,人民出版社1995年版,第634页。

6

性。"①没有以交换价值为基础的市场经济的发展,就不会有普遍的社会物质变换和社会交往活动,不会有丰富的社会关系,当然也就不会产生出个人关系和个人能力的普遍性和全面性,不会产生出马克思说的"自由个性",不会具备人类社会在第三阶段运行的前提和条件。因此,我国在现阶段,在整个社会主义初级阶段,政治建设的基本任务,就其主要之点来说,就是建立和完善同社会主义市场经济的发展相适应的社会秩序,保证社会主义市场经济的健康发展。一方面,坚持社会主义方向,依靠市场经济的发展,建立起社会主义的强大物质基础,积累社会文明进步的种种积极成果;另一方面,发挥社会主义政治上层建筑干预、引导和规范市场经济的作用,矫正和克服市场经济的自发性,最大限度地防止市场经济的消极后果。这种思考,也正是丛书各卷立论的依据和基础。

上述关于政治的理解,是笼统了一些,但可公度性、可通用性增强了。各种政治学说的理论立场、理论观点可能不同,甚至互相对立,但可以是讨论同一个问题,而不至于各吹各的调。这样理解的"政治"是可以持续研究的,不用担心什么时候会停滞乃至消失。将来,阶级在全球范围内消灭了,国家消亡了,政治会不会也随之消失?议论这样的问题还为时尚早,但有一点可以肯定,即人类生活对于秩序的需要永远不会消失。人总是社会中的个人,总要结成一定的社会关系才能活动,也就总会有社会关系的维护和调整,社会总会要有规范,总会有权威和服从,等等。人类将来会在一种什么性质的秩序下生活?这倒是可以引用马克思在谈论"自由王国"问题时说的话来表达:社会化的人,将"在最无愧于和最适合于他们的人类本性"②的秩序下生产和生活。这同马克思关于人类解放的思想在精神实质上是完全一致的。毫无疑问,这个伟大目标的最终实现,还需要经过一个漫长的、艰巨的社会改造过程。但这是我们不可动摇的信念和理想。我们现在所做的一切都是朝向这个目标的努

---

① 《马克思恩格斯全集》第46卷上册,人民出版社1979年版,第108—109页。
② 《马克思恩格斯全集》第25卷,人民出版社1974年版,第927页。

力。所谓现实性政治哲学的研究,就是要把握这一价值目标在现阶段实现的可能程度,探讨将这一理想现实化的条件和途径。可以坚信,国家治理现代化的实现将是向这个伟大目标前进的一大步。

二、哲学的进步和政治思维方式的更新

政治思维方式变更的根本原因和动力固然是现实社会生活特别是政治生活的变化,但哲学进步的影响也不可低估。关于现实社会生活的变化推动政治思维方式的变更,我将会在后面的论述中有较多的涉及,而且整个这套丛书讲的就是社会改革和政治思维方式变革的关系。所以,在这里,我先专门讲讲哲学对政治思维方式的影响。

哲学是普照的光。哲学思维的重大变化必定会影响社会生活和科学的各个领域,政治生活当然也不例外,甚至可以说,政治生活领域的反应会比其他领域更加敏感。从世界范围来说,当代哲学实现了一种可以称作后形而上学的转向,即在理论旨趣和哲学思维方式上由传统形而上学向后形而上学的全面转换。马克思主义哲学在实际上就是引领这种历史转向的潮流的。它首先是一种哲学的实践转向。针对传统形而上学理论至上、热衷于构造理论体系的哲学活动方式,不少哲学家纷纷提出哲学回归生活世界,主张实践活动优先于理论活动,社会生活世界成为哲学家们理论探索的第一视域。这种转向的直接表现就是领域哲学的纷纷兴起。哲学的研究不再是对世界总体的笼统的直接性追问并在此基础上建构起无所不包的哲学体系,而是从社会生活世界的各个领域切入,在不同的维度上把握总体世界,即从不同的哲学视界去把握同一个总体世界。这是20世纪下半叶以来政治哲学复兴的学术背景。而且由于政治哲学特殊的问题域、切入生活世界的独特视角,使得它成为思考和把握人类生存困境的最佳方式之一,因而迅速成为各种领域哲学中的显学。在后形而上学转向中表现的一些哲学倾向和提出的一些新的哲学观点,也对政治思维方式的更新产生了重要的影响。例如,批判绝对理性主义、遏制技术理性的单一性膨胀、要求重建理性的思潮,促使价值理性、道德实践理性得以凸

显,这是直接为以规范性研究为特征的政治哲学的复兴开道。传统形而上学遵从理性至上、理论优先,满足于抽象的理论思辨,因而关注的是城邦、国家等宏大叙事;而在后形而上学的实践优先的思想语境下,有关人的日常生活的话题如权利、自由、社会公平、民主等则不断凸显。改变传统形而上学对于"一"和"多"关系的抽象理解,肯定和强调异质性存在的合法性,便提倡多元性思维方式,要求人们在处理价值观念、生活方式和文化问题时持多样性共存的宽容态度。主体间性哲学的提出,促进了西方协商民主理论的兴起。至于对传统形而上学的主体性及与之密切相关的个体性思想的反思而导致的对公共性的追寻,更是引导人们进入当代政治思考的核心,即个人权利与公共善的关系问题,亦即个人和社会的关系问题。

就国内情况而论,除上述世界共同的学术背景外,中国还有其更为特殊的背景,哲学对政治思维的影响也更为明显和深刻。中国共产党在对于"文化大革命"的反思中,以纠正自己错误的巨大理论勇气,果断地否定了所谓"无产阶级专政下继续革命"的理论。这是政治观念和政治思维方式的根本性转变。这种反思是伴随着一系列的理论争论的,其中,最重要的正是哲学上的争论。首先是关于真理标准问题的哲学大讨论。经过这场讨论,重新确立了实践的权威,恢复了马克思主义的思想路线,这是敢于纠正自己错误的理论勇气的来源和保证。同"无产阶级专政下继续革命"的理论内容直接相关的最重要的哲学争论,主要是这样相互密切关联的三个方面:一是批判上层建筑决定论包括唯心主义的阶级斗争观和唯心的阶级估量,以及建立于其上并作为其集中体现的"全面专政"论,果断地停止了"以阶级斗争为纲"的口号,这是我国政治生活的最重要的历史性转折;二是对于批判所谓"唯生产力论"的反思,通过这种反思,重新认定并强调了生产力是社会发展的最终决定力量的观点,重新认定并强调了社会化的大生产是社会主义所绝对必需的物质基础,小生产必然向社会化大生产发展,而生产的社会化必须经过生产的商品化才能实现,进而从历史发展的普遍规律上认识到市场经济是社会发展必经的、不可超脱的历史阶段;三是对于批判所谓"折中主义"的反思,有人把政治和经济的统一、政治和业务的统一等等斥之为"折中主义",以致"宁要社会主义的草,不要资本主义的苗"一类极端化的言论满天飞舞,这在哲学上体现的是一种极端主义的思维方式。这种以哲学的名义又完全不顾哲学常识的"大批判",歪曲了社会主义的本质,把整个社会的政治思维也引向了极端的混乱和荒谬,在这一类问题上澄清理论是非,其影响更为广泛和深远。这些哲学上的反思,同其他学科或领域的理论思考相结合,其直接的作用就是促成了社会主义初级阶段理论和社会主义市场经济理论的产生(社会主义市场经济理论也属于社会主义初级阶段理论,是其支柱性的核心内容)。这是彪炳史册的伟大理论成果,它为我们的政治思维确立了前提和方向。

可见,政治思维方式是密切相关于哲学思维方式的,政治哲学并不是游离于整个哲学发展状况的一个哲学领域。德国当代政治哲学家奥特弗利德·赫费也说过:"从概念上廓清政治的正义性观念,尽可能使它成为可应用的标准,成为正义原则,一直是哲学的最高任务……政治讨论亦主要是从哲学角度进行的,而且成了道德的统治批判的决定性部分,并以这种形式建立了哲学的法和国家伦理学。"①赫费的话是对的。只要是哲学,就都是概念思维,政治哲学当然也是如此。政治哲学作为有着悠久学术传统的特殊的领域哲学,有其独特的概念系统,这是由它独特的问题域和切入问题的独特的理论视角所决定的。但我们不能局限于既有的这个政治哲学的概念系统。近代以来的西方政治哲学是以自由主义为理论基点的,在此基点上建立的是以个人权利为核心的概念系统,它的理论内容是以政治解放为限度的,而我们要建构的现实性政治哲学,是超越政治解放、走向人类解放的政治哲学。中国处在社会主义的初级阶段。一方面,要大力发展市场经济,作为市场经济存在条件的个人权利、个人自由还需要维护和规范,民主制度还需要完善等等。另外,还有一些属于政治解放范畴的历史任务需要继续完成,因而属于政治解放范畴的概念系统作为问题构架仍会保持,但要补充和更新概念的内涵,因为这些任务对于

---

① [德]奥特弗利德·赫费:《政治的正义性——法和国家的批判哲学之基础》,庞学铨、李张林译,上海译文出版社1998年版,第3页。

我们来说是已经走上人类解放之路、同人类解放的目标直接关联的任务了。另一方面,则是要着力探讨人类解放的目标在我国现阶段现实化的途径和条件。这是包含着全新内容的理论探索。对于我国国家治理现代化的研究就多属于这种研究,它涉及许多原来的概念系统难以容纳的新问题新内容,必须由马克思主义的基础哲学为其提供理论基础和方法论的指导,才能使这种研究达到政治哲学的层面,并在研究中逐步形成和完善新的政治哲学的概念系统,也才能真正把握和阐明政治思维方式的更新。正是出于这样的考虑,这套丛书特别注重对于相关问题的哲学阐释,构成这套丛书的理论支点的是若干哲学命题或蕴含丰富哲学内容的命题。例如"以人民为中心"就既是无比重大的政治命题,也是无比重大的哲学命题。中国共产党根基在人民、血脉在人民、力量在人民。因此,必须坚守党在一切事业中的人民立场,一切依靠人民,一切为了人民。它的哲学基础就是人民创造历史的历史观、人民利益至上的价值观。为了更好、更准确地理解"以人民为中心"的思想,在正面阐述马克思主义的历史观、价值观的同时,对于与此相悖的思想和理论如精英主义、民粹主义、无政府主义等,也做了适当的分析和批判。丛书对于其他重要问题的叙述方式都大体如此。

有一个问题需要顺便说明一下。这套丛书的名目是"新时代政治思维方式研究丛书",却并没有处处都刻意说明某种理论何以称作"政治思维方式",而似乎多是讲的"政治观念"。其实,"政治观念"和"政治思维方式"在实际的思维过程中是不可分割的,是一种一而二、二而一的存在形态,只是在对于这个思维过程进行研究和述说的时候,需要运用思维的抽象把它们分割开来,即抽象出它们各自的规定性。毛泽东在《矛盾论》里说:"这个辩证法的宇宙观,主要地就是教导人们要善于去观察和分析各种事物的矛盾的运动,并根据这种分析,指出解决矛盾的方法。"①事物的矛盾法则即对立统一学说,是一种宇宙观,但又是方法论。这就是说的马克思主义哲学的世界观与方法论的统

---

① 《毛泽东选集》第1卷,人民出版社1991年版,第304页。

一。马克思主义的政治哲学也是如此,也是观念和方法的统一。任何一种思维方式都有它的观念基础,而在观念向实践转化时,第一步就是将观念化为方法。政治哲学是一种地道的实践哲学,现实性政治哲学更是如此,它的现实基础是我们正在做的事情,它所形成的观念随时都会运用于政治实践。当它运用于政治实践时,就是作为政治思维方式在起作用了。因此,将它称之为"政治思维方式研究"只有一个用意,那就是突出现实性政治哲学的实践性。现实总是时代的现实,实践总是时代的实践。我们研究的现实和实践是我们身处其中的这个时代的现实和实践。它与马克思时代的现实和实践相接续,但又有差异。这就是我们将丛书命名为"新时代政治思维方式研究"的基本考虑。

三、建构中国化马克思主义政治哲学的话语体系

话语体系当然包括话语风格、话语方式等等,但其实质或内核则是观念框架、理论框架,说到底也就是思维方式。政治哲学是关注政治事物的内在本性、价值指向和政治活动的应然规范,是一种有别于经验性研究的规范性研究,是要对人类应当怎样生活即人类生活的伦理价值目标进行哲学的追问。但在我们过去的哲学研究中,极少有这种规范性研究。我们长时期里只会在流行的历史唯物主义教科书的框架内说话,而没有政治哲学的独立的话语。改革前流行的历史唯物主义教科书体系是排除了价值论的维度的。它把历史唯物主义规定为"关于人类社会发展一般规律的科学",这就只剩下认知的维度了。所以,虽然也曾有人用"马克思主义政治哲学"的名义写书写文章,但讲的基本上还是历史唯物主义教科书里关于阶级、国家、革命的内容,一涉及基本的社会价值如自由、平等、人权等等,就难以与国际学术界对话了,因为这些内容恰恰是作为规范性理论的政治哲学的话语范围内所讨论的问题。这就是话语体系上的障碍。

曾经流行的历史唯物主义教科书和政治哲学两种话语体系的差异,主要是表现在认知和规范(即事实性与价值性)这两个维度的关系上。虽然任何

一种政治哲学都要求在理论上达成规范和认知的统一,但就其知识形式来说,无疑是属于规范理论。所谓进入政治哲学的话语体系,首先就是遵照政治哲学的学术传统,认定政治哲学是一种规范理论,接受规范理论的话语体系。当然,历史唯物主义的政治哲学比任何一种政治哲学都更加重视事实性对价值性的制约,这是维护政治哲学的唯物主义基础,但这并不排斥政治哲学话语的独立性。这两个维度在任何时候、任何情况下都不能互相排斥、互相割裂,而应当互相结合、互相统一。只有从认知与规范、科学与价值的统一中,才能把握和阐明政治哲学之作为哲学的本质。

用价值与事实之统一的观念框架解读马克思,肯定马克思创立了自己的政治哲学是毫无疑义的。马克思是不是创立了自己的政治哲学,是不是从政治思考的特殊角度把握了时代的精神,首先就看他是否把握了为历史的事实性所规定的具有客观可能性的价值目标。19世纪中叶,即在工业革命之后,马克思从这种社会化大生产看出它在促进生产力高度发展的基础上,开放了一种人类解放的可能性,因而创立了以人类解放为价值目标的政治哲学。马克思把握到的事实性是一种表现历史发展趋势的事实性,因而其价值目标也就是一种表现人类历史进步的新的可能性的价值目标。马克思的政治哲学所达成的事实性与价值性的统一,是一种基于理想的事实性的统一,所以叫作理想性的政治哲学。这种理想性政治哲学既有批判性,也有建设性,但首先和主要的是它的批判性。以"人类解放"即人的全面自由发展的价值理想观照资本主义社会的现实,看到资本主义社会是人的全面异化,是资本主义剥削制度下的种种不正义、不道德。因此,实现"人类解放"这一理想目标的决定性条件就是消灭资本主义私有制,消灭剥削,消灭阶级。"全部问题都在于使现存世界革命化,实际地反对并改变现存的事物。"①马克思主义哲学的革命的批判的本质在马克思的政治哲学的批判性之维得到了最充分的表现。这种政治哲学也是建设性的,它也包含了对于新的能够保证人的自由全面发展的社会

---

① 《马克思恩格斯选集》第1卷,人民出版社1995年版,第75页。

制度的建设性构想，是有关于未来社会的理论模型的。

俄国十月革命使社会主义由理论变为实践，第二次世界大战后，社会主义又由一国的实践变为多国的实践。按说，应当建立一种现实性的政治哲学，以利于更具体更切实地指导社会主义的政治实践。但是，几十年来，建构系统性的现实性政治哲学的理论任务一直未能提到日程上来。究其原因，无非是两个方面：一方面，是在学科观念上，不理解政治哲学的学科性质，普遍认为历史唯物论就包括了政治哲学，没有必要在历史唯物论之外再建立一种政治哲学；另一方面，对于社会主义实践所处的历史方位把握得不清楚，甚至不正确。政治哲学中事实性与价值性的统一，是以事实性为基础的，价值性是受事实性制约的，在现实性政治哲学中这种制约更加明显。对于社会主义实践所处的历史方位不清楚，也就是它的历史任务不清楚，当然也就不能清楚地规定它在当下的价值目标。这种情况，突出地表现在对于所谓"过渡时期"的认识上。

马克思在《哥达纲领批判》里有一个非常重要的著名论断："在资本主义社会和共产主义社会之间，有一个从前者变为后者的革命转变时期。同这个时期相适应的也有一个政治上的过渡时期，这个时期的国家只能是无产阶级的革命专政。"①在马克思的概念里，"共产主义"和"社会主义"是在同一意义上使用的，在《哥达纲领批判》里就有"共产主义社会第一阶段"和"共产主义社会高级阶段"的区分。后来列宁明确把马克思说的共产主义社会第一阶段称为社会主义社会，有"在共产主义社会的第一阶段（通常称为社会主义）"②的说法。后人都是按马克思和列宁的说法，把社会主义社会理解为"共产主义社会的第一阶段"的。所以，马克思在这里说的"革命转变"时期是指的由资本主义社会向社会主义社会的转变，而不是指的向共产主义社会高级阶段的转变。这个"革命转变时期"的主要任务就是剥夺剥夺者，即"利用自己的政治统治，一步一步地夺取资产阶级的全部资本，把一切生产工具集中在国家

---

① 《马克思恩格斯选集》第 3 卷，人民出版社 1995 年版，第 314 页。
② 《列宁选集》第 3 卷，人民出版社 1995 年版，第 196 页。

即组织成为统治阶级的无产阶级手里,并且尽可能快地增加生产力的总量"①。可见,马克思说的这个过渡时期是很短暂的,是社会生活急剧变化的"革命转变"时期,非常规时期。②

但是,这个"过渡时期"被后人不断拉长了。列宁时期还是比较清楚的,至少"过渡时期"和"共产主义社会第一阶级"即社会主义社会的区别是清楚的。我们在开始的时候也是十分清楚的,后来有一个时期就不清楚了。我们曾提出过两个"过渡时期",学界俗称"小过渡"和"大过渡"。20世纪50年代初提出的过渡时期,即是"小过渡"。这个"过渡时期"是指从中华人民共和国成立到社会主义改造基本完成这一时期。党在这个过渡时期的总路线和总任务,是要在一个相当长的时期内,基本上完成国家工业化和对农业、手工业、资本主义工商业的社会主义改造。1956年,社会主义改造基本完成,这个"过渡时期"也就宣告结束。所以,1957年2月毛泽东在最高国务会议上做关于正确处理人民内部矛盾问题的报告时郑重宣布:"革命时期的大规模的急风暴雨式的群众阶级斗争基本结束"③。这个"小过渡"的理论是符合《哥达纲领批判》的基本思想的,也是符合中国国情的,无疑是正确的。但几年之后,即1962年,在党的八届十中全会上又提出了一个"过渡时期"。提出"在由资本主义过渡到共产主义的整个历史时期……存在着无产阶级和资产阶级之间的阶级斗争,存在着社会主义和资本主义两条道路的斗争"。1963年,在《关于国际共产主义运动总路线的建议》中更明确地提出:"在进入共产主义的高级阶段以前,都是属于从资本主义到共产主义的过渡时期,都是无产阶级专政时期。"此即所谓"大过渡"。显然,这个"大过渡"理论是所谓"无产阶级专政下继续革命理论"的一部分,是它的理论前提。这个理论的社会实践后果,也已

---

① 《马克思恩格斯选集》第1卷,人民出版社1995年版,第293页。
② 参见王南湜、王新生:《从理想性到现实性——当代中国马克思主义政治哲学建构之路》,载《中国社会科学》2007年第1期;《政治哲学的当代复兴》,中国社会科学出版社2011年版,第10—16页。
③ 《毛泽东文集》第7卷,人民出版社1999年版,第216页。

经有许多文章阐述过了。这里只是就现实性的马克思主义政治哲学的建构何以可能或不可能的问题谈点看法。

按照这种"大过渡"的理论,不仅把阶级斗争严重地扩大化了,而且把整个社会主义阶段归入"过渡时期",社会主义社会就成了一个没有质的稳定性的过渡性社会,而不是一个具有自身稳定结构的独立的社会发展阶段。过渡性社会是一个社会生活变动不居的社会,人们难以说明这个社会的政治结构,没有也不须有阶段性的即现实性的价值目标,因此,难以为这种"大过渡"提供一种事实性与价值性相统一的政治哲学的支持,恐怕事实上也没有人想过要去做这种政治哲学的研究。

"文化大革命"结束,中国社会主义事业的发展,显然是处在一个极其重要的历史转折关头,亟须有理论上的重大创新,社会主义初级阶段理论便应运而生了。放弃了"大过渡"的观点,把社会主义社会看成不同于"过渡时期"也不同于共产主义社会的独立的社会发展阶段,而且这个阶段时间会很漫长,这就会合乎逻辑地肯定社会主义社会的发展也是分阶段的,也就合乎逻辑地将我们身处其中的社会看作是一种需要从政治哲学上加以把握的稳态社会。但是,对于中国社会主义初级阶段的概念,还不能仅仅从一般社会主义发展过程去理解,它不是泛指任何国家进入社会主义都会经历的初始阶段,而是特指中国在生产力落后、市场经济不发达的条件下建设社会主义必然要经历的特定阶段,在这个阶段,已经建立了社会主义的基本制度、法律制度和初步的社会权利规范,但还不完善;已经具有了稳定的社会结构包括政治结构,但还不成熟;因为还需要进行系统的改革,所以可以说也是一个社会大变动的阶段,但这个改革是在共产党的领导下有序进行的,是有明确的目标和步骤的,各种制度、规范正是在改革中,即通过改革逐步完善的。因此,立足于社会主义初级阶段的理论和实践,建构一种事实性和价值性相统一的现实性政治哲学就不仅是可能的,而且是非常必要的。习近平同志在主持十八届中央政治局第一次集体学习时指出,要深刻领会中国特色社会主义的总依据、总布局、总任务,总依据就是社会主义初级阶段,"不仅在经济建设中要始终立足初级阶段,而且在政治建设、文化建设、社会建设、生态文明建设中也要始终牢记初级阶段”。社会主义初级阶段是现在中国最基本、最重大、最确凿的事实性。所以，我们现在建构的现实性政治哲学毋宁说是社会主义初级阶段的政治哲学。

国家治理现代化就是针对中国特色社会主义制度尚不完善、国家治理体系尚不完善的状况提出的，是我们在社会主义初级阶段必须实现的一项重大的基本任务。在党的领导下，在推进深化改革的过程中，建立了并逐步完善着包括制度、法律、权利规范等在内的各种社会规范。这是我们建构现实性政治哲学的极为重要的基础和条件。从科学与价值的统一中，对这些社会规范的正当性(主要是正义性)进行哲学的追问就是一种政治哲学的研究，而且是最地道的政治哲学研究。政治哲学是典型的实践哲学，不能按照某种理论哲学的模式，从逻辑上推导出一种“政治哲学”来，而只能在建设、改革的实践中创造出来。可见，现在是政治哲学研究的最好时机。错过这个时机，我们将愧对这个伟大的时代。

关于政治哲学的话语建构，还需要作一点必要的补充说明。事实性与价值性的统一或认知与规范的统一，只是对于政治哲学学科性质的最基本的说明，还远不是完全的或充分的说明。说白了，那只是说的进入政治哲学领域的门槛。至于进入这个门槛以后，能做出什么样的政治哲学来，那就取决于对于这个统一的理解和实现这个统一的方式了。马克思主义和自由主义活跃于同一个时代，但它们对于这个时代的事实性的把握和价值目标的选定就完全不一样。马克思主义从资本主义的生产方式，从社会化的大生产，看出了它推动人类社会向更高的阶段发展的趋势，从而提出了人类解放的价值目标。而自由主义所把握到的事实性则只是一种局限于资产阶级狭隘眼界的事实性，它从资本主义生产方式取得的成就，从资本主义取代封建主义所显示出来的优越性，认定资本主义是人类历史的最完备的社会形式。受这种认知上的局限，它提出的价值目标也就是适应于资本主义生产方式的政治解放的目标，即或者是继续完成政治解放的任务，或者是巩固和扩大政治解放的成果。这说明，如何把握事实，如何确定价值目标，如何达成事实与价值的统一，都是受着人们的理论立场、理论视角等等制约的,是由基本的世界观和方法论支配的。

可见,建构马克思主义政治哲学的话语体系,并不是要放弃历史唯物主义的话语,用一种与其不同的话语去取代它,而只是要把它置于政治哲学的思想语境即事实性与价值性相统一的思想语境下。前面说的曾经流行的历史唯物主义教科书的缺陷(排除价值论的维度),不是历史唯物主义本身的缺陷。历史唯物主义是有鲜明的价值维度的,人类解放就是整个马克思主义哲学的价值旨归。排除价值论的维度只是传统教科书的缺陷,即人们对历史唯物主义的解释上的缺陷。这是决不容许混淆的两回事。建构马克思主义政治哲学的话语体系,丝毫也不意味着失去历史唯物主义的话语,而是保持并强化历史唯物主义所固有的话语优势。

四、把握政治哲学研究的社会维度

政治哲学的研究必须有社会的维度。所谓社会的维度,就是社会结构分析的维度,即政治与经济、文化、社会、生态诸方面的关系考察的维度。这实际上是马克思教给我们的基本方法。他说:"法的关系正像国家的形式一样,既不能从它们本身来理解,也不能从所谓人类精神的一般发展来理解,相反,它们根源于物质的生活关系,这种物质的生活关系的总和,黑格尔按照18世纪的英国人和法国人的先例,概括为'市民社会',而对市民社会的解剖应该到政治经济学中去寻求。"①我们现在研究的问题,同当时马克思面对的问题不大一样了,但马克思的方法论的精髓对我们的研究仍有极重要的启示意义和指导作用。国家治理体系的现代化是通过全面深化改革实现的,党中央把全面改革的部署称为"五位一体"总体布局,这套丛书也就设置了五卷,从国家治理体系的变革这个角度,分别对经济、政治、文化、社会、生态等五个领域的改革、建设和治理及其体现的政治思维方式进行专门的研究和阐述,单设一卷"以人民为中心",是超越上述各个领域的总体性叙述。还有两卷("国家治理

---

① 《马克思恩格斯选集》第2卷,人民出版社1995年版,第32页。

中的道德建设"和"建构人类命运共同体")不能完全归属于国家治理,但是同国家治理关系密切且内容十分重要的两卷,一共八卷。下面我对各卷的核心内容和基本的研究意图作一简要的介绍。

第一卷 "以人民为中心"及其践行路径

"以人民为中心"是新时代政治思维方式的总规定、总特征。它为共产党人的政治思维确立了一个坐标,是共产党人一切政治思考的基点。

中国共产党自诞生之日起,一个世纪来在实际上是一贯坚守以人民为中心的思想的,而在新的历史条件下又有很强的现实针对性。一方面,中国特色社会主义进入新时代,改革开放和现代化建设的任务更加艰巨复杂,更加需要发扬人民群众的历史首创精神;另一方面,与此相悖的消极因素也在滋生,例如,党取得执政地位后脱离人民的危险在增加,在利益关系日趋复杂的情况下,"人民主体"的意识在淡化、模糊和动摇,在价值多元化的情况下人民共同意识在缺失,等等。历史的经验和教训都证明,是否坚守"以人民为中心",是关乎党和社会主义国家前途命运的根本问题。

从国家治理的角度说,以人民为中心就是要全面确立人民在国家治理中的主体地位;坚守党在一切事业中的人民立场;用"以人民为中心"的思维方式理解社会主要矛盾的变化,全面贯彻"以人民为中心"的发展思想,推动社会全面进步和人的全面发展;推进人民共同富裕,让发展成果更多更公平惠及全体人民;坚持人民共建、共治、共享的统一;等等。它体现在国家治理的方方面面,在理论构架上,"以人民为中心"的思想也就贯通于丛书的各卷,所以,"以人民为中心"作为丛书中具有总论性质的一卷,列为第一卷。

第二卷 民主和法治

这一卷的主题是中国特色社会主义政治建设的基本逻辑,主要是运用"以人民为中心"的思维方式,从理论上阐明人民和党的关系、人民和国家的关系,从而阐明"坚持党的领导,人民当家作主,依法治国的有机统一"。这是直接意义上的政治建设。

中国共产党的领导是中国特色社会主义的最本质特征,也是中国特色社会主义事业取得成功的根本保证。"以人民为中心"的观念就是一个中国共产党的观念，是其他任何政党都不可能真正具备的观念。人民的根本利益就是党的利益，共产党除了代表和维护人民的利益，没有自己的私利。因此，只有加强和改进党的领导，"以人民为中心"的原则才能真正得到贯彻。

民主化和法治化是国家治理现代化的基本标志。社会主义民主就是人民当家作主。中国社会主义民主化有自己特殊的条件，必须走自己特殊的道路，决不照搬外国的民主模式。在坚持中国基本的民主制度即人民代表大会制的前提下，要大力推进作为中国民主政治发展新路向的协商民主。

民主必然走向法治。人民当家作主就是按人民的意志治理国家。但必须通过立法把人民意志提升为国家意志。如马克思所说，国家法律才使国家意志获得一般表现形式，而不是表现为任何个人的任性。

法治根本区别于人治。法治是同民主相伴随的现代政治文明形态，人治则是同专制相伴随的陈旧的政治文明形态。

坚持党的领导、人民当家作主、依法治国，三者是彼此互相依赖、互相制约的有机整体。实现三者的统一，是国家治理体系现代化的一个基本目标。

第三卷　效率与公平

按照丛书的总体设计，这一卷的主题是讲政治和经济的关系，从政治与经济的关系中思考政治。但政治和经济的关系问题太大，只能从其中的一个问题即公平与效率的关系问题切入。实际上，公平与效率的关系问题仍是很大的。公平与效率是人类社会生活中两种基本的价值。公平不只是讲分配公平，即使讲分配也不只是经济收入的分配，还包括各种社会资源的分配。效率也不只是讲生产效率、经济效率，而是整个社会活动的效率。而且不论公平还是效率，各种相关社会因素之间是相互关联、相互影响的。本卷作者着力于效率与公平的关系问题的综合研究，在取得对此问题的总体性认识以后，再回到经济领域，对经济领域的效率与公平问题的认识也就会更加清晰和深入。因此，看来是论域扩大了，但主要内容还是讲经济领域，讲关于经济领域的效率与公平问题，而且是从一种综合的即更加开阔的视角去讲的。

就经济领域而论,公平与效率的关系是典型地集中地体现政治和经济的关系的。市场经济本身只解决效率问题,不解决公平问题。按市场经济自身的逻辑即按其自发性来说,只能是越来越不公平(贫富悬殊、两极分化),必须由政治(政府)从市场经济外部干预,矫正其自发性。社会主义市场经济更需要政府干预。因此,效率与公平的关系问题在市场经济发展的实践形态上即表现为市场和政府的关系问题。

在我们国家,不论效率还是公平,价值主体都是人民,价值旨归都是人民需要的满足。效率与公平两种价值都要保证,不能只顾一种不顾另一种。价值基点就是让发展成果更多更公平地惠及全体人民。

反思关于效率与公平的抽象提法,关键是找到二者的合理的结合点。这个结合点是历史的、变动的。探寻这个合理的结合点的过程,是一个实现效率与公平的动态平衡的过程。本卷在阐明上述基本理论的基础上,较大的力气用在探寻确立这个结合点的基本因素,以及实现这种动态平衡的条件和途径,例如市场、政府和社会各起何种作用,以及这种作用如何按照一个正确的方向配合而形成一种良好的合力,等等。

第四卷　中华民族文化自信的理论逻辑和实践逻辑

这一卷讲政治和文化的关系,即从政治和文化的关系中思考政治。过去较多地强调政治对文化的支配作用,实际上文化对政治的影响和制约作用也是十分强大的。在"四个自信"里,道路自信、制度自信是政治自信,它必须有文化自信的保证和支持(在这种关系中,理论自信和文化自信的作用是一致的)。制度、道路是历史主体的自觉选择。"选择"就说明有观念引导、观念支持,这观念就是广义上的文化观念。

"文化自信"当然包括了对于民族优秀传统文化的自信。文化自信本质上是一种民族自信,这是我们的底气所在。因此,本卷用较大的篇幅系统地梳理了中国传统文化的精粹,它和中国共产党领导的革命和建设中产生的革命文化、社会主义先进文化都是当今文化建设的极其珍贵的资源。

但传统文化再优秀,也只是有助于我们理解现在的问题,而不足以解决现在的问题。因此,从根本上说,所谓"文化自信"应当定义为对中华民族文化创造力的自信。党的十九大报告说:"当代中国共产党人和中国人民应当而且一定能够担负起新的文化使命,在实践创造中进行文化创造,在历史进步中实现文化进步!"这是文化自信的真谛所在。

本卷旨在从理论上回答现实的文化生活中的重大问题,例如如何对待传统文化和外来文化,现代社会中的文化整合及社会主义核心价值观现实化的问题等等,在对这些问题的理论回应中,阐明了马克思主义的文化观点和党的文化建设方针。

本卷着重阐述文化的变革和创新,阐述了文化变革对于社会变革的意义,文化创新的社会基础,文化创新的价值目标和价值尺度,文化创新和马克思主义中国化,以及文化的变革和继承,批判文化保守主义和文化虚无主义。

第五卷　创造社会治理的新格局

这一卷是从政治与社会治理的关系中思考政治。可以说,这一卷是体现政治思维方式的变更最为明显的一卷。在党的十九大报告讲社会治理这一部分的开头就说:"全党必须牢记,为什么人的问题,是检验一个政党、一个政权性质的试金石。"这样的话,在什么地方讲都是合适的,为什么选在这里讲?这很值得深思。社会治理、社会建设的问题,看起来比较零散,不似其他领域那么集中,那么宏大,可事事关乎人民切身利益,都是为人民造福,都要把人民利益至上作为最高的价值准则。

创建社会治理新格局的前提,是我国社会结构的新变化。市场经济具有越来越强的社会整合功能。社会的整合不再需要完全依靠政治的力量,因而逐渐由以往政治统摄一切的领域合一状态转变到各领域相对分离的状态。领域分离的最重要的结果和表现是国家和社会的结构状态的改变,即由国家与社会一体向国家与社会相对分离的转变,也就是独立于政治国家的自主社会生活领域的形成。国家的一部分社会管理职能需要让渡给社会。在"党委领导、政府负责、社会协同、公众参与、法制保障"的新格局中,新就新在增添了社会协同、公众参与的环节。

坚守"以人民为中心"的社会治理理念。人民是国家的主人,也是社会的主人。所谓"多元主体共治"也只是从多种维度体现人民的主体地位。国家是社会治理主体的一个重要层次,但国家也是代表人民的意志治理社会。社会治理的目标是把社会治理得符合人民的需要,社会治理的成效由人民说了算。人民也需要管理,但本质上是人民的自我管理。

社会治理和社会建设不可分割。社会建设是社会治理的基础,是在建设中治理。坚持人民共建、共治和共享的统一,让发展成果更多更公平惠及全体人民。

第六卷　中国特色社会主义生态文明建设研究

这一卷是从政治与生态文明的关系中思考政治。党的十六大增添了社会建设,使原来的经济、政治、文化"三位一体"改为"四位一体"。党的十八大又增添了"生态文明建设",进一步改为"五位一体"。这种摆位本身就是中国社会改革和建设在实践和理论上的重大创新。生态问题关乎人民的幸福,关乎中华民族的永续发展,生态环境质量已成为评判政治合法性的重要依据,生态问题的解决在很大程度上依靠社会的政治的方式。将生态问题的思考纳入政治思维的范畴,这本身就是政治思维方式的重大革新。

"人与自然是生命共同体",这是马克思主义生态理论的核心命题,也是本卷全部立论的基础。人作为一种生命存在,是自然界的一部分。自然界也是人的一部分,是人的"无机的身体"。人与自然是一种一体性的存在,是性命相关的整体,所以,人与自然只能互相依赖,互相滋养,而不能互相伤害。

正确看待人与自然关系中的"以人为本"。人是主体、自然是客体的价值关系是不能改变的,但对传统的"人类中心主义"应有反思。人类是主体、是"中心",主要不意味着人的权利,而是意味着人的责任。人作为主体,是能动地对待自然界的。人应当以人的方式对待自然。

人对待自然有两种尺度。一是物的尺度,即科学的尺度。这就是认识和尊重自然规律。所谓人的方式,就是以认识和尊重自然规律为前提的自觉活动的方式,而不似动物的盲目活动的方式。二是人的内在尺度,即价值的尺度。人是通过自己的活动改变自然物的存在形式,在对人有用的形式上占有自然物以满足自己的需要。这个价值尺度就表现为人在对待自然上的伦理态度,所谓人的方式又是有伦理态度的方式。人改造和利用自然的实践活动的合理性,就在于实践中运用于对象的尺度及其运用过程的合理性。

人与自然的关系受人与人的社会关系的制约,社会关系的基础是利益关系。所谓环境伦理就是调整在处理人与自然关系中发生的人与人的利益关系的行为规范。中国共产党人的伦理立场是立足于人类的全面幸福和长远发展,或叫作人类社会的可持续发展。

基于上述理念,要大力提倡、培育公民节制、公平、友善的生态美德,要批判资本逻辑,批判消费主义。

第七卷 国家治理中的道德建设

这一卷的一个重点问题也是讲法治和德治,但与第二卷在侧重点上不同。第二卷是侧重于讲德治要以法治为基础,离开法治基础的德治还是人治。这一卷侧重于讲法治要有德治的配合才能顺利推进。法治,或一般地说法律、制度和社会权利规范等等的建立和完善,是外在的社会秩序的建构,而德治或道德建设则是人的内在的心灵秩序的建构。内外两种秩序一致,相互适应,相互协调,就可以相互为用,相互促进。一个社会的良法善治,总是同道德的普遍进步相伴随的。

本卷较为系统地分析了当前中国社会道德建设的困境。这个困境主要是由于市场经济的兴起引起的人的精神生活物欲化倾向的加剧,传统共同体的解体和传统道德文化的断裂,以及由于道德转型的艰难而引发的道德相对主义的盛行等等构成的,是一种现代性的困境,具有世界的普遍性。作为一种现代性困境,是社会现代化过程中不可避免的困境,当然也是国家治理现代化过程中随时会遇到的困境。

对于走出这种困境的途径和措施,本卷也作了初步的探讨。其中,关于区分道德建设的层次,从回归道德常识,培养人之为人的基本道德品质,到崇尚美德,再到追求崇高,有底线,有高端,道德建设和道德教育都视不同对象、不同情况而有所侧重。这是一个有价值的意见，因为它适应于社会转型时期整个社会的道德状况。另外，本卷特别关注对社会道德生活影响越来越大的互联网，对网络空间中的道德建设也作了专门的系统性的研究。

第八卷　构建人类命运共同体

经济全球化进程的加速，世界市场的形成和扩大，在全球范围内构成了一个"需要的体系"；又由于经济全球化对世界政治、文化的影响，历史已真正成为"世界历史"。人类已经成为命运相关的整体。任何一个国家，不论富国还是穷国，都不可能关起门来搞"现代化"。

习近平同志说，"经济全球化是社会生产力发展的客观要求和科技进步的必然结果"①。以市场经济为基础的社会化大生产发展到一定阶段，要求继续提升生产的社会化程度，突破国家或地域的限制，让生产要素在全球范围内流动，资源在全球范围内优化组合，这是在现代科技革命推动下生产发展的必然趋势。事实上，经济全球化也确实带动了世界经济的发展，并促进了世界各国各民族的文化的交流和文明的互鉴，为新的合理公正的国际秩序的建立准备了条件、提供了动力。

然而，经济全球化犹如"双刃剑"。在一个长时期里，是由美国等少数发达国家主导全球的现代性事业，由其主导建立的国际经济秩序及相应的国际规则越来越不适应世界的深刻变化，市场经济的自发性未能得到应有的限制，市场经济发展的负面效应同它的正面效应同时在全球范围内放大，从而产生了一系列全球性的问题，例如贫富分化加剧，不论在各个国家还是在世界范围内（例如南北差距）都越来越严重；以利润最大化为唯一目的的无序竞争造成的发展失衡；环境污染加大了治理难度；以及恐怖主义、难民问题等等。这就是所谓全球问题，即需要全世界共同面对、共同治理的问题。

全球治理和人类命运共同体是互构共生的。也就是说，对于全球治理要放在人类命运共同体的背景下思考，要摒弃旧的治理理念和模式，例如摒弃西

---

① 《习近平谈治国理政》第 2 卷，外文出版社 2017 年版，第 477 页。

方中心主义的理念和模式,建立以《联合国宪章》的宗旨和原则为核心的平等合理的新型国际政治秩序,以合作共赢为核心的新型国际经济秩序等。正是在这样重大的时代背景下,习近平同志反复阐明了建构人类命运共同体和新型国际经济政治关系的理念,并一再表示中国愿意积极参与全球治理体系的改革。我们在全球经济治理、安全治理、环境治理、网络治理诸方面,都提出了"中国方案"或参与途径。我们不仅在理论上提倡,而且在实践上身体力行。倡议"一带一路"并推动各种相关项目落实,同国际社会通力合作,共同抗击新冠疫情,就是践行"人类命运共同体"理念的突出事例,表现了中国在全球治理中的大国担当,获得了国际社会的认同和赞扬。

以上就是丛书各卷的主要内容或主要思路。它的研究内容涉及哲学、经济学、政治学、法学、社会学、伦理学、生态学以及历史、文化等多个领域,是一种以哲学为基础的多学科的综合研究。现实问题的研究多属这类研究,因为现实生活中的问题都不是按学科发生的,只是在谋求对于这些问题的理论解决时常常会涉及多个学科。所以,从研究方法说,这套丛书不仅对于推进现实性政治哲学的研究,而且对于推进马克思主义理论的整体性研究,都会有借鉴意义。

第一章　文化与文化自信

1978 年年末，中国共产党十一届三中全会的召开，标志着中国社会主义建设进入改革开放的伟大时代。从那时起，经历了 40 余年的发展，中国人民在中国共产党的正确领导下成功开辟出中国特色社会主义发展道路，在经济建设、政治建设、文化建设、社会建设、生态文明等各个方面取得了令世界瞩目的辉煌成就，使中国人民实现中华民族伟大复兴之梦的信念和决心不断增强。2012 年 11 月，胡锦涛在党的十八大报告中指出："中国特色社会主义道路，中国特色社会主义理论体系，中国特色社会主义制度，是党和人民九十多年奋斗、创造、积累的根本成就，必须倍加珍惜、始终坚持、不断发展。""全党要坚定这样的道路自信、理论自信、制度自信！"①2016 年 5 月，习近平总书记在哲学社会科学工作座谈会上发表讲话，在"三个自信"的基础上又提出了"文化自信"的概念，并指出："我们说要坚定中国特色社会主义道路自信、理论自信、制度自信，说到底是要坚定文化自信。文化自信是更基本、更深沉、更持久的力量。"②从习近平总书记的这个论断中，我们不难看出，从"三个自信"到"四个自信"，并非仅仅是并列地增加了一个"自信"，而是体现出中国共产党人坚持和发展中国特色社会主义达到了高度的文化自觉。文化自信不是单纯的文化建设问题，而是内在于社会发展道路的选择、思想理论的发展、社会制度的建构之中的精神特质，并体现在社会生活的各个领域和各个方面。要完整准确地理解这一点，就有必要首先对社会文化这个重要概念的实质、形态与

---

① 《胡锦涛文选》第 3 卷，人民出版社 2016 年版，第 621、625 页。
② 《习近平谈治国理政》第 2 卷，外文出版社 2017 年版，第 339 页。

核心进行理论上的分析和概要的阐释。

第一节　社会文化的实质、形态与核心

　　对于"文化"这个概念，人们通常是从狭义和广义两个方面去理解。狭义的文化概念主要是指精神文化的各个方面，如思想理论、宗教信仰、教育教养、艺术审美、道德情操等等，也就是指社会生活中精神生活的诸领域。广义的文化概念则是与"自然"这个概念相对应的，自然之物、自然属性、自然规律等等是天造地设而非人力所为，其存在具有客观自在性。自然现象不仅存在于自然界，也存在于人类的社会生活中，特指社会历史发展过程中的、不以人的意志和目的为转移的客观规律以及由这些规律所决定的客观现象。马克思就是把经济的社会形态的发展理解为一种自然史过程，他指出，"一个社会即使探索到了本身运动的自然规律……它还是既不能跳过也不能用法令取消自然的发展阶段"①。这里所说的"自然规律"其实就是指内在于人的经济活动中的客观规律。

　　与"自然"概念不同，"文化"则是指人类有意识、有目的的活动及其产物。因而从广义上看，文化就不仅仅是存在于精神生活领域的东西，而是作为人类活动的过程及其产物广泛存在于人类社会生活的各个方面，既有物质的存在形态（物质文化）也有精神的存在形态（精神文化）。我国学者梁漱溟从1920年秋就陆续讲解文化问题，他将文化理解为"人类生活的样法"，并在其《东西文化及其哲学》一书中把文化看成是一个民族生活的各个方面，并认为文化应包含三个层面的内容："（一）精神生活方面，如宗教、哲学、科学、艺术等事。宗教、文艺是偏于情感的；哲学、科学是偏于理智的。（二）社会生活方面，我们对于周围的人——家族、朋友、社会、国家、世界——之间的生活方法都属于社会生活一方面，如社会组织、伦理习惯、政治制度及经济关系等。（三）物质

① 《马克思恩格斯选集》第2卷，人民出版社2012年版，第83页。

生活方面,如饮食、起居种种享用,人类对于自然界生存的各种事。"①1922年,我国另一位著名思想家梁启超在其《什么是文化》一书中把文化称为"人类心能所开释出来之有价值的共业",并在他的《中国文化史目录》中给文化所包含的内容开列出一个长长的清单,包括朝代、种族、政治、法律、交通、国际关系、饮食、服饰、宅居、考工、农事等等。到了80年代,文化研讨的热潮中,庞朴在其著名的论文《文化结构与近代中国》中对文化概念又做出了更为宽泛的理解。他认为:"文化,从最广泛的意义上说,可以包括人的一切生活方式和为满足这些方式所创造的事事物物,以及基于这些方式所形成的心理和行为。它包含着物的部分、心物结合的部分和心的部分。如果把文化整体视为立体的系统,那时他的外层便是物质的部分——不是任何未经人力作用的自然物,而是'第二自然'(马克思语),或对象化了的劳动。文化的中层,则包括隐藏在外层物质里的人的思想、感情和意志,如机器的原理、雕像的意蕴之类;和不曾或不需体现为外层物质的人的精神产品,如科学猜想、数学构造、社会理论、宗教神话之类;以及,人类精神产品之非物质形式的对象化,如教育制度、政治组织之类。文化的里层或深层,主要是文化心理状态,包括价值观念、思维方式、审美情趣、道德情操、宗教情绪、民族性格等等。文化的三个层面。彼此相关,形成一个系统,构成了文化的有机体。这个有机体,有自己的一贯类型,有自己的主导潮流,并由此规定了自己的发展和选择:吸收或排斥异质文化的要素。"②

梁漱溟和梁启超以及庞朴对文化的理解,显然都远远超出了精神文化的狭窄范围而指向了社会生活的各个方面。他们的观点很有代表性,在国内外文化研究领域,类似的见解并不鲜见。不过,对文化的这种理解大多出于对文化存在形态的直观,虽然可以展示出文化存在形态的多样性和丰富性,但没有真正揭示出社会文化的实质内涵。而且仅仅从文化的存在形态上或外延上来

---

① 转引自罗荣渠主编:《从"西化"到现代化》,北京大学出版社1990年版,第55—56页。

② 庞朴:《文化结构与近代中国》,载《中国社会科学》1986年第5期。

界定文化概念,必然会带来一个问题:文化作为人类活动的过程和结果具有物质的和精神的多种存在形态,但这是不是意味着可以用"文化"概念来涵盖社会生活的全部内容? 是不是产生于人类活动之中的一切现象都可以称之为文化现象? 如何解答这个问题,取决于我们怎样理解社会文化的实质。显然,只有真正把握了文化的实质,才能更为完整地把握文化的多种存在形态。只有透彻地理解文化的实质以及与其存在形态的关系,才能更深刻地理解为什么文化自信是更基本、更深沉、更持久的力量。

一、社会文化的实质与形态

马克思在 1845 年春写下的《关于费尔巴哈的提纲》中提出了一个重要的论断:"全部社会生活在本质上是实践的。"①马克思的这个重要论断不仅是理解人类社会及其历史发展的核心原则,而且是认识和把握社会文化实质内涵的根本性依据。总起来说,社会生活无非是人类各个领域、各种形式的社会实践的总和。而人们的任何一种实践活动都是有意识有目的的自觉活动,是感性的对象化活动,即人们运用一定的物质手段按照自己的意志和目的作用于实践对象的活动。因而从最一般意义上讲,人类的实践活动必然包含两个方面的基本因素:一是实践活动作为感性的对象化活动所必然要依赖的各种物质对象和物质条件;二是人们在自身的实践活动中必然要贯彻的与满足自身各种需求的意志、目的和价值理念。广义的文化概念恰恰就是指人类实践活动的过程以及这个过程的产物,这就意味着我们必须立足于社会实践来理解和把握社会文化的实质。

一般说来,社会文化的各种存在形态作为社会实践的产物都具有双重意义:一方面,任何文化形态都有其直接的、具体的实际效用,也就是说任何文化产品都是一定时代条件下,人们为了满足自身的物质生活需要或精神生活需要而创造出来的。这种直接的实际效用是指文化存在形态的具体功能,通常

① 《马克思恩格斯文集》第 1 卷,人民出版社 2009 年版,第 501 页。

是个别的、具体的、历史的、暂时的。另一方面，无论文化形态有什么实际效用，它们作为实践活动的产物，都必然包含着人们对自然界和社会生活的观念上的把握，贯彻了文化主体的实践意志、目的和价值追求，体现出人的活动的自为性、自主性、自由性以及人与自身活动结果的自我相关性，这是凝聚在文化形态中的人类精神，它是文化形态的普遍性、共同性、永恒性特征。我们确定社会文化的实质显然不是根据文化形态的具体效用或实际功能，只能依据文化形态的普遍性特征。例如，一把石斧之所以被称为有别于石头的"文化"，不是因为它的实际效用，而是因为它作为人的活动的创造物体现了人们对自然物的属性和规律的认知，表明人们是怎样通过改变自然物的自在形态实现了人自己的意志和目的，确证了自己的本质和能力，因而具有永恒的文化价值。据此，我们可以说，"无论社会文化是以物质的形态存在，还是以非物质的形态存在，在实质上必然都是内含于人们的实践活动之中，并在实践结果中变成现实的人类意识、意志和目的，是凝聚在人类产物中的人类精神"①，体现着人的自主性、自觉性和能动性。

根据对文化实质的这一理解，我们就可以更为清晰明确地确认文化的各种存在形态。例如，物质文化本质上就是人类精神的对象化、客观化或物质化。正如马克思在谈到人类智力和知识在人类改造自然和社会的活动中的巨大作用时所说的那样："自然界没有制造出任何机器，没有制造出机车、铁路、电报、走锭精纺机等等。它们是人类劳动的产物，是变成了人类意志驾驭自然的器官或人类在自然界活动的器官的自然物质。它们是人类的手创造出来的人类头脑的器官；是物化的知识力量。"②我们至今依然可以在世界各地看到的各种神殿庙宇，体现着人们的宗教信仰或迷信；各种各样的用于战争的武器装备，体现着明确的政治目的和军事意图；各式各样的服饰、化妆品，体现着人们的审美情趣和生活品位；用于艺术生活和娱乐事业的各种设施和装备，体现出人们对精神生活需要的追求；各种科学研究仪器和设备，体现着人们认识和

---

① 阎孟伟：《社会文化的实践哲学诠释及其意义》，载《学术研究》2013 年第 1 期。
② 《马克思恩格斯全集》第 46 卷下册，人民出版社 1979 年版，第 219 页。

把握客观对象的深度和广度，彰显出人类探索真理的智力和科学精神。物质文化的任何种类"无不是在实践活动中被物化或客观化的人类知识、智力、价值、信仰。人类实践活动所创造出来的物质成果，正是凝聚着人类精神，打上了人类意志的烙印而被称之为有别于自然的文化"①。

人类文化的其他各种存在形态也都是社会生活实践的精神特质的对象化。如由习俗、习惯、礼仪、道德、法律、制度等诸多方面构成的社会规范文化，就是一定的社会群体、社会组织或社会共同体中的人们在长期的共同生活中历史地生成的。它们或者是基于对周围世界和自身社会生活的理解，依据这个群体共同生活的经验、共同信仰、共享价值以及共同利益和目的而自然形成的（如习惯、习俗、礼仪、道德等），或者是按照一定的意志和目的而自觉建构的（如法律、规章制度等）。其中，任何一种规范以及规范中的任何一个条目，都体现着人们对共同生活规则的理解。这种理解或者在某种宗教信仰中得到信奉，或者在某种思想理论中得到诠释，并以一定的价值观为其合理性依据。规范文化的产生表明人们摆脱了动物群体的那种凭自然本能来维系群体生活的状态，开始有意识、有目的地调适、控制、整合社会生活，维系人们之间的社会联系，制约人们的社会行为，维护社会共同体的存在和发展。至于像宗教、伦理、哲学、艺术、科学等社会精神文化的各种形式，甚至可以说是社会文化的精神实质的纯粹形态。它们使蕴含在物质文化和精神文化创造中的精神特质变成对精神生活的直接追求，使人类精神活动成为社会生活的一个相对独立的、有着自身发展过程的实践领域。

从社会文化的实质内涵可以看出，广义的文化绝不仅仅是社会生活的某一个部分，而是全面地存在于社会生活的各个领域、各个方面。但这个理解并不意味着文化这个概念可以覆盖社会生活的全部内容，并不意味着社会生活过程中所发生的任何一种现象都可以被理解为文化现象。人类实践活动，特别是作为社会生活及其历史发展基础的物质生产活动，虽然也可以被理解为

---

① 阎孟伟：《社会文化的实践哲学诠释及其意义》，载《学术研究》2013 年第 1 期。

体现实践主体的意志和目的的文化活动,但其过程本身又具有不以主体的意志和目的为转移的客观性和规律性,如历史唯物主义所揭示的物质生产力与生产关系的矛盾运动等。它们是作为社会过程中的"自然规律"客观地决定了社会经济形态和政治形态所能具有的历史形式。因此,尽管全部社会生活现象都与实践主体有关,都产生于人的实践活动之中,但它们并非都是主体的意志和目的的实现,如通货膨胀、经济危机、生态危机之类的社会现象也都是只能在人们的社会活动中才能发生的现象,但绝非是任何一个国家的政府和民众所期望的。社会生活的发展有着自身的客观规律,或者说是内在于人们社会活动中的"自然规律",如同自然界中的客观规律一样,它们起作用的方式也是不以人们的意志和目的为转移的。正因为如此,那些面临这些问题的政府首脑们才为没有有效的解决办法而大伤脑筋。由此可以看出,"在人类社会实践的发展中存在着两类现象,一类是在活动结果上确实体现了人类的意志和目的的社会现象;一类是虽然在人的活动中产生,但并不由人的意志和目的所决定,而是由社会发展的客观本性和客观规律所决定的社会现象。如果不加区别地把这两类现象笼而统之地称之为'文化',那并不能使我们对社会生活获得更深入的理解,反而会混淆社会客观过程和人的自觉活动的区别,忽视社会生活的客观基础和蕴含于其中的客观规律"①。

二、文化在社会发展中的重要作用

通过对社会文化的实质和形态的分析,我们可以看出,社会生活的实践本质使社会文化成为人及其社会的存在方式和发展机制,因而它必然在人们的社会生活及其历史发展中有着极为重要的作用。

首先,从社会发展的机制上看,人们的实践活动,无论是物质生产活动、政治统治和社会治理活动,还是精神生产活动,都是以一定的文化价值观为合理性依据的文化活动。这些实践活动的产物,无论是物质的和精神的成果,还是

---

① 阎孟伟:《社会文化的实践哲学诠释及其意义》,载《学术研究》2013 年第 1 期。

在人们长期共同生活和交往活动中形成的社会群体、社会组织、社会规范制度等,都是有别于"自然"的"文化"。内在于人类实践活动中的文化精神最终使人类社会摆脱了"生物进化"的模式,而进入"文化进化"的轨道,亦即人们在长期的社会交往活动中通过感受、体验和认识等"主观化环节"将存在于社会经济生活、政治生活、社会生活乃至精神生活中的客观关系形式化、规则化,并借助人们的语言意识自发地或者自觉地构造出一整套言语的或象征的语义符号系统,由此形成引导、约束人们行为方式和调节人们之间各种关系的社会规范,特别是在阶级社会产生以来形成的维护阶级统治、政治秩序和社会秩序的国家制度和法律制度等等。这就使人类社会的发展无须像动物那样通过漫长的自然进化过程来适应自身的生存环境,而是通过文化规范的建立、调整、更新,乃至社会制度的改革或变革社会的革命,来改变人们的生存方式以适应复杂多变的生存环境。这就是说,人类是通过自身的有意志有目的的活动,通过广义的文化创造活动来历史地改变自然环境和社会环境,因而自人类社会产生以来,特别是在进入文明社会的数千年来,人的自然的体质形态没有发生根本性变化,但人们的生存方式、社会制度却饱尝沧桑之变,并且使自然界本身也按照人们的意志和目的发生了历史性的变化。

其次,社会文化的重要作用还特别体现在社会进步的动态过程中。从系统科学的角度看,任何存在着多种因素之间非线性相互作用关系的复杂系统,其演化方向都不是唯一的。人类社会本身无疑是一个由多种因素、多种组成部分和多种过程构成的高度复杂的有机系统,而且其复杂程度远远高于自然界中任何其他系统。由于在社会系统中,各种因素、各个组成部分之间存在着极为复杂的非线性相互作用关系,存在于社会系统中各种复杂的客观机制和客观规律不能直接决定社会演化过程会确定无疑地朝向哪个方向,而只能决定由多种可能性所构成的演化空间。这个可能性空间也正是社会历史主体对社会发展进行文化选择的空间,因为在这个可能性空间中,任何一种可能性都可以在一定条件下成为现实,因而社会历史主体在面对多种可能情况下,努力创造条件,使那种被认为符合自身利益、目的和理想并被认为具有价值合理性的可能性变成现实。当然,从历史上看,由于阶级矛盾和阶级斗争的存在,这种文化选择同样是一个复杂的过程,其间充满了不同阶级、阶层和各种利益群体之间的相互摩擦和相互对抗,无可避免地经历自发与自觉、前进与倒退、革命与复辟、成功与失败相互交织的曲折过程,社会发展的客观规律,正是通过社会历史主体在广泛的社会实践中所做出的文化选择以及为这一文化选择所付出的努力发挥作用。现代世界之所以是一个多元的文化世界,在很大程度上就是取决于这些民族或国家历史地形成的文化精神和文化选择上的差异。根据历史唯物主义的基本观点,人类社会发展的一般规律在任何民族国家中都是一样的,但不同的民族国家因其有着不同的自然地理环境、不同的历史文化传统和不同的社会历史条件,因而在社会发展道路和发展模式的选择上各不相同。例如,随着社会生产力的发展,资本主义必然要代替封建专制主义,这是近代资产阶级革命的一般规律和特征,但在具体的发展道路的选择上,英国大体上是通过不流血的议会斗争最终建立了君主立宪制,法国则是通过轰轰烈烈的暴力最终建立了民主共和制,美国则是在南北战争之后确立了由各个独立的州的联合为基础的联邦共和制。至于不同民族国家在社会习俗、习惯、礼仪、生活方式、行为方式以及道德意识和审美情趣上的差异,更是彰显出文化选择的多样性和丰富性。

当然,指出文化选择在社会历史发展中的重要作用,并不意味着任何一种文化选择都是推进社会进步的积极因素。社会实践的复杂性决定了社会文化价值观的多层次性和多样性,特别是在由不同社会阶级、阶层、利益群体构成的异质性社会结构中,人们的价值观念也必然存在着差异、矛盾和对立,而且在实践活动的发展中,随着人们的社会生活条件或生活境遇的变化,人们的价值观念也发生不断的变化或更新。这就使一个民族国家在发展道路的选择上,不可避免地面对不同文化价值观的矛盾和冲突。特别是一个处在社会转型期的民族国家,文化选择更有可能面对矛盾重重的困难局面。

社会结构的变迁或社会体制的变革不可避免地带来利益群体的分化和社会利益的重新分配。某些阶级、阶层或利益群体,由于它们的基本利益与旧的社会制度或社会体制密切地关联在一起,因而它们倾向于阻止新的文化选择,通常以旧的价值观念为据否认社会变革的合理性。而当社会变革过程衍生出大量的新的矛盾和问题时,往往也会使很多难以适应社会变化的人对变革过程本身发生怀疑,从而导致社会改革陷于困境,甚至面临中途夭折的危机。正因为如此,社会发展中的文化建构和文化更新问题受到了当代社会发展理论的高度关注。20世纪50—60年代,很多发展经济学家天真地、简单地把发展归结为经济增长。然而到了70年代,人们很快就发现,单纯追求经济增长的发展策略在绝大多数发展中国家都陷入了停滞和失败的困境。其中一个主要原因就是发展中国家的发展策略只看重资本、劳动、科学技术等经济要素的增长和工业规模的扩大,忽视了文化更新在社会变革过程中的重要作用,社会成员也普遍缺乏与现代化过程相适应的文化价值观念,这就使现代化过程所必须经历的结构变迁缺乏必要的思想准备、智力支持和心理承受力,自觉或不自觉地抵制现代化过程所引发的社会结构变迁。这个事实表明,从广义的文化概念上看,变革社会体制本身就是一种基于实践的文化创造活动,因而必然要以一定的文化价值观为其提供合理性的辩护。如法国社会学家 F.佩鲁在其《新发展观》一书中所说:"更重要的是,各种文化价值在经济发展中起着根本性的作用,经济增长不过是手段而已。各种文化价值是抑制和加速增长的动机的基础,并且决定着增长作为一种目标的合理性。"①

第二节　文化自信是更基本、更深沉、更持久的自信

　　基于上述对社会文化的实质与形态的理解以及对文化在社会发展过程中的重要作用的理解,我们可以更为深切地认识到文化自信何以成为更基本、更深沉、更持久的力量。

---

　　① ［法］佩鲁:《新发展观》,张宁、丰子义译,华夏出版社1987年版,第15页。

一、文化自信的内涵与根据

所谓"自信",从心理学的角度上看,通常是指一个人确信自身具有能够成功地应对特定环境的能力。作为一种心理效应,自信这个概念很接近于美国当代著名心理学家、新行为主义的代表人物 A.班杜拉提出的"自我效能感(self-efficacy)"概念。"自我效能感",是指"在一定情境中人们认为自己能做什么",亦即"人们对自身完成既定行为目标所需的行动过程的组织和执行能力的判断"①,或者说,个体对自己在特定的情境中是否有能力成功地应对困境,得到满意结果的心理评估和预期。一个人对自己的能力和行动结果的评估或预期有很高的评价,就会表现出很强的自信心,也就会在自己的行动中付出更大的努力,并表现出百折不挠的坚定意志和决心。因此"个体自信是对自身力量准确估价和自己一定能实现所追求目标的确信:自信导致积极的行动。甚至可以说,是否导致积极的、富有效果的行动,是辨别一个个体是否自信的本质特征"②。

当然,我们这里所讲的文化自信不能简单地归结为个体心理上的"自我效能感",而应当是指一个民族国家的绝大多数社会成员对自己所属的民族国家的文化形态的准确估价和坚定信念。因而这是一个民族国家的文化主体的"集体意志"或集体的"自我效能感"。从这个意义上说,文化自信至少包含四个方面的内容。

其一,确信自己的民族国家所具有的文化形态具有无可置疑的科学性和真理性,亦即确信这个文化形态总体上符合人类社会发展的客观规律,符合社会进步发展的基本价值取向,符合人们的共同利益和根本利益,能够满足人们追求美好生活或幸福的需要。

其二,确信这种文化形态具有强大的文化创造力,亦即确信文化主体在复

---

① ［美］A.班杜拉:《思想和行动的社会基础——社会认知论》,林颖、王小鹏等译,华东师范大学出版社 2001 年版,第 552—553 页。

② 丁立群:《文化自信的哲学省思》,载《天津社会科学》2018 年第 5 期。

杂多变的社会历史环境中,能够通过自身的实践活动不断地推陈出新、与时俱进,从而能够以卓越的智慧为成功解决社会发展过程所面对的各种社会矛盾和时代性问题提供新的有效策略。

其三,确信这种文化形态是自身民族文化的传承与发展,有着优越的、不可磨灭的、不可忽视的文化价值和旺盛的生命力,寄托着该民族的人民对自己所属民族的依赖感、归属感,确信本民族的文化不仅曾经为人类文明的历史发展做出了令人自豪的卓越贡献,而且对人类文明的进一步发展具有普遍的启发意义,能够在人类文明的发展过程中深深地打下自己民族的印迹。

其四,确信这种文化形态具有广泛的开放性和包容性,一方面具有很强的自我更新能力,能够始终保持自我批判的精神,勇于抛弃文化系统中阻碍社会发展和文化进步的陈旧落后的因素;另一方面具有消化和吸收外来文化积极成果的机制和能力,能够把世界范围内的一切积极的发展成果内化到自身的文化机体中,从而保持自身的文化形态能够始终位于社会文化发展的先进地位。

二、文化自信与道路自信、理论自信和制度自信

在中国 40 多年的改革开放过程中,中国共产党领导中国人民在实践中成功开辟出中国特色社会主义发展道路,形成了中国特色社会主义理论体系,建构出中国特色社会主义基本制度。发展道路、理论体系和基本制度的有机统一构成了中国特色社会主义的基本存在形态,尽管这三个方面都处在不断发展的过程之中,但已经取得的重大成就足以在中国人民的心中确立起强大的自信心,即道路自信、理论自信和制度自信。在这"三个自信"的基础上,习近平总书记进一步提出了"文化自信"概念,并指出,文化自信是更基本、更深沉、更持久的力量。从本书对文化的实质、文化在社会发展中的作用以及文化自信的内涵与根据的分析来看,道路自信、理论自信和制度自信都是以文化自信为其内在根据的,从某种意义上说,它们都是文化自信的表现形态。

就道路自信而言,中国特色社会主义发展道路不是自然地、自发地演化出

来的,而是在中国共产党的正确领导下自觉地开创出来的。这个自觉的开创过程必然具有十分明确的文化内蕴和思想引领,它是马克思主义理论与中国社会发展的实际相结合,在不断探索、不断创新的改革开放实践中形成的。马克思主义理论揭示了人类社会发展的客观机制和客观规律,指出了人类社会发展的必然趋势,确立了社会主义以人类解放为核心的价值目标。把马克思主义理论与中国社会主义革命和建设的实际有机地结合在一起,保证了中国特色社会主义发展道路的科学性和真理性,使广大中国人民确信,只有沿着这条道路发展下去,才能实现中华民族伟大复兴的梦想,才能满足每个人追求自身美好生活的需要。同时,这条发展道路本身又是在不断探索的实践中形成的,充分体现出中国共产党人的实践意志和实践智慧。更为重要的是,作为执政党的中国共产党不同于只代表少数阶级、阶层、利益集团的政党,它是政党史上,唯一能够代表工人阶级和广大劳动人民群众的共同利益、根本利益的无产阶级政党,因而它持守以人民为中心的科学发展观,不论发展过程面临怎样的困难,都始终坚持为人民谋幸福的根本目的。因此,道路自信特别集中地体现为广大人民群众对执政党和政府的发自内心的信任。

就理论自信而言,中国特色社会主义理论可以说是文化自信的思想内核。这个理论体系同样是在中国革命和建设的伟大实践中形成的,在这个实践过程的各个历史发展阶段上形成了毛泽东思想、邓小平理论、"三个代表"重要思想、科学发展观和习近平新时代中国特色社会主义思想,自然其中也包括了很多哲学和社会科学学者的理论奉献。这个理论体系以马克思主义理论及其在当代的发展为核心内容,继承了中国文化传统中的积极因素,吸收了世界范围内一切优秀发展成果,科学把握了中国社会的具体国情,并在社会主义革命和建设实践的推动下日益深入地把握了中国社会发展动态过程的内在规律,从而能够为中国社会改革开放事业的发展提供科学的方针、政策和策略,保证这一事业步步取得胜利。同时这个理论体系具有与时俱进、不断发展的理论品格,能够根据中国经济与社会发展的实际和世界发展所提出的问题和挑战,不断实现理论创新,使这个理论体系充满了生机和活力。

就制度自信而言,制度自信可以说是文化自信的最集中的表现。如前所述,制度本身属于社会的规范文化。任何规范制度,特别是国家立法程序自觉制定出来的宪法法律制度和社会制度,都以一定的文化价值观为其合理性的根据。中国特色社会主义基本制度是通过社会主义民主政治的立法程序制定出来的,是人民的共同意志的体现。这个制度体系包括:以"党的领导、人民当家作主和依法治国有机统一"为基本原则,既有完整的制度程序,又有完整的参与实践的社会主义民主政治制度;以公有制为主体多种所有制经济共同发展,以发展社会主义市场经济为核心内容的社会主义经济制度;以体现公平正义,促进社会稳定和谐为基本目的的社会主义宪法法律制度和社会制度;以发展社会主义先进文化为目标,繁荣和发展社会主义文化事业,满足人民群众日益增长的文化生活需要的社会主义文化制度;等等。这个制度体系是中国特色社会主义发展道路的产物,马克思主义理论及其在当代中国的发展为这个制度体系提供了坚实的理论支撑,因而这个制度体系既符合社会发展的客观规律,也符合社会主义社会的基本价值目标。特别是在改革开放的历史进程中凝练出来的社会主义核心价值观,即富强、民主、文明、和谐,自由、平等、公正、法治,爱国、敬业、诚信、友善,贯彻到社会制度的建构过程和实施过程中,构成了这个制度体系的价值合理性依据。尽管这个制度体系依然处在不断发展和完善的过程中,但它在维护社会生活的基本秩序、维护社会稳定与和谐的政治实践和社会实践中发挥了不可替代的重要作用,体现出执政党和中央政府的强大的凝聚力和社会动员力,得到了广大人民群众的信任、拥护和支持。

从以上可以看,道路自信、理论自信和制度自信都是以文化自信为基础的,是文化自信的基本表现形态。因此,不能狭义地将文化自信仅仅理解为文化生活、文化建设或文化发展方面的自信。这个文化自信关乎中国特色社会主义发展的总体过程,体现着整个社会发展的精神特质。因此,从更为广泛的意义上讲,文化自信就是一个民族国家的绝大多数社会成员的"集体意志"的心理表征,它表现出社会成员对民族、国家的文化认同,对这个民族国家的发展道路及其理论建构和制度建构的文化认同。没有这种文化认同,这个民族国家就必然会陷入离散分裂的状态,从而丧失民族凝聚力、社会动员力,不能形成促使这个民族国家不断发展壮大的"合力"。正如习近平总书记所指出的:"文化是一个国家、一个民族的灵魂。文化兴国运兴,文化强民族强。没有高度的文化自信,没有文化的繁荣兴盛,就没有中华民族伟大复兴。"①

第三节 文化自信与中国文化传统

"传统"一词在西语中来自拉丁文"traditum",意为从过去延传至今的事物。按美国学者希尔斯的看法,延传三代以上的、被人类赋予价值和意义的事物都可以说是传统。它们包括物质产品的沿用、改良和更新,更包括关于各种事物,关于世界、社会、人生的观念思想的传承和创新,以及对社会习俗习惯和规范制度的认知和接受。这个理解与中国人对"传统"一词的理解大致相同。汉语中"传统"一词就有世代相继的系统之意,如《后汉书·东夷传·倭》记载:"自武帝灭朝鲜,使驿通于汉者三十许国,国皆称王,世世传统",这是指帝王封号的世代延续,也可以是指学说思想的传承;如明代文学家胡应麟在《少室山房笔丛·九流绪论上》中所说"儒主传统翼教,而硕士名贤之训附之";等等。不过,就文化传统而言,对传统的上述理解更多的是注重文化发展的承继性或连续性的一面,而多少忽视了文化发展的变异性和非连续性的一面。对于像中国这样有着数千年文化发展历程的民族国家来说,文化的延传并不是单纯地固守前人留下来的遗产,而总是自觉或不自觉地依据新的历史条件和社会境况对前人创造的文化遗产做出新的阐释,并创造出新的东西。也就是说,在一个民族国家中,文化发展本身既有连续性的一面,又有非连续性的一面;既有延传相继的一面,又有变革创新的一面。因此,就文化自信与文化传统之间的关系而言,我们有必要将"文化传统"和"传统文化"这两个概念作一

---

① 《习近平谈治国理政》第3卷,外文出版社2020年版,第32页。

适当的区分。

一、传统文化与文化传统

所谓"传统文化",在中国主要是指在以自然经济为基础体现农业文明的传统社会中形成的文化形态。这种文化形态既表现在器物层面,如生产工具、生活器具、房屋建筑、服饰等,更表现在宗教信仰、思想观念、社会制度、生活方式、习俗习惯等文化的各个方面。无论传统文化有哪些存在形态,但总体上说它是与传统社会的经济生活、政治生活和社会生活的基本性质相适应的。因此"传统文化"概念直接对应的是"现代文化",即以市场经济为基础的体现工业和科技文明的现代社会的文化形态,更多地体现现代文化与传统文化的历史关联和历史差异。

"文化传统"则不同。文化传统固然包含传统文化,特别是包含经过长期的历史积淀、传承下来的那些稳固的东西,但它并不是指在时间上已经逝去的历史遗迹,而是一个不断发展、不断生长的活的或有生命力的东西。它来自"过去",但活在"现在",作为历史性要素存在于现代社会的现实生活的各个领域各个方面,体现出"现在"与"过去"的历史联系。正如黑格尔所说:"所以同样在科学里,特别在哲学里,我们必须感谢过去的传统,这传统有如赫尔德所说,通过一切变化的因而过去了的东西,结成一条神圣的链子,把前代的创获给我们保存下来,并传给我们。但这种传统并不仅仅是一个管家婆,只是把她所接受过来的忠实地保存着,然后毫不改变地保持着并传给后代。它也不像自然的过程那样,在它的形态和形式的无限化与活动中,仍然永远保持其原始的规律,没有进步。这传统并不是一尊不动的石像,而是生命洋溢的,有如一道洪流,离开它的源头愈远,它就膨胀得愈大。"①因此,文化传统和现实并没有泾渭分明的界限,构成现实世界的一切要素其实都是传统的自我更新,即便是全新的因素也都是通过对传统的改造而被结合到现实的结构中的。也如

---

① [德]黑格尔:《哲学史讲演录》第1卷,贺麟、王太庆译,商务印书馆1983年版,第8页。

黑格尔所说,对于现实来说,历史并没有消失,只是失去了直接性。也就是说,现实生活是历史发展的结果。尤其是对一个有着悠久历史的民族国家来说,正是由于"现在"与"过去"的历史联系,才使这个民族国家有着不同于其他民族国家的文化独特性,甚至有着与其他民族国家不同的社会发展模式。正是在这个意义上,美国著名社会学家希尔斯把传统称为"存在于今天的历史因素"①。

文化传统并不是固定在某一个历史时期的、一成不变的东西,相反,它是生生不息的生命过程。一个民族国家的文化传统在其漫长的发展过程中,随着社会境况和社会生活条件的变化,各个不同时代的文化承担者必然会对自身所属的文化做出新的阐释,从而在文化传统的传承过程中形成各种文化变体,亦即不同的阐释文本。"但是文化的变体和本体之间并没有绝对清晰、不可逾越的界限,对本体的阐释形成了变体,而变体又丰富了本体并转化为本体。每个时代都存在一种或多种不同的诠释'文本'即文化变体,这种绵延不绝的文化变体系列本质上就是文化本体,换言之,就是文化传统本身。正是这种文化传统的本体与变体相互转化的辩证关系,打破了文化传统的固化结构:文化传统的变体不断地改变着传统本体的面貌和内涵,使传统本体处于流变的过程中。这一辩证过程使文化传统活化,赋予传统以一种生命的性质,使文化传统成为不断发展、不断生长的绵延不绝的生命之流。"②

由于社会生活本身是一个由多种因素、多方面内容所构成的复杂系统,因而文化传统也必然是一个包含多种文化因素的复合体。文化传统的延传也就表现为由各种不同的文化因素而形成的内容多样的文化脉流,每个文化因素构成了一个或若干个被接受和延传的主题,围绕这个主题在不同的历史时期形成文化变体和文化源流。如语言文化传统、宗教文化或信仰的传统、哲学文化的传统、政治文化的传统、习俗习惯和道德文化的传统、文学艺术的传统,乃至建筑风格、服装饰品、饮食文化等等。所有这些不同主题、不同方面的文化

---

① [美]爱德华·希尔斯:《论传统》,傅铿、吕乐译,上海人民出版社1991年版,第45页。
② 丁立群:《文化自信的哲学省思》,载《天津社会科学》2018年第5期。

传统使不同的世代之间或不同的历史发展阶段之间保持着连续性和同一性，构成一个民族国家自身文化创造和再创造的文化密码，使人们在自身的生存中体验文化传统带来的秩序和意义。同时这些不同主题的文化传统又彼此相关，综合地体现在这个民族国家的生存方式和生活方式中，表现出这个民族国家文化传统的多样性和统一性、"变"与"不变"的辩证关系。

二、中国传统文化的文化传承机制

当代中国人的文化自信是与历史悠久的中华文明密切联系在一起的。从人类文明起源的角度看，世界上四大文明发源地依次为古巴比伦文明、古埃及文明、古印度文明和中华文明。经过数千年的发展，这四大文明中，只有中华文明绵延不绝持续发展至今。古巴比伦文明大约在公元前3500年诞生于幼发拉底河和底格里斯河流域，算得上是世界上最早的文明，但由于自然灾害、土地沙化和蛮族的侵略等原因，早在公元前700—前600年就逐渐绝迹，留下来的只是一些残缺不全的建筑遗址和为数不多的带有楔形文字的石板和泥板。古埃及文明诞生于公元前3000年的尼罗河流域，自法老时代起，创造出了灿烂的古埃及文化，留下了被称为世界奇迹的金字塔和狮身人面像等文化遗产，但至公元前700年前后，也终因土壤、气候等自然地理原因和内乱战乱等社会原因而彻底消失。古印度文明发源于公元前2500年的印度河和恒河流域，曾在吠陀时代、佛陀时代和孔雀王朝时期极度繁荣昌盛，创立了独具特色的社会制度，并在宗教、哲学和古代科学方面留下了丰富的文化遗产。但在公元前200年前后逐渐衰落，直到公元16世纪莫卧尔帝国之后，由于欧洲国家（主要是葡萄牙、法国、英国）殖民入侵，最终消失了。中华文明诞生于公元前2000多年的黄河、长江和西辽河流域，至今号称有5000余年的文明史，其最大的特点之一就是，中华文明的发展虽历经天灾人祸，但却一脉相承，绵延不绝，是四大文明中唯一没有断流的文明，它随着社会的发展和时代的进步不断发展更新，所产生的文明成果对整个世界做出了独特的、卓越的贡献。中华文明悠久的历史无疑是中国人文化自信的历史根源。在数千年的历史中，中华民族的生存环境不知发生了多少次翻天覆地的变化,经历了多少次灾难和战乱,但中华文明却顽强地存在下来,并不断发展。这使中华民族的历代子孙倍加相信民族文化强大的生命力、凝聚力、同化力和绵延力,确信它具有应对任何困境的强大能力,确信它不会被任何外来的力量所摧毁。

中华文明的发展之所以没有出现断层,原因很多,有自然地理原因,也有各种社会历史原因,但最为重要的是,中华文明在其漫长的历史发展过程中形成了稳定的文化传承机制。首先,从文字上看,文字是人类用表意符号记录、表达、传播信息的最基本的方式,凝聚了一个民族的文化风格,同时也是文化传承的最基本的载体,是标志民族文化独特性的符号。古巴比伦文明、古埃及文明和古印度文明中都形成了自己的文字,但时至今日这些文字都已消失,仅仅成为考古的对象。唯有中华文明的文字,即汉字,虽在近 5000 年的历史上经历了多次演变,有多种写法,形成了许多字体,但其基本的构成要素没有发生根本的变化①;汉语的语法结构或句法结构虽然也经历了古今之变,但也始终保留着最基本的结构形态,因此我们至今读得懂 2000 多年前留下来的诗文辞章。

其次,从文化传统的思想内容上看,中华文明的发展大致经历了创生奠基、传承发展和改造变革三个大的基本阶段。在创生奠基阶段,《易经》被公认为中国文化最古老的经典,它包含了古代先人对自然、社会和人事的认知,蕴含着对宇宙法则的朴素理解和丰富的辩证法思想,对后世思想文化的发展产生了极为深刻的影响,被誉为"诸经之首,大道之源"。时至今日,中国人常用的汉语成语很多都是直接源自《易经》。春秋战国时期是中国文化发展的

---

① 中国文字——汉字的产生,有据可查的,是在约公元前 14 世纪的殷商后期,这时形成了初步的定型文字,即甲骨文。甲骨文既是象形字又是表音字,至今汉字中仍有一些和图画一样的象形文字,十分生动。历史上有"仓颉造字"之说,出自《荀子》、《吕氏春秋》、《淮南子》等著作。《淮南子·本经训》:"昔者苍颉作书,而天雨粟,鬼夜哭。"汉代高诱注:"苍颉始视鸟迹之文造书契,则诈伪萌生;诈伪萌生,则去本趋末,弃耕作之业,而务锥刀之利。天知其将饿,故为雨粟;鬼恐为书文所劾,故夜哭也。鬼或作兔,兔恐见取豪(毫)作笔,害及其躯,故夜哭。"《荀子·解蔽》:"好书者众矣,而仓颉独传者壹也。"《吕氏春秋》:"奚仲作车,仓颉作书"。

繁荣时期,产生了诸如道家、儒家、墨家、法家、名家、兵家、阴阳家、纵横家等为代表的诸子百家学说,形成了各不相同又密切相关的各种学术思潮和派别,在哲学、伦理学、文学、政治学、法学、军事学等各个思想文化领域创立了诸如"四书五经"这样相对完整的思想体系和理论学说,形成了中国古代文化的思维方式和话语方式,构成了中国文化的思想主体,其中特别有很多思想不仅对中国文化的发展,而且对世界文明的进步具有很高的普遍价值。在传承发展阶段,先秦文化发展的成果以不同的方式在秦以后各代学者那里得到了发挥和发展。特别是在西汉时期实行"罢黜百家,独尊儒术"的文化策略后,儒家思想便在中国整个封建文化的发展时期占据主导地位,得到了历代王朝的推崇和维护,并且作为伦理纲常深入到社会成员的日常生活和日常行为中。在这个时期,学者们做学问的基本方式之一就是注经解经,亦即对来自先秦的古代儒家经典进行"注疏",因而在中国传统文化的学术史上就有"六经注我"和"我注六经"之说。然而无论是"注"还是"疏",无论是"六经注我"还是"我注六经",都离不开中国经学的原本。这虽然表现出中国传统学术的保守性,但也自觉不自觉地维系了中国传统文化的根脉。因而,先秦以后中华民族2000多年的历史发展过程经历了无数次战乱和外族的入侵,但中华文化的传统没有因此被断送,相反最终都在文化上征服了外族,显示出中华文化强大的生命力。

三、消化吸收外来文化的文化机制和文化创新能力

一个民族国家的文化在其漫长的历史发展过程中,不可避免地会同其他民族国家的文化发生交流、碰撞,因此,如何对待外来文化,能否将外来文化的积极因素吸收到本民族国家的文化机体中,中华文明具有强大的自我更新能力和消化吸收外来文化的机制。在中国文化漫长的发展过程中,很早就开始了对外的商业贸易往来。公元前138年,汉武帝派张骞出使西域,开辟了以长安(今西安)为起点,途经甘肃、新疆到中亚、西亚,直至连通地中海各国的陆上通道,史称"丝绸之路"。与此同时,还开辟了从中国出发向东和向西两个

方向的海上通道,魏晋以后形成了以广州为起点经海南岛东面海域,通过南海诸岛抵达南海诸国,再穿过马六甲海峡,直驶印度洋、红海、波斯湾等15个国家和地区的"海上丝绸之路"。两个丝绸之路的开通,不仅使中国与南亚、西亚乃至欧洲许多国家在丝绸、陶瓷、玻璃制品、金银铜器等多种手工业制品和多种农产品方面进行贸易往来,而且也把其他国家的风俗、习惯、语言、文字、歌舞艺术等传入中国,自发地在民间实现了内容广泛的文化交流,在中国文化的发展中潜移默化地增加了各种外来因素。

在中外文化交流史上也存在着中国文化消化和吸收外来文化的历史过程,其中最典型的就是佛教文化在中国的传播和与中国文化相融合的过程。佛教产生于公元前6世纪的印度,自公元1世纪,即东汉时期开始传入中国,到魏晋南北朝时期在中国内地扩大,大量的佛教经典被翻译过来,教徒也达到了二百万之众,并得到当时统治者的信奉和扶持。到隋唐时期,佛教的影响力一时达到相当兴盛的程度,如唐朝诗人杜牧的诗句"南朝四百八十寺,多少楼台烟雨中"生动地刻画出那个时期佛教的盛况。隋唐以后经宋元明清,儒家思想、道家思想和佛教思想逐渐互释融通,出现了儒释道"三教合一"的倾向,在思想内容和精神信仰上达到了融合,使佛教最终成为中国文化传统的一个有机的组成部分,极大地丰富了中国的哲学、语言文学、艺术、建筑、医学等,也使中国民众的生活方式发生了深刻的变化。

在佛教融入中国文化的过程中,逐渐地形成了中国文化消化和吸收外来文化的文化机制。这个机制大致包含文本互译——思想对峙——视域融合——综合创新四个基本环节。"文本互译"就是对外来文化的典籍进行翻译,将其置于中国的话语体系中。这是初步的,但也是最基本的。"思想对峙"就是指在外来文化与本土文化之间发生的思想交锋,如南朝齐梁时期的范缜对佛教"神不灭说"的反驳,唐代著名思想家韩愈对佛教危害的揭露,等等。这个阶段是不可避免的,同时也是必要的,没有这个阶段,外来文化与本土文化的思想差异以及各自的局限性就不可能充分地暴露出来。"视域融合"就是指在充分的思想交锋过程中,外来文化与本土文化之间逐渐在异中求同,特别是把外来文化放到本土文化的视域中予以理解,吸取外来文化中合理的因素和思想精华,使之本土化。如隋唐宋明时期,佛教吸收了大量的儒家思想逐步走向儒家化的道路,而儒家思想的发展也从佛学中汲取了与自身思想相合的积极因素,丰富了儒家学说的思想内容和话语表达方式。最典型的就是宋代哲学家朱熹在他的理学思想体系中就有选择地吸收了佛学思想中许多重要内容。"综合创新"则是在视域融合的基础上,实现一种新的理论和文化的创新发展。如佛教与中国文化相互融合,产生了许多具有中国特色的佛教宗派如天台宗、法相宗、华严宗、净土宗、律宗、禅宗、密宗等。这样,诞生于印度的佛教很早就在印度绝迹了,但它在中国却通过与中国文化的融通焕发出灿烂的文化之光,成为中国文化传统发展过程凝结出来的历史瑰宝。佛教能够在当今世界中成为与基督教、伊斯兰教并列的三大世界性宗教之一,佛教的中国化是最为关键、居功至伟的。

除了佛教之外,代表西方中世纪文化的基督教也很早就在中国开始传播。公元635年至845年期间,基督教的聂斯托利派(亦称"景教",Nestorianism)传教士来华,就开始了基督教在中国的传教活动,只是由于东西方文化的巨大差异,最初并没有得到多少回应。16世纪以后,基督教的传播有了很大的扩张。其中一个重要原因,就是很多著名的传教士开始注重基督教与中国传统文化如儒教、道教在思想上的结合。如1583年,意大利天主教耶稣会传教士利玛窦就把天主教所讲的"唯一真神"解释为中国传统文化中的"天"和"上帝",并允许中国教徒祭天、祭祖、敬孔。为了减少传教阻力,使教义更加易于为中国人特别是上层人士接受,利玛窦还把基督教演绎成一种类似于并能兼容儒教的伦理体系,并尽量避免谈论基督教的神学内涵。基督教的传播也给中国的教育、医疗、卫生、新闻、出版等文化事业的发展注入了新的异质因素,有选择地把西方科学文化如几何学、地理学等方面的知识翻译成中文,促使明朝晚期就出现了士大夫学习西学的风气。不过,同佛学相比,基督教文化在中国的传播发展,至今未达到与中国文化完全融合的程度,在中国人心目中,佛学已完全祛除了外来文化的印迹,而基督教始终保持着外来文化的面目。

当然,在中国文化传统的历史发展中,对外来文化的消化吸收和创新最成功的典范则是马克思列宁主义在中国的传播和发展。1840年鸦片战争以后,清政府的腐败和外国列强的侵犯,使中国传统文化的历史局限性充分暴露出来。为拯救中国于危难之中,大批先进知识分子深刻地反思传统文化的弊端,并走出国门向西方国家学习先进的科学文化,并希图用西方文化改造中国传统文化,致使西方的各种文化思潮涌入中国,引发了中学和西学之间的持久论战,并逐步认识到西方文化"于学术则黜伪而存真,于刑政则屈私以为公"(严复《论世变之亟》),即民主精神与科学精神为其核心优长。1917年,俄国十月革命的胜利,使马克思列宁主义在中国得到了广泛的传播。对于中国文化传统来说,马克思列宁主义最初无疑是一种来自西方的异质文化,在十月革命之前,马克思的思想就已经开始出现在中国的思想领域中,不过它仅仅是诸多西方思潮中的一个。但1921年中国共产党的成立,以李大钊、陈独秀、毛泽东、蔡和森、瞿秋白、李达等为代表的一大批中国革命知识分子确信,只有马克思主义理论才能真正解决"救亡图存"的问题,从而奠定了马克思主义理论在中国共产党领导的新民主主义革命中的指导地位。自那时起,中国共产党把马克思主义基本理论与中国社会发展的实际相结合,同时也批判地继承了中国传统文化的思想精华,对中国传统文化进行了革命性改造。在新民主主义革命时期、社会主义革命和建设时期与改革开放和社会主义现代化建设时期,相继形成了以毛泽东思想、邓小平理论、"三个代表"重要思想、科学发展观和习近平新时代中国特色社会主义思想为代表的具有中国风格和中国气派的中国化马克思主义理论,即中国特色社会主义理论,使中国文化保持先进文化的性质。有关这个方面的内容,我们将在本书第三章和第四章做出更为详尽的阐述。

四、反对文化保守主义和文化虚无主义

中国文化传统有着自身的文化传承机制、文化更新机制、对外来文化的消化吸收机制和文化创新机制,从而使在传承中创新、在创新中传承构成了中国文化传统的基本逻辑。中国文化在数千年的发展过程中,既一脉相承,源远流

长,又能够随着时代的发展和社会的变迁不断实现自我更新,展现新的历史风貌。这是中国人对自身所属的文化充满自信的主要原因之一。

(一)文化传承过程中的守旧与开新

当然,中国文化传统的这一基本逻辑在历史发展过程中并不总是自觉的。在中国社会发展的历史过程中,文化发展的主体或承担者来自不同社会阶级、阶层和利益群体。这些阶级、阶层和社会群体有着不同的生活条件、生活方式和生活境遇,因而也有着不同的信仰、价值观念、思想倾向和文化旨趣,当然也包含作为文化传承主要力量的知识分子之间在学术观点上的差异。这就使中国文化传统的传承与发展过程充满了各种复杂的矛盾和思想冲突。几乎在文化传统的每一个变革发展时期,都会面对激进与保守、落后与先进、封闭与开放等各种思潮之间的对峙,使文化传统的发展呈现出前进与倒退、停滞与跃变反复碰撞与交织融合的复杂曲折的演进过程。特别是在面对外来文化的挑战时,各种不同思想倾向之间的冲突往往达到十分尖锐的程度。因此,确立文化自信,并不意味着否认在文化传统的发展演变过程中存在着的矛盾和冲突,而是要正确地看待这些矛盾和冲突,自觉地从中汲取经验和教训,把文化自信建立在正确的文化发展理念上,克服种种不利于文化传承与创新的错误思想倾向。

确立文化自信要求文化主体对自身的文化始终保持清醒的、理性的认识,克服文化自卑和文化自大两种错误的心态。一般来说,一个民族国家的文化传统都会包含文化精神的两个基本层次。一方面,在社会文化发展的任何一个历史阶段上总是自觉或不自觉地包含人们对自然界、社会生活、人类交往活动及其历史发展过程的性质、特征的总体性的认知和理性思考,产生出诸如宗教精神、哲学理念、政治观念和道德原则等思想成果,表现出人类思维对最高普遍性的追求。这些思想成果如果在历史发展和社会变迁过程中能够有助于人们理解和应对社会变化所带来的各种社会问题,有助于人们克服生活困境和社会危机,就会成为具有普遍意义的思想精华,构成一个民族国家文化传统中极具民族特色、体现民族智慧的思想资源。另一方面,社会文化的发展在不同历史阶段上又必然会在总体上与一个民族国家的特定历史发展阶段相适应,体现出其历史性和具体性。也就是说,在一定历史发展阶段上产生出来的文化成果,必然要同民族国家在这个历史阶段上的经济发展水平、政治制度和社会制度的性质、社会生活模式等相互契合。这就表明,在任何历史发展阶段上产生出来的文化成果,必然会受到这个历史阶段的各种社会历史条件的制约,一旦社会发展到新的历史阶段,就会暴露出这些文化成果的历史局限性,并同新的社会发展阶段所产生的新的文化要求发生矛盾。例如,中国传统文化虽然不乏具有普遍价值的思想精华,但在总体上又是与以自然经济为基础的传统社会即中国的封建社会的体现农业文明的基本经济形态、封建专制主义的基本政治制度和社会制度以及普遍的社会生活方式相适应的,属于封建社会的意识形态和文化基础,因而必然与以市场经济为基础的、体现工业文明的现代社会在思想观念、价值观念、生活方式和社会心理等各个方面发生根本性的文化冲突。在社会发展的现实过程中,文化传统的这两个基本层面通常不是截然分离的,而是难解难分地胶着在一起,这就使文化传统的传承与创新的过程充满了各种不同的思想倾向、价值观念乃至文化心态之间的矛盾和冲突。

(二)文化保守主义与文化虚无主义

面对传统文化和现代文化的矛盾,最容易产生的就是两种相互对立的极端的思想倾向,即文化保守主义和文化虚无主义。文化保守主义是一种无批判地对传统文化一味肯定的思想倾向。这种思想倾向往往以存在于传统文化中的积极的、具有普遍意义的思想精华为据,否认传统社会的文化形态与现代社会文化发展要求之间的本质差别,否认传统文化的历史局限性,否认对传统文化进行更新和改造的必要性,甚至把传统文化中已完全丧失历史合理性的陈腐落后的因素视为圭臬以抵制现代社会的文化发展要求。文化保守主义在文化心态上表现为一种盲目的"文化自大"或"文化自满",即"过分相信自己文化的至臻至美,认为'本自圆成,不自外求'、'万物皆备于我',因而导致一种丧失进取心的文化封闭意识——这是文化自大的心理效应"①。

---

① 丁立群:《文化自信的哲学省思》,载《天津社会科学》2018 年第 5 期。

文化虚无主义是与文化保守主义相对立的另一种极端的思想倾向。在传统文化和现代文化的交织碰撞中，这种思想倾向表现为完全否认传统文化中存在着具有普遍意义的思想精华及其在现代社会发展中所具有的积极价值，认为本土的传统文化完全不适应现代社会的发展要求。正如文化保守主义无批判地对待传统文化一样，文化虚无主义则往往是无批判地对待西方文化，认为西方文化是现代文化的典范或模板，否认西方文化本身所具有的历史局限性和缺陷，主张用西方文化来改造中国社会。在我国，文化虚无主义思想倾向发端于近代中国传统文化与西方现代文化的激烈碰撞时期，面对西方国家先进的工商业经济和科学技术所带来的经济、政治和军事优势，面对中国晚清政府的腐败没落，不少知识分子痛感中国传统文化的衰落，把目光投向西方，希图用西方文化来改造中国文化，以谋求救亡图存的路径。汲取西方文化的急切心理，使一部分知识分子在西方强势文化面前产生了"万事不如人"的文化自卑心态，相应地也就产生了"全盘西化"的思想主张。

无论是文化保守主义还是文化虚无主义，无论是文化自大还是文化自卑，本质上都是文化问题上的历史唯心主义。文化保守主义及其所衍生的文化自大心态，完全没有看到或完全不能理解社会存在对社会意识的决定作用。当社会存在已经发生或正在发生根本性的革命变化时，这种思想倾向或文化心态却不思文化变革的必然性和必要性，试图把传统文化中的一切不加选择地、无批判地运用到现代社会的文化建构中，表面上打着继承优秀文化传统的旗号，骨子里却是用一种食古不化的态度把中国文化的发展乃至整个中国社会的发展拉回到封建主义的死路。在处理与外来文化的关系上，这种思想倾向或文化心态的最典型的表现就是鼓吹文化封闭主义，拒绝吸收世界范围内的文化发展的积极成果，断绝中国文化与世界文化的关系，使中国文化的发展重回孤立、封闭的轨道并因而丧失活力。文化虚无主义及其所衍生的文化自卑的心态，同样表现出对社会存在和社会意识之间关系的错误的或歪曲的理解，看不到社会意识的发展本身所具有的连续性和相对独立性，看不到文化传统在其发展中产生出来的那些优秀的文化成果，看不到文化传统本身所具有的文化更新和文化创新能力,看不到文化传统的优秀成果和积极因素包含着解决新的时代问题的智慧和能力。特别是面对西方文化,这种思想倾向或文化心态一方面全盘否定传统文化的积极价值;另一方面试图无批判地把西方文化全面地移植到中国的文化机体中,其结果就是割断历史,断绝中国社会发展的文化根基。由此也可以看出,文化保守主义和文化虚无主义看上去是相互对立的思想倾向,但在实质上都是形而上学片面的思维方式的表现。

毫无疑问,从政治思维方式的角度看,确立文化自信首先要求我们在处理现代文化与传统文化、中国文化与外来文化的关系上确立理性的、科学的态度和方法。要正确认识和把握现代文化对传统文化的批判继承的关系,既不把传统文化统统看成是无可救药的历史糟粕,也不忽视或否认传统文化本身所具有的历史局限性。应当根据现代社会的发展特征和发展要求,根据现代社会在其发展过程中所衍生的各种新的社会矛盾和社会问题,对传统文化进行批判性改造,剔除其中支撑封建主义政治制度和社会制度的腐朽没落的因素,挖掘其中具有普遍意义的思想精华和具有民族特色的文化因素,赋予它们新的时代内容,将其运用到中国现代文化的建构中。正如习近平总书记指出:"传承中华文化,绝不是简单复古,也不是盲目排外,而是古为今用、洋为中用、辩证取舍、推陈出新,摒弃消极因素,继承积极思想,'以古人之规矩,开自己之生面',实现中华文化的创造性转化和创新性发展。"[①]对于外来文化也是如此,特别是主要来自西方发达国家的西方文化,首先应当承认,它们与现代社会的经济形态、政治形态相适应的文化形态,其中必然包含着现代经济、政治和科学文化发展的积极成果,对于中国的现代化建设具有重要的意义。同时,我们也必须看到,西方文化又是西方资本主义社会的经济制度、政治制度和文化意识形态的产物,因而与中国社会主义社会的基本制度和发展理念在本质上是不相容的。因此,对于外来文化,我们也应当采取批判吸收的基本态度和方法,通过辩证分析将外来文化中有助于中国社会主义现代化建设的积

---

① 习近平:《在文艺工作座谈会上的讲话》,人民出版社2015年版,第26页。

极因素吸收到我们的文化机体中,同时,摈弃那些支撑资本主义社会制度、表现资本主义生活方式和精神特征的文化因素。

在正确对待现代文化与传统文化的关系以及中国文化与外来文化的关系问题上,最根本的要求就是不能用一种"二元对立"的思维方式把传统文化与现代文化、中国文化与外来文化截然对立起来。对此,习近平总书记指出:"强调民族性并不是要排斥其他国家的学术研究成果,而是要在比较、对照、批判、吸收、升华的基础上,使民族性更加符合当代中国和当今世界的发展要求,越是民族的越是世界的。"①应当说,这是我们确立文化自信,正确处理现代文化与传统文化、中国文化与外来文化之间关系的最基本的原则。

当代中国社会正处在社会转型时期。40 多年市场取向的改革取得了辉煌的成就,但同时也衍生出一系列更为棘手的社会矛盾和社会问题,如公民权利问题、贫富分化问题、腐败问题、生态环境问题等等。面对这些成就和问题,在中国的社会各界已经明显地呈现出文化价值观方面的深刻矛盾。从这个意义上说,文化建设的确是现时期中国社会发展所面临的十分重要、十分迫切的任务。这个文化建设不仅仅在于推动文化产业的发展以满足社会成员日益增长的文化需求,从深层次上说,它的根本任务就是要厘清思想混乱,清除价值观上的迷雾,确立符合中国特色社会主义发展道路的文化价值观的主导地位,使之成为引导中国社会发展的价值原则和精神动力。

---

① 《习近平谈治国理政》第 2 卷,外文出版社 2017 年版,第 340 页。

第二章　中华民族的根和魂

　　源远流长的文化传统构造了中华民族独一无二的精神特质。在数千年传统社会的发展中积累起来的中国传统文化,是中华民族能够保持自身旺盛生命力的根与魂。它不仅深深地铭刻在中国人的历史记忆中,并且在把握和解决现代社会和现代世界错综复杂的矛盾和问题中,彰显出独特的启迪人生的文化精粹、定国安邦的政治智慧和通达万物的思想精华。中国传统文化如流淌在中华民族机体中的血脉,凝聚着中国人的民族情感和思恋情结。中国人,无论走到哪里,都会在自己的思想深处流淌着这种深厚的民族自豪感和归属感。一位客居海外的老华侨经常自问:"生命何来? 万象何具? 文化何始? 历史何展? 而我又何以自认?"他的回答是:"我来自雨水满布的三江五岳,来自中华文明的根脉,来自殷商实物深埋的沃土……"这位老先生用诗化语言和美学意境的自设问答,深切表现出一位极具中华文化自我认同感的爱国同胞的家国情怀。《诗经》曰:"周虽旧邦,其命维新"。从具有古老文化历史的"旧邦"到生命不断更新发展的"新命",中华民族绵延传续5000余年,其蕴含的传统文化精义已成为生命基因,弦歌不辍、薪火相传。从中,我们可以探寻出中华文化发展的逻辑理路,并找到中华文化自信的内在根据和判定标准。

第一节　农耕时代中华文化所形成的精神特质

　　一个民族国家,如果没有成熟的、富有生机的文化传统,它的生命就会衰落枯竭,即使显赫一时,也不过是昙花一现。

中国传统文化,作为一种成熟的观念形态,在人类文明的"轴心时代"①就已经形成,后经两千多年的发展演变,逐渐形成一种独立的、颇具特色的文化形态,成为使中华民族文化持久不衰、哲学慧根日益萌发的精神源泉。

一、中国传统文化的脉流及其精神特质

春秋战国时代,是中国传统文化的繁荣期。正如梁启超所概括的那样:"孔北老南,对垒互峙,九流十家,继轨并作。如春雷一声,万条齐苗于广野;如火山乍裂,热石竞飞于天外。壮哉壮哉!非特我中华学界之大观,亦世界学史之伟迹也。"②通过九流百家的激烈争鸣,儒、墨、道、法、名、阴阳诸家都得到了充分的发展,特别是儒、道、法三家因能够更好地适应那个时代经邦治国的需要而取得明显优势,成为后来中国文化传统中不可或缺的组成部分。可以肯定,中国传统文化从它产生之日起,就是多元的复合物,而不是一元的简单体。正是由于中国传统文化是一个多元的复合物而非一元的简单体,它在其自身的生长过程中就内在地包含着兼收并蓄的机制,能够从不同的角度汲取各种文化资源。

诸子百家虽然都是中国传统文化的有机组成部分,但经过汉武帝"罢黜百家,独尊儒术"的思想统治,在形式上占据主导地位的却是以孔子为代表的儒家文化。当然,孔子作为中国封建时代的文化象征,在2000多年漫长的历史上也是不断被改铸的。梁启超曾经描绘过这一过程:"浸假而孔子变为董江都、何邵公矣,浸假而孔子变为马季长、郑康成矣,浸假而孔子变为韩退之、欧阳永叔矣,浸假而孔子变为程伊川、朱晦庵矣,浸假而孔子变为陆象山、王阳

---

① "轴心时代"是德国哲学家雅斯贝尔斯提出来的文化学概念。他认为人类文化与文明是多源头的,公元前5世纪前后,在世界各地都出现了辉煌的文化:中国出现了孔、老、墨、庄等一系列哲学家,印度出现了优波尼沙和佛陀,巴勒斯坦拥有一批希伯来的先知,希腊则产生了亚里士多德、柏拉图等一批哲人。这一时代就是所谓人类文明的轴心时代。现在世界上的许多文化学者都接受了这一概念以及有关"轴心时代"的学说。

② 梁启超:《论中国学术思想变迁之大势》,上海古籍出版社2001年版,第18页。

明矣,浸假而孔子变为颜习斋、戴东原矣……"①其中大的改铸有两次。在封建社会前期,孔子被改铸成为董仲舒的新儒学,在封建社会后期则被改铸成为二程朱熹的道学或理学。可以说,儒家文化在中国传统文化中是一线贯穿的精神主宰。因此,考察中国传统文化,不能不特别注意儒家的思想。

儒家思想的核心是"仁"、"礼"、"中庸"。"仁"是一种至高的道德境界,更是一种社会政治伦理学说的思想原则,即所谓仁爱、仁义、仁政等。如孔子提出的"为政以德"(《论语·为政》),孟子提出的"仁政学说"(《孟子·梁惠王上》);《大学》提出"修齐治平",《礼记·礼运》提出"天下为公",这些都是儒家的社会政治理想,深为封建时代的知识分子所服膺、所赞赏。"礼"即礼仪、礼节、礼教,是维护封建等级制度和社会秩序的伦理规范,也不乏处理人际关系的道德信条。这些规范一方面可以成为民族团结、社会和谐的积极力量,另一方面则发展成为形式主义的繁文缛节和极端苛刻的纲常名教。"中庸"是一种思想方法,讲究"不偏不倚"、"执两用中"、"适量守度",堪称一种卓越的生活智慧,而其在政治实践的运作中则表现为通过折中调和的手段,达到消融矛盾、避免冲突、稳定社会秩序的目的。

中国封建时代的统治者在推行文化政策的时候,一般都是打着儒家的旗号,而实际上却是以儒为主,兼取道法,或"儒道互补",或"外儒内法",或儒道法兼收并蓄。就其内容来说,儒家的仁政王道,道家的清静无为、以退为进,法家的循名责实、信赏必罚,这三者是构成中国传统思想文化的"三位一体"的基本要素,浸透于民族的性格和心理中。然而以官学的形态,授受于庠序,流布于民间的,却基本是儒家的思想文化。

可以肯定地说:世界上任何一个健全的民族的文化,都必然有其独特的历史传统,有自己的某些优势和特长,同时也不可避免地有自己的某些缺陷和不足。迄今为止。人们尚未发现哪一个民族文化体遍身缺点而毫无长处,或者尽是优长而毫无弊病。马克思说得好,"古往今来每个民族都在某些方面优

---

① 《梁启超论清学史二种》,复旦大学出版社1985年版,第71页。

越于其他民族"①,但从来没有"优等"民族和"劣等"民族之分。

中国传统文化是一种从"农业—宗法"社会的土壤中生长出来的伦理型文化。当人们去认识和把握这一特定类型文化的特质的时候,有两个异常顽强的事实摆在人们的面前:一个事实是在世界古老民族之林中,那些曾经一度光华灿烂的古老文化,几乎全都暗淡下来,只有中国的文化具有顽强的生命力和无与伦比的延续性。虽饱经忧患,历尽沧桑,却仍然如薪传火,连绵不绝,创造了罕有其匹的古代文明。这是非常耐人寻味的历史现象。另一个事实是近世以来,作为这一古老文明的文化载体——封建的东方帝国,却长期食古不化、沉眠不醒、国势不振、民气不扬,终于落伍于近代西方文明。直到中华人民共和国成立,中国人民才开始在政治上获得独立平等的地位,然而在推进现代化建设的过程中,它又总是如疲牛负重,步履艰难,如逆水行舟,一波三折。这也是深为改革志士所扼腕叹息的事情。

基于这两种事实,我们必须认定:中国传统文化确实有它不容置疑的成就和优长,同时也有它某些方面的缺陷和不足。作如是观,才能正确解释中华民族所经历的十分复杂的历史实践,才能真正洞察中国传统文化的性质特点、是非优劣,从而更好地计划更新文化、再造人文的行动。那种盲目地对传统加以颂扬或蔑弃,都是于事无补的。

中国传统文化的优长是什么呢? 如果我们舍弃旁枝末节,仅找寻出贯穿于其中的几个基调的话,那么,这些优长应是:积极的入世精神,强烈的道德色彩,顽强的再生能力,以及注重"中和"的思想方法。

(一)积极的入世精神

所谓入世精神就是关心社会现实的人生态度。学界有人曾说,西方基督教文化是重天国、轻现世的"天学",印度佛教文化是宣"轮回"、讲"因果报应"的"鬼学",而中国传统文化则是富含人文关怀的"人学"。这一"人学"文化是积极入世的,而不是消极避世的,更不是超然出世的。儒家文化,不论是

---

① 《马克思恩格斯全集》第2卷,人民出版社1957年版,第194页。

先秦的孔孟荀卿之学，还是两汉以后的新儒学，其主流都是经世致用、兴邦治国、教民化俗的。其主要信条，如"内圣外王"，"修齐治平"，"要言妙道不离人伦日物"，"正德、利用、厚生"，都要求将内在的思想外化为积极的事功。道家文化，看似玄虚蕴奥，而其实质却是注重聚积自身的力量，"无为"是为了"无不为"。只要看一看黄老哲学在中国古代每一个动乱向治世转化的历史时期所起到的特殊作用，这一点就可以了然。法家文化不待说，它以奖励耕战而著名，具有更明显的现实精神，总之，积极的入世精神，是以儒道法三家为主体的中国传统文化的共同特点。

中国传统文化形成这一特质，大致有两个原因：第一，和西方、印度相比，中国古代社会的宗教势力是相对薄弱的，这就决定了它的文化特色，不是把致思的中心紧紧盯在彼岸世界，而是瞩目于现实社会。不是着眼于"来世"，而是致力于"今生"。第二，中国古代哲人大都有一种深沉的"忧患"意识，这种意识可以外化成为一种对民族文化兴灭继绝的感情，以社稷国家为重、以民生民瘼为怀的抱负，以及面向现实、面向人生的入世态度。

（二）强烈的道德色彩

有学者在进行中西文化比较时指出：古代希腊罗马学者有一种"智者风度"，他们十分关注人与自然的关系，富有科学精神；而中国古代学者则有一种"圣贤气象"，他们更关心人与人之间的关系，富有道德精神。这是由于中国古代社会从它由原始社会进入阶级社会时起，就是典型的以血缘关系为纽带的氏族奴隶社会。等级名分森严的天子、诸侯、卿大夫之间，既是政治上的君臣关系，又是血缘上的大宗小宗关系，作为被统治的阶级"士农工商"也都紧紧维系在血缘关系的纽带上。因之，社会组织、经济结构、政治设施等，也都无一不与宗法血缘关系紧密结合在一起，反映宗法制度和宗法观念的伦理道德也就成为中国传统文化的核心。从历史维度看，这种文化特色除有许多消极面以外，也有其积极的一面。首先，它具有强大的凝聚力量。它把在自然经济条件下的以一家一户为基本单位的松散农业组织，用思想、道德的力量维系起来，造成了无形而巨大的民族向心力。中国民族在历史上形成的"炎黄子孙"、"华夏苗裔"等观念,曾经一次又一次克服民族分裂的危机,保持了国家的大体统一和中华民族的不断发展。其次,就伦理道德本身而言,它除维护统治阶级利益外,也有整饬人伦、和谐人际关系的作用。比如儒家强调的"父慈子孝、兄友弟恭、朋友有信",以及"忠恕之道"、"絜矩之道"、"民胞物与"等观念,都突出强调了处理人际关系时互以对方为重的基本原则。它也注重个人道德品质修养,注重培养健全的人格,认为唯有完善个人的"人格"才有可能推己及人,实现"治国平天下"的抱负。这一人格观念加以扩展,就形成中国人民威武不屈、贫贱不移的民族气节和"国格"观念。

(三)顽强的文化再生能力

中国传统文化最富于魅力并引起世人赞叹的,不仅在于它的古老,更在于它在内忧外患之中,一次又一次表现出来的顽强的再生能力。这种再生能力表现为它能不断地从"原生文化"转化为"衍生文化",以适应存在和发展的需要。中国文化史上依次出现的先秦诸子学、两汉经学、魏晋玄学、隋唐佛学、宋明理学、清代朴学,其间既有一脉相承的基本内涵,又呈现出彼此各异的形态。在一国范围内,文化发展序列如此连续完整而又不断嬗变更新,是世界文化史上罕见的现象。这种情况首先是由社会经济因素决定的,它根源于农业—宗法社会本身所具有的顽强的延续力;其次,它也与半封闭的大陆环境形成的地理隔离机制相关联,亦即思想文化的交流、传承与变革在很大程度上局限在自身传统文化的资源范围内。但更为重要的是,中国传统文化本身所具有的生生不息的活力,贯穿于中国民族历史活动中那种"天行健,君子以自强不息"的顽强精神,以及中国古代朴素系统论所具有的涵盖面广、常变相参的思维机制,也是这种情况得以出现的重要原因。

(四)重视整体平衡、注重中和的思想方法

"中和"的思想方法亦称"中庸之道"①,它早于孔子出现,所谓"和实生物,同则不继,以他平他谓之和"(《国语·郑语》),大概就是这种观念的最初

---

① "中庸"概念,见于《论语·雍也》。中庸,即以中为用,用中和之道行事。"中和"见《礼记·中庸》:"中也者,天下之大本也;和也者,天下之达道也。致中和,天地位焉,万物育焉。"

表述。后经孔子提出"和而不同"、"执两用中"以及《礼记·中庸》的全面总结，"中和"思想遂告形成，一直成为中国传统文化的基本精神。"中和"思想就其积极方面来讲，突出强调了两个侧面：一是"中"，即把握事物度量的准确性；一是"和"，即不同因素、不同方面的合理组合、对立统一。应该承认，这是含有辩证思维的思想方法。这种思想方法在古代中国社会曾经促使中国人民在很大程度上实现自身协调、天人协调和人我协调，对于民族团结、社会稳定起到了一定的积极作用。中庸之道作为一种文化观念，在中国封建时代常传不息，有其深厚的土壤。首先，它是调节作为"天之元子"与"民之父母"双重身份的专制君主同它的臣民关系的产物；其次，它是适应宗法社会的需要，解决以血缘关系为纽带的宗法关系、家族关系内部矛盾的有效方法。此外，农业社会小农经济靠天吃饭的特点，必然使人们重视风调雨顺、阴阳和合，而这种认识的理论抽象就必然是"致中和"的思想方法或中庸之道。

二、中国传统文化的历史局限性

当然，处在长期农耕文化背景、宗法社会背景之下的中国传统文化也有其严重的缺点，而且这种缺点并不是孤立存在的，它同中国文化的优点往往表现为一个事物的两个面，它们相互掺杂，难解难分。

其主要缺点是什么呢？

第一，在价值取向上，重视道德的扶植，而忽视力量的培养、知识的研讨和功利的追求，造成德力分离、德智分离和义利分离的不良倾向。

本来，在先秦的主要学派中并不乏"尚力"主义者，如墨家"尚力"、"非命"，法家主张耕战。但自从儒家文化处于独尊地位以后，在中国思想界一切"尚力"之说均遭非议，只有孔孟"德治"、"仁政"的口号在思想界回响。[1]　从

---

[1]　孔子的学生子贡曾问孔子，在"足食、足兵、民信"三个方面，"必不得已而去，于斯三者何先？曰：去兵。子贡曰：必不得已而去，于斯二者何先？曰：去食。自古皆有死，民无信不立"（《论语·颜渊》）。去兵去食而存信，正是重道德而轻力量的表现。孟子也片面赞赏"以德服人"，而反对"以力服人"（《孟子·公孙丑上》）。这些思想对后儒影响甚大。

整个封建社会的意识形态和文化心理来看,重德轻力的观念是主要的、基本的。而重视力量的思想则往往只表现为一种潜流,不能理直气壮地加以倡导。这种情形同西方"力的崇拜"的观念恰成鲜明的对照。这种重德轻力的观念显然忽视了"德"与"力"辩证关联。注重"德性"固然是考察和规范人的行为或活动的正当要求,因为如果不想让人的能力或力量被用于邪恶的目的,就必然要求人力的发挥在德性中找到自身的规则或价值取向。但如果看不到人的德性必须在人改变世界的能力和力量中体现其实在的内容,其结果就必然会在人的活动中架空德性的因素,使人居留在抽象的道德观念中而缺乏改变环境的能力和活力,这就会阻滞人力的发挥和对自然与社会的改造。这一点,可以说是导致中国传统农业社会长期保持低水平循环的观念因素之一。

在德智关系上,儒家文化有一个基本信念,即人格的确立较之知识的获得不知重要几多倍。王守仁曾以精金类比圣贤,认为只需成色精纯即是圣人,至于知识多寡、才能大小的不同,恰如八千镒之金与九千镒之金,分量虽有差,却都不失为真金。在儒家文化心理结构中,道德是个质的概念,知识只是个量的概念,它看重人"是什么",而不看重人"有什么",所以重德轻知。他们认为:有德无知,犹不失为"一个堂堂正正的人"(陆九渊语);有知无德便是"炊沙成饭"、"游骑无归"(二程、朱熹语)了。这显然是失之片面的。

在义利关系上,儒家文化片面肯定重义轻利的思想。孔子是"罕言利"的,孟子则公开宣布"何必曰利"。至于秦汉以后的新儒家所倡导的"正其义不谋其利,明其道不计其功"和"存天理,灭人欲"的主张,更是反映这一思想的典型口号。既然功利和人欲被看作恶的、应该抛弃的东西,力量的培养、知识的研求也就必然被忽视。从社会效果来看,这种文化观念流行的结果,造成知识分子空谈心性、轻视实践的性格,偏重向内心寻觅"天理"、"良知",而鄙视向外界探索客观世界,以致阻塞了探索知识、改造世界的雄心和锐气。

第二,在致思趋向上,重视"形而上"的研讨,而忽视"形而下"的探求,造成"重道轻艺"的不良倾向。

先秦时代及其后中国本不乏科学精神,墨家、名家等学派都是重视"技艺"的,但他们关于科学知识的著述,不是坠落失绪,便是湮没不彰。在儒家思想为主导的文化氛围中,形成了一个极其有害的观念:崇尚"义理",鄙薄"技艺"。所谓"形而上者谓之道,形而下者谓之器"。历来重视"学道"、"谋道","道"的研究可以著之竹帛,传诸天下,而"形名度数之学"则不可登大雅之堂。中国传统文献把科学技术称作"方技"或"方伎",这本身就含有轻视的意思。无论多么高明、多有贡献的科学家,也只能在史书末编的"方技传"中留下几笔,而不能与"儒林"、"道学"先生们为伍。这种对科学技术小觑的态度,贯穿于封建社会的始终。清代乾隆年间编纂《四库全书》时,仍不屑于收入西方传教士利玛窦等人译的科技书。鸦片战争开始时,封建顽固派仍斥西方先进的科学技术为"奇技淫巧"而拒之门外。洋务运动时京师同文馆要设立天文算学馆,顽固派仍以"文儒近臣不当崇尚技能"为辞,加以反对。由此可见,中国传统文化中"重道轻艺"的不良倾向是何等严重!

这种不良倾向又进一步助长了国人偏狭的价值观念,即"德成而上,艺成而下"的观念。人们普遍认为:科学技术无论多么高明,总不过是属于"艺"和"器"的部分,这部分本属学问的"粗迹",懂得不算稀奇,不懂不为可耻;只有"正心诚意"的大道理,"治国平天下"的大经纶,才是最有价值的学问。于是造成中国古代文化的畸形状态:技艺工巧虽然为社会民生所必需,手工业虽然异常繁荣和发达,但科学技术在社会上的地位并不高;科学研究、创造发明不被鼓励,它只能自生自灭,循环迭现,知识分子很少有人以全副精力致力于此。于是中国的科技只掌握在一班"匠人"之手,因而总是感性的,缺乏理论和逻辑的,往往不能形成科学公理。总之,中国传统文化片面追求"形而上"的致思趋向,大大妨碍了对科技理论知识的追求和获取,反转过来也限制了"形而上"的迅速进步,到了近代,中国人不得不备尝科学技术落后的苦果。

第三,在思维方式上,强调"尊经"、"征圣"、"法古",而忽视个性的培植、创造性的发挥和多样化的追求,造成死板僵化的文化格局。人们信奉的格言是"述而不作,信而好古"、"祖宗之法不可擅变"。书以经典为尊,言论以圣人为贵,经验以古人为信。久而久之,人们没有自己的是非,只能以孔子的是非为是非,以《四书》《五经》作为判定真理的标准。在文化学方面,一本圣贤经传,后人总是注而又注,疏而又疏,训而又训,考而又考,而且有一个僵死的原则:"疏不犯注,注不犯经",结果愈注愈玄,愈疏愈诞,愈训愈滥,愈考愈烦。这种情形不独在政治伦理著作方面为然,风气所及,就连古代的科学著作也要受其影响。在古代科学著作本来就并不丰富的情况下,人们仍不去致力总结经验,撰写新编,而不断地推出各种注本。如人们所熟知的《水经注》《九章算术注》《本草经典注》等等。虽然也能在前人的基础上补缀若干新的知识,但总的看来决不能超越前人规定的范围,很难使学术得到突破性的进展。近代启蒙思想家严复对中国传统文化的这种思维框架有一个总结性的说法:"中国由来论辩常法,每欲中求一说,必先引用古书,诗云,子曰,而后以当前之事体语言,与之校勘离合,而此事体语言之是非遂定。"①很明显,中国传统文化虽有不断再生嬗变的一面,也有万变不离其宗的一面,这个恒常不变的东西,就是儒家的统治地位、孔子的圣人身份和被认为是"止于至善"的祖宗之法。这种陈陈相因的思维定式,必然妨碍自由争鸣风尚的开展,泯灭人们的个性和创造精神,到头来成为阻滞学术文化进步的羁绊。

综上所述,作为绵亘于亚洲大陆数千年的中国传统文化,是一个复杂的两面体。从积极的方面讲,它有很多有价值的东西,值得国人自豪自信,是中国人民更新文化、继续前进的基础;从消极的方面讲,其中亦有阻碍中国人民前进的障碍,是沉重的历史负担。有人只看到其积极方面,从而一味地赞赏、颂扬它,有人只看到其消极方面,从而一味地否定、抹杀它。这两种态度都有失偏颇。实际上,国粹主义者的全盘肯定和虚无主义者的全盘否定,都未曾为中国文化找到真正的出路,这种教训值得记取。鲁迅曾说:缺点可以改正,优点可以相师。中国传统文化的优长之处应当奋力弘扬,而其缺点方面,是不是也存化糟粕为精华、化腐朽为神奇的历史机遇呢?完全可能!这就要看当代中

---

① [英]威廉·史坦利·耶方斯:《名学浅说》,严复译,商务印书馆1981年版,第64页。

国人的智慧、能力以及驾驭本国文化的辩证法的思维方式了。至于在当今中国，中国共产党领导中国人民经过百年奋斗，又经过新中国 70 多年的艰苦建设，已经从站起来到逐步富起来，再一步步强起来。在这种背景下，对于中国传统文化的认知更应该立足于肯定其优长，弘扬其精华，以建立起我们更加强大的民族自信心、自信力，更加豪迈地踏上新的征程，走向世界，走向未来！

第二节　政治文化思想精粹的当代审视

我国民主革命的伟大领导者和卓越思想家孙中山多次强调：我国历史本素注重政治，吾人政治经验，应算宏富。法国百科全书派领袖狄德罗在他《百科全书》中说：人们一致认为，中华民族优于亚洲其他民族，因为他们历史悠久，精神高尚，艺术精湛，才智出众，懂政治，善哲学。在以上各方面，根据某些人的看法，他们甚至可以和欧洲文明最发达的国家相媲美。

说到我国传统政治文化，似可以概略地分为制度文化和思想文化两个部分。关于我国古代政治制度方面其实也并非一片黑暗、一无可取。著名历史学家吕思勉、钱穆等对此多有论述，值得我们学习关注。郭齐勇教授就专门论述了这一问题，非常具有借鉴的价值。他指出："以历史上选拔人才的制度变迁史为例。孔子的'有教无类'、'举贤才'理念，集中表达了民间从教育开放到政治开放的心声。汉代选拔人才，以荐举制取代世袭制，以察举、征辟、铨选制度选拔德才兼备的人才，在一定程度上满足了当时社会的需求。但荐举制也有局限性，而且这种局限性愈到后期愈加明显。魏晋南北朝时期改为九品中正制，这一制度把选才权收归朝廷，把人才分为九等，选才标准规范、缜密，在当时具有积极意义。然而，东晋之后，这一制度弊病日深，门阀世族把持、垄断选举，庶族寒门子弟无缘仕途，使得此制度逐渐走向反面。到隋唐时代推行科举制，就是通过考试选拔官吏，采用分科取士的办法，考生自由报名，布衣之士有了为官的机会。从隋代到清代的 1300 多年间，科举制选拔出大量文武官员与后备人员,给社会与国家治理队伍注入活力。"①

至于我国传统政治思想、政治思维,虽时隔千年,仍无法遮掩其智慧光芒。兹将其历史流变与现代价值略加梳理,力图彰显其对当今治国理政、现实人生的借鉴意义。其大端约有七条,这就是:对治国理政的经验积累,对民众力量的正视尊重,对公道正义的不倦诉求,对政德境界的努力探索,对家国情怀的表彰激扬,对以史为鉴的深刻揭橥,对理想社会的积极追求。

一、治国理政的经验积累

中华传统文化中蕴含的治国理政思想非常丰富,如"清廉从政、勤勉奉公、存不忘亡、居安思危"等等,都为治国理念提供了源源不断的思想养分,同时也构成了传统政治思维方式的基本维度。

(一)清廉从政为治国之本

"清廉从政"一词最早出自《晏子春秋·问下四》:"景公问晏子:'廉政而长久,其行何也?'晏子对曰:'其行水也。美哉水乎清清,其浊无不雩途,其清无不洒除,是以长久也。'"这里的廉有廉洁、清廉、廉正、廉直、廉察等含义。专讲古代礼制和官制的儒家经典《周礼》对官吏之廉德有一个很全面的说明,即"六计":"一曰廉善,二曰廉能,三曰廉敬,四曰廉正,五曰廉洁,六曰廉辨。"就是说,一个官员必须具备善良、贤能、勤政、公正、守洁、明辨是非等品格才能算"廉"。"廉政"即"廉正",是指公正廉明的政治局面和政治氛围,它是国之根本,是政治清明、社会安定的重要保障。对于为官者而言,廉政就是一种官德,即清正廉明、勤政为民、廉而不贪。

廉政思想肇始于战国时期,此时诸子百家或极力赞美廉政、抨击腐败,或为政治清明出谋划策,或注重自身的道德修养,从不同的角度阐发了自己的廉政思想,表达了对廉政治理的向往,推动了中国传统廉政思想文化的发展。孔子认为统治者应节约用度,量入为出,这既是爱惜民力、民财的体现,也是廉政

---

① 郭齐勇:《传承发展中华优秀传统制度文化》,载《人民日报》2021年4月22日。

的基础。《论语》记载：子张问于孔子曰："何如斯可以从政矣?"子曰："尊五美，屏四恶，斯可以从政矣。"子张曰："何谓五美?"子曰："君子惠而不费，劳而不怨，欲而不贪，泰而不骄，威而不猛。"这里的"惠而不费"、"欲而不贪"即包含着节俭、廉洁的意思。孔子不仅要求从政者清廉，更强调"欲而不贪"，主张君子要"俭近仁"、"贫而无怨难"、"修己以安百姓"，做到既廉又俭、虽贫而无怨。孟子进一步提出廉洁不仅是道德要求，而且还是影响教化别人的需要，"故闻伯夷之风者，顽夫廉，懦夫有立志"。荀子则要求人们志节高尚，不贪货利，他说："卑湿重迟贪利，则抗之以高志。"墨子认为："君子之道也，贫则见廉，富则见义，生则见爱，死则见哀。"其中"贫则见廉"被视为"君子"的标准之一。韩非子强调法治是廉政建设的前提，主张："古之善守者，以其所重禁其所轻，以其所难止其所易，故君子与小人俱正，盗跖与曾、史俱廉。"即治理国家应该依靠法律，用重刑惩罚犯罪者，用法律来约束人们的行为，这样做就会使人们（不论其道德品质高低）都正直、廉洁。西汉大儒董仲舒在儒家廉政思想基础上，说道："至清廉平，赂遗不受，请谒不听"，把不贪作为廉洁的重要标志。并指出"为人君者，正心以正朝廷，正朝廷以正百官，正百官以正万民，正万民以正四方"。欲求政治清明，百官清廉，君主必须率先垂范，为天下做出榜样。王夫之亦赞同此观点，他说："为政者，廉以洁己，慈以爱民。"这些思想都可谓切中时弊的金玉良言，它不断地提醒执政者视廉洁自律为个人修养的道德境界和执政的准绳，最大限度地保证政治统治和社会治理不因为政者的一己之私而丧失"公道"，亦即丧失公平正义。

（二）克己奉公为执政之要

"奉公"一词语出《后汉书·祭遵传》："遵为人廉约小心，克己奉公。"奉公即以公事为重，勤勉即勤劳而奋勉，"勤勉奉公"即指勤勉尽责、一心为公。儒家一向推行廉洁奉公、勤政为民的理念。《礼记》记载："子夏曰：'三王之德，参于天地。敢问何如斯可谓参于天地矣?'孔子曰：'奉三无私以劳天下。'子夏曰：'敢问何谓三无私?'孔子曰：'天无私覆，地无私载，日月无私照。奉斯三者以劳天下，此之谓三无私。'"孔子说所的"三无私"的从政道德，即要求领导者像天、像大地、像日月一样普照万物而无私心，当好人民的公仆。《吕氏春秋》在《贵公》一篇中更是开门见山地指出："昔先圣王之治天下也，必先公。公则天下平矣"，"尝试观于上志，有得天下者众矣，其得之以公，其失之必以偏"。即天下大治的关键在于领导者能否首先具备一心为公的信念和胸怀，只有领导者能够一切从公心出发进行决策管理，社会才能安定团结，人民才能幸福安康，这是为公之道的基础和前提。西汉贾谊认为："化成俗定，则为人臣者主而忘身，国而忘家，公而忘私。利不苟就，害不苟去，唯义所在。"是说教化成功就成了风俗，那么作为臣子应该一心为君主而忘掉自身的福祸得失，一心报国而忘记自己的家庭利益，一心为公而忘记个人私利。不该得到的利益不随便趋就，有了危害不随便逃避，这才是道义的存在。在贾谊看来，"国而忘家，公而忘私"是作为臣子的应守之义。王通则具体分析了无私与至公之间的关系，他说："夫能遗其身，然后能无私；无私，然后能至公。至公，然后以天下为心矣。道可行矣。"在王通看来，能够抛开自身的利害得失，然后才能做到无私；无私了，才能做到极端公平。做到了极端公平以后就可以心怀天下。这一步步递进渐长的关系反映了真正达到公而忘私、心怀天下之境界的来之不易。唐初魏征曾写了著名的《谏太宗十思疏》、《十渐不克终疏》，劝告唐太宗"勤政廉政"、"居安思危"、"善始克终"，并提出"节嗜欲，省游畋，息靡丽，罢不及，慎偏听，近忠厚，远便佞"等七条建议。"安不忘危、存不忘亡、勤政廉政"，这是头脑清晰且负责任的执政者必须念兹在兹的重大课题，是固保政权、须臾不可忘怀的要务，可以说，这是生死存亡之道，不可不察。

从一定意义上说，任何朝代的官员，就其个人而言，亦是一个有着自身特殊利益的个人，不可避免地会有扩大自身特殊利益的动机。然而，作为官吏将自身置于公共活动的机构或阶层中，他自身的特殊利益就必然要以完善的公共服务、以维护和促进公共利益为实现的基本方式。因此，"克己奉公"并非否认政府官员扩大自身特殊利益的要求，而是要求他们至少要克制自己欲望，戒除以无视甚或损害公共利益和普遍利益的方式来谋取私利的行为。当然，"克己奉公"亦是一个至高无上的道德境界，它要求政府官员把实现和促进公共利益本身当作目的而非仅仅当作实现自身特殊利益的手段,从而能够为民族国家的发展无私奉献,甚至牺牲自身的特殊利益。尽管这种崇高的道德境界在现实中并不是每一个从政者都能做到的,但它始终是引导政治实践、约束从政者施政行为的最高道德准则。

在今天,中国特色社会主义建设事业就是在中国共产党的领导下进行的。中国共产党作为代表中国工人阶级和广大劳动人民群众根本利益、共同利益的执政党,除了人民的利益没有自身的特殊利益,因而必然要把这种崇高的道德境界作为执政的基本要求和道德原则,坚决抵制和打击任何以权谋私的腐败行为,如此才能真正保证政治清明,保证执政党及其领导下的政府具有最高的凝聚力和动员力。为此,习近平总书记明确指出:"开展党的群众路线教育实践活动,就是要把为民务实清廉的价值追求深深植根于全党同志的思想和行动中,夯实党的执政基础,巩固党的执政地位,增强党的创造力凝聚力战斗力,使保持党的先进性和纯洁性、巩固党的执政基础和执政地位具有广泛、深厚、可靠的群众基础。"①为民、务实、清廉,不仅是党员干部做人的基本准则和从政的行为规范,更是我党革命、建设、改革事业取得成功的重要法宝。只有将"清廉从政、勤勉奉公"真正作为政党建设的导向追求、规范干部的行动守则以及选人用人的基本标准,才能确保党和国家的长治久安,实现"干部清正、政府清廉、政治清明"的目标。

二、对民众地位和力量的正视与尊重

对民众地位和力量的尊重即今天我们倡导的民本思想,就是将民众视为国家社稷之本、治国安邦之基。中国的第一部政治文献《尚书·五子之歌》中的"民惟邦本,本固邦宁"即"民本"一词的最早出处。

民本思想萌芽于殷商至西周时代,周初的当政者从桀、纣的亡国以及现实的斗争中,初步看到了人民的力量,提出"人无于水监,当于民监"(《尚书·酒

---

① 《习近平谈治国理政》第一卷,外文出版社 2018 年版,第 368 页。

诰》)和"敬德保民"(《尚书·康诰》)的观念。春秋战国时期,社会动荡加剧,孔子提出"天地之间人为贵"的重民思想,孟子做了进一步的阐发,提出"民为贵,社稷次之,君为轻"的仁政说,以及董仲舒"天之生民,非为王也;而天立王,以为民也"(《春秋繁露》)的思想表述,皆体现了中国民本思想的精髓。西汉政治思想家贾谊总结了先秦儒家的民本思想,形成了系统完整的民本思想。贾谊深入阐述了人民的重要性,他在《史记·郦生陆贾列传》中指出:"王者以民人为天,而民人以食为天。"这就高度评价了中国古代民本思想。唐代柳宗元在"民为本"思想的基础上提出"吏为民役"的观点,可以说是中国古代民本思想发展的高峰。

中国古代民本思想在历代开明封建统治者的政治实践中具体化为以下几个主要方面。一是畏民重民,尊重和敬畏人民。孔子提出:"大畏民志,此谓知本。"唐太宗李世民专门写了《民可畏论》。民本思想强调国家的安危、存亡、兴衰、功业,均取决于人民。二是知民得心,体察民情民意。《管子·牧民》中说:"政之所兴在顺民心,政之所废在逆民心。"孟子总结了夏桀、商纣亡国的历史教训:失其民心。苏轼在《上神宗皇帝书》中说:"未论行事之是非,先观众心之向背。"三是爱民恤民,体恤爱护人民群众。孔子主张:"节用而爱民,使民以时。"宋代朱熹说:"天下之务莫大于恤民,而恤民之本,在人君正心术以立纪纲。"四是忧民利民,关心人民疾苦,为民谋利益。《孟子·梁惠王下》中最早提出"忧民":"乐民之乐者,民亦乐其乐;忧民之忧者,民亦忧其忧。"历朝历代流传下来许多忧国忧民的文辞诗歌,如"心中为念农桑苦,耳里如闻饥冻声"、"百姓多寒无可救,一身独暖亦何情"、"先天下之忧而忧,后天下之乐而乐"等等,忧国忧民的民本思想深深蕴藏于士大夫心间。

中国古代民本思想对中国历史的发展有着深远的影响,使得广大人民在一定程度上能够安居乐业,促进了中国封建社会发展,形成了中国历史上汉代"文景之治"、唐代"贞观之治"和"开元盛世"、清代"康雍乾盛世"等繁荣时期。但是,中国古代民本思想也有其阶级和历史的局限性,与现代社会倡导的"民主"理念有着根本的区别。比如,中国古代民本思想是为了巩固封建专制统治而提出的,更多的是从社会动荡、农民起义、人民反抗剥削压迫的惨痛教训中不得已而总结出来的。它主要是一种得民心、存社稷、固君位的"驭民"、"牧民"、"治民"的权术,是以"君权至上"、"以君为本"、"官本位"为前提的王道、仁政和德治,实质上只是一种开明的统治策略。再如,中国古代民本思想并不尊重人民群众的个体价值与权利,不可能赋予人民政治权利。人民无法维护自己的利益,不能当家作主,没有任何政治保障,只不过是君王的臣民,只有义务没有权利。

尽管如此,中国古代民本思想的"民贵君轻"、"平政爱民"、"重民保民"、"恤民忧民"等思想,毕竟把"民心"、"民志"纳入政治思维的考量中,呼唤政治统治对民意民生的高度关注,因而在今天仍具有重要借鉴价值。它可以为现今中国社会主义的政治建构形成以人民利益为核心的社会发展理念提供思想资源,并促使传统的"民本"思想向"民主"理念的转换。党的十八大以来,习近平总书记紧紧围绕执政为了谁,执政依靠谁,如何执好政掌好权等重大课题,发表了一系列重要讲话,其中包含诸多关于"坚持人民主体地位"的重要论述,在政治理念方面,赋予了人民主体地位以全新内涵,逐步形成和确立了自己的人民主体地位思想。对于开辟马克思主义中国化新境界、开创中国现代政治生活新气象、书写中国特色社会主义新篇章具有重要意义。

三、对公道正义的不倦诉求

追求公道正义是实现理想社会的道德准则,在政治实践中就体现为执政者对于"选贤任能"、"俭约自守"、"力戒奢华"的不倦诉求上。

周文王尊贤礼士,贤才济济,所以国势强盛。唐太宗李世民以善于用人和重视纳谏而著称,开创了"贞观之治"的盛世。明太祖朱元璋视贤才为"国之宝",奠定了明朝的强盛。历史经验表明"其人存,则其政举;其人亡,则其政息"(《中庸·第二十章》)。除了重视人才外,许多政治家和思想家还提出了选贤任能的标准,孔子提出"志于道、据于德、依于仁、游于艺"(《论语·述而篇》),司马光提出"取士之道,当以德行为先"(《资治通鉴》),即按照德才兼备的原则选拔栋梁之材,才是执政者应尽之义。

"俭约自守"就是自觉主动地过节俭朴素、简单内敛的生活。相反就是过一种铺张浪费、挥霍无度的奢华生活。这不仅是两种生活方式的歧异,更是两种人生观的对立。从道德理念的源流看,俭约观念在我国自古有之。《尚书·大禹谟》有"克勤于邦,克俭于家"的八字箴言。孔子把"温良恭俭让"作为重要德目,五德中就有"俭"。老子提出人生在世必须秉持三宝:"一曰慈,二曰俭,三曰不敢为天下先。"三宝之中也有"俭"。墨子主张在人生的各个方面举凡衣食住行、生老病死,都要厉行节俭,故有《节用》、《节葬》之文传承警世。《管子·形势篇》劝导世人:"惰而侈,则贫;力而俭,则富。"韩非子警示世人恒思世事艰难,"以有余补不足"。汉代司马迁以丰富的历史经验告知:"古者富贵而名摩灭,不可胜记,唯倜傥非常之人称焉。"这里所说"倜傥之人"是包括律身严格的节俭自守之士在内的。朱熹有一句朴实之语奉献后人:"勤与俭,治生之道也。"朱伯庐《治家格言》有一句劝世良言传诵已久,叫作:"一粥一饭,当思来之不易;半丝半缕,恒念物力维艰。"在古圣先贤的谆谆垂教中,诸葛亮有一篇《诫子书》特别著名,他说:"夫君子之行,静以修身,俭以养德,非淡泊无以明志,非宁静无以致远……淫慢则不能励精,险躁则不能治性。"把生活俭约和提高精神境界联系起来,这一观点非常精辟深刻,值得我们认真体会,深长思之。

诸葛亮不仅为我们留下了千古传诵的好文章,还为我们留下来彪炳史册的操守德行。他居官一生都是廉洁自律的,死后葬定军山,遗命"冢足容棺,敛以时服,不须器物",生前遗表"成都有桑八百株,薄田十五顷,子弟衣食,自有余饶。至于臣在外任,无别调度,随身衣食,悉仰于官,不别治生,以长尺寸。若臣死之日,不使内有余帛,外有赢财"。史书称其"及卒,如其所言"(《三国志·蜀志·诸葛亮传》)。现代文学家范文澜称赞诸葛亮是"身正的典型"。在他的示范引领下,其部下董和居官20多年,"死之日,家无担石之财";姜维"宅舍弊薄,资财无余";邓芝临官忘家,"终不治私产";费祎"祎雅性谦素,家不积财,儿子皆令布衣素食,出入不从车骑,无异凡人"。诸葛亮榜样力量之巨大也如此，后人崇敬这位武乡侯，一是他的超人智慧，一是他的俭约自守。

追求奢华来源于人的私欲膨胀。按照荀子的分析，人有三种人性上的弱点：一是物质占有欲，二是名利占有欲，三是偏私、狭隘、嫉妒的心理倾向，这些都是恶的东西，如不加以努力克服就会失范败德，祸国殃民。对此历来古圣先贤主张加强人性修为，"化性起伪"、"变化气质"。在这方面，孔子提出"克己复礼"，"非礼勿视，非礼勿听，非礼勿言，非礼勿动"，一切奢华、贪腐皆在必须摒除之列。老子则径直提出"去甚，去奢，去泰"，告诫居于官位者："金玉满堂，莫之能守；富贵而骄，自遗其咎。功成身退，天之道也。"告诫世人过简单生活，过简朴日子："见素抱朴、少私寡欲"、"知足不辱，知止不殆"、"祸莫大于不知足，咎莫大于欲得"。老子之言是很有人生智慧、历史眼光的。墨子则站在平民百姓的立场上批判当时统治阶级的穷奢极欲，挥霍无度，罔顾民生民命，也不顾国家安危、社会前途的恶行，"上不厌乐，下不堪其苦"，这是很危险的，他警告统治者："节俭则昌，淫佚则亡！"司马光《训俭示康》一文对禁奢崇俭的理念有系统深刻的阐释，他说："有德者，皆由俭来也。夫俭则寡欲，君子寡欲，则不役于物（不受物的支配），可以直道而行。小人（此处指普通人）寡欲，则能谨身节用，远罪丰家。故曰：俭，德之共也。侈则多欲，君子多欲，则贪慕富贵，枉道速祸；小人多欲，则多求妄用，丧身败家，是以居官必贿，居乡必盗，故曰：'奢侈，恶之大也'，'由俭入奢易，有奢入俭难'"。

选贤任能、俭约自守、力戒奢华，是我们共产党人的优良传统，也是共产党人尤其是领导干部必须继承发扬的美德。毛泽东早在青年时代就发出"身无分文，心忧天下"的大愿。徐特立老人告诫我们"俭朴生活，不但可以使精神愉快，而且可以培养革命品质"。方志敏发自肺腑地告诉我们："清贫，洁白朴素的生活，正是我们革命者能够战胜许多困难的地方！"陈毅诗文说："汝是无产者，勤俭是吾家。"以此为鉴，我们会有更清醒的认识，更真确的选择。习近平总书记关于"弘扬中华民族勤俭节约的优秀传统"的讲话，更是把勤俭节约提到了国家兴亡的高度，这是一场急刹铺张浪费的及时雨、顺势风。俭约是中华民族的传统美德，是民族兴旺发达的重要保障。有了俭约的固有意识，我们的民族才能得以发展,才能长盛不衰,永立不败之地。

四、对政德社会的艰难探索

政德思想即倡导施政执政、治国理政者必须重视正身律己、强化道德操守的理论学说,这一学说是我国儒家的优良传统。"为政以德"与"政者正也"作为政德社会的构建标准,自古以来便激励着无数志士仁人为中华民族的盛衰兴亡大业而奋斗不息。

民本思想,推行于政,就是德政思想。孔子最早提出:"为政以德,譬如北辰,居其所,而众星共之。"(《论语·为政》)明示了以"德"理政、以德治国,则民归之如流水,群星拱之若捧月。孔子说:"道之以政,齐之以刑,民免而无耻;道之以德,齐之以礼,有耻且格。"以行政命令去引导群众,以刑事处罚去规范庶民,百姓虽惮于强力而收敛行为却无羞耻之心,而以道德引导,以礼仪整肃,则民众内有羞耻之心,外可自觉遵守规范。以"德政"为标的,孔子反对暴政、虐政,抨击"苛政猛于虎",呼吁爱民、惠民。孟子则继承了孔子的"德政"说,进而提出了更为系统的"仁政"说。孟子认为:仁政的内在根基在于凡人皆有"恻隐之心"及与生俱来的善心。仁政就其实质而言不过是君主内在善心的外在推演,所谓"推恩"。孟子说:"先王有不忍人之心,斯有不忍人之政矣。以不忍人之心,行不忍人之政,治天下可运之掌上。"(《孟子·公孙丑上》)这种观点虽不尽然,但其执政理念亦有可取之处。孟子还推出了详尽的"仁政"方案。首先,"制民之产",使民有"百亩之田"、"五亩之宅"、"老者衣帛食肉,黎民不饥不寒"。其次,"不嗜杀人者"、"尊贤使能"。最后,"设为庠序学校以教之"、"申之以孝悌之义"。他认为在此基础上,社会就能形成"出入相友,守望相助,疾病相扶持"的淳朴民风和公序良俗。董仲舒也提倡仁政理念,其要点为:一要行教化。他说:"南面而治天下,莫不以教化为大务。"方法就是"立太学以教于国,设庠序以化于邑"。其目的就在于使人人"贵孝悌而好礼义,重仁廉而轻财利"。二要施仁政。目的在于缓和贫富对立,方法即"限民名田,以赡不足,塞并兼之路"、"薄赋敛,省徭役,以宽民力"。他主张德重刑轻,德百刑一。汉武帝听从了董仲舒的建议,独尊儒学,汲取儒家德治思想,形成了德刑兼用、王霸杂施的政治原则。至此,儒家的"德治"理论渐趋成型。

"政者正也",即强调执政者要率先垂范,以身作则。《论语·颜渊》记载:"季康子问政于孔子。孔子对曰'政者正也,子率以正,孰敢不正?'"这里的"正"有"正名"和"正己"两重含义。"正名"是对社会规范的明确和恪守,即明确社会秩序中不同角色的伦理规范和行为准则,是"齐之以礼"的基本方法。"正己"则要求领导者要以身作则,树立表率。他深信:"其身正,不令而行;其身不正,虽令不从。"以及"不能正其身,如正人何?"(《论语·子路》)为政者"正",才能名正言顺地发号施令,所"正"的伦理规范才能得到整个社会的认可和遵循。具体说来,其一,勤政当先,理政不倦。《论语·子路》:"子路问政。子曰:'先之,劳之。'""请益,曰'无倦。'"意思是说,领导者先要给下属做出表率,尔后带动他们共同勤奋工作,而且要永不倦息。其二,廉洁从政,见利思义。孔子反复申明:"富与贵,是人之所欲也,不以其道得之,不处也。"(《论语·里仁》)银财切勿苟取,公利大于私利,反对贪污、徇私。其三,循序渐进,志在长远。《论语·子路》记载:"子夏问政。子曰:'无欲速,无见小利。欲速,则不达;见小利,则大事不成。'"这里,孔子对动机和效果、主观和客观、短期效益和长远效益的看法,是非常辩证的。其四,用贤人,远小人。《论语·为政》记载:"哀公问政曰:'何为使民服?'孔子对曰:'举直错(即厝字)诸枉,则民服;举枉错(厝)诸直,则民不服。'"这就是说,推举正直的人,疏远邪佞的人,让正直的人当职当位,这是知人善任的关键,也是征服民心的关键。《管子·权修》说:"凡牧民者,欲民之正者,则微邪不可不禁也。"这里的"正"是说统治者要给众人树立一个好的形象,一点微小的瑕疵也不能有。《韩非子·有度》说:"当今之时,能去私曲就公法者,则民安国治。"要求执政领导者公正待人,公平处事,亦体现一个"正"字。唐代魏征在《谏太宗十思疏》中提到惧谗邪,则思正身以黜恶,即要求端正言行,修养身心。由此可见自讼自省、自我修养、战胜私欲等,对从事治国理政的领导者来说是十分重要的。

我国先哲认为:其身不正,为政无德,而能治国者,古来无有。"德",不仅是"立身"之本,更是"立国"之基。早在商代,人们就提出了"敬德配天"、"修德配命"的命题,将道德视为通达天地的基本前提。所谓"国无德不兴,人无德不立",如何以德治国、立德树人,成为当前摆在我们面前的艰巨课题。"为政以德"即执政者要以德施政,善待民众,以赢得百姓的拥护;所谓"政者正也",就要自省、自律、自责、克己,这是关乎领导干部形象,关乎民心向背,关乎党的事业成败的头等大事。2018 年 3 月 10 日,习近平总书记在参加十三届全国人大一次会议重庆代表团审议时强调,领导干部要讲政德。政德是整个社会道德建设的风向标。立政德,就要明大德、守公德、严私德。习近平总书记的重要讲话把领导干部的党性教育和道德修养融为一体,鲜明地把领导干部之"德"聚焦为"政德"观,指明了新时代领导干部"政德"建设的方向和实现途径。这既是对中国优秀传统文化的经验总结,也是对治国理政规律的深刻把握。"为政以德"、"政者正也",这个中国优秀传统政治智慧、价值理念,在习近平总书记一以贯之地重视、倡导、垂范下,又被赋予新时代的丰富内涵和鲜明特色,并将在净化党内政治生态、扭转社会风气、推进社会道德建设、建设政德社会中发扬光大。

五、对家国情怀的表彰激扬

我国古代,远在西周时期就形成了"封邦建国"的宗法制度,整个王朝与其所分封邦国,并及以下的家族或家族集团因血缘关系、婚姻关系而结成亲密的社会网络,这种社会网络具有"家国同构"的稳固性与传承的恒久性。西周以后经 3000 余年,中国社会生活虽屡有变迁,然而这种"家国同构"的基本框架一直沿袭。故梁启超说:

> 吾中国社会之组织,以家族为单位,不以个人为单位,所谓家齐而后国治是也。周代宗法之制,在今日形式虽废,其精神犹存也。①

在这种社会结构中,整个国家的组织系统和权利配置系统都在严格的君

---

① 梁启超:《饮冰室合集·专集之四》,中华书局 1989 年版,第 121 页。

主制、族长制、家长制的政治体制、管理模式的架构内，国统驭家，家服从国，家国一体，休戚与共。这就是儒家"修身、齐家、治国、平天下"的政治哲学的社会基础，与此相关联的就形成了君臣父子、事父事君、爱国忠君的政治伦理。从一个特别具有民族特色、历史特色的角度来审视这一政治伦理文化，不难发现：在古老中国悠久漫长的历史过程中，士大夫阶层及广大民众把爱国、爱家、爱族群看作是密不可分甚至是根株相连的东西，而依此所形成的爱国主义思想、爱国爱家意识，甚至为国为家牺牲身家性命的情怀就特别坚韧而持久、浓烈而激越。这就是我们今人话语中常常称颂的"家国情怀"。当然，这已经是对于这一方面制度、思想不断加以沉淀、厘析、剖判、组合的结果。其中已经包含"创造性转化，创新性发展"了，这一点是毫无疑义的。

在我国表现家国情怀的历代警句、格言、诗词中，爱国、保国、卫国、报国始终是第一义。当然，具体的话语有所不同：有时是"国家"、"家国"连用，有时是"国"字单用，但其意义是相同的。例如林则徐的诗句：

力微任重久神疲，再竭衰庸定不支。

苟利国家生死以，岂因祸福避趋之！

谪居正是君恩厚，养拙刚于戍卒宜。

戏与山妻谈故事，试吟断送老头皮。

——《赴戍登程口示家人·其二》

这是非常典型的爱国诗篇。其中"苟利国家生死以，岂因祸福避趋之"这一警句，是从春秋时期郑国大夫子产"苟利社稷，死生以之"（《左传·昭公四年》）一语中脱化出来的，由此可见这一爱国主义思想渊源很远，此后历代几乎无代无之。

再例如《左传·宣公十二年》记录了一个材料，该材料称赞了一个名字叫荀林父的人："进思尽忠，退思补过，社稷之卫。"后出的《孝经》亦采此语，稍有变化，其文曰："君子之事上也，进思尽忠，退思补过。"后来宋代田锡《谢工部员外郎笏记》中有所发挥，说："敢不进思尽忠，退思补过，上答乾坤之施，用明砥砺之心。"不难看出，在表现中国古代家国情怀的文献材料中，或多或少都夹杂着忠君爱国的观念。这是由于在中国古代"家国同构"的政治框架中,君王占有举足轻重的地位,"君父"对"臣子"具有统率与被统率的关系。在这种情况下,忠君与报国往往就纠结缠绵、很难分开了。清无名氏《杜诗言志》卷五则有较新的概括,说:"故必进思尽忠,退思补过,庶几无愧于夙夜在公之义。"此语的杰出之处在于把家国情怀与为公之义联系在一起,更见思想的深度。

类似这样的精彩诗文,简直就是不胜枚举,如,"利于国者爱之,害于国者恶之。故明所爱而贤良众,明所恶而邪辟灭,是以天下治平"(《晏子春秋·内篇谏上》)、"男儿徇大义,立节不沽名"(汉·陈琳《饮马长城窟行》)、"烈士爱国如家"(《抱朴子·广譬》)、"临难不顾生,身死魂飞扬"(晋·阮籍《壮士何慷慨》)、"男儿何不带吴钩,收取关山五十州"(唐·李贺《南国十三首》之五)、"男儿两行泪,不欲等闲垂"(唐·杜荀鹤《送人游江南》)、"男儿自有守,可杀不可苟"(宋·梅尧臣《古意》)等等。

还须看到,这种家国情怀还表现为我国历代士大夫的一种气节操守、道德高标。在他们看来忧国忧民是一致的,为国为民就要敢于为民请命,就要经得起艰难困苦、个人生死存亡乃至国破家亡的严峻考验。在这方面我们历代留下来很多可歌可泣的卓越诗文,如屈原终其一生都是忧国忧民的,他的《离骚》等作品就是他的沉痛悲歌:"哀民生之多艰"、"恐皇舆之败绩"。极富人民性的墨翟曾列举"民有三患":"饥者不得食,寒者不得衣,劳者不得休"(《墨子·兼爱中》)表现了对人民的深切同情。具有民本思想的孟子大胆揭露"庖有肥肉,厩有肥马,民有饥色,野有饿莩,此率兽而食人也"(《孟子·梁惠王》)的苛政虐政。至于唐代人民诗人杜甫写出 1400 首忧国忧民的优秀诗篇,正如清代评论家叶燮在《原诗外篇》中所指:"杜甫之诗,随举其一篇,篇举其一句,无处不可见其忧国忧君,悯时伤乱。"他吟咏的"穷年忧黎元,叹息肠内热","朱门酒肉臭,路有冻死骨",是永远的悲歌。其他唐代诗人如陈子昂"圣人不利己,忧济在元元"(《原遇》),白居易"不务文字奇,惟歌生民病"(《寄唐生》)的诗句,至今读起来,犹能感人肺腑、催人泪下。南宋爱国诗人陆游"少

小遇丧乱,妄意忧元元"(《感兴》),"报国记安出,灭胡心未休"(《枕上》),
"忧国孤臣泪,平胡壮士心"(《新春》),"身为野老已无责,路有流民终动心"
(《春日杂兴》),中间含有多少忧国的肝肠、爱民的血泪。尤其是他留下的绝
笔诗《示儿》"死去元知万事空,但悲不见九州同。王师北定中原日,家祭无忘
告乃翁",表明他至死不忘国家的统一、山河的完整,无愧为千古流传的诗词
瑰宝。

综上所述,尽管"家国同构"作为中国传统社会政治共同体的存在方式有
其历史的成因和历史局限性,与现代社会政治共同体与社会相对分离的发展
趋势并不吻合,但是从中滋生和孕育出来的"家国情怀"却堪称爱国主义精神
的中国文化表达方式。它持续不断地激发出中华儿女对民族国家,即对生于
斯、长于斯的祖国的深厚情感,和维护国家主权独立、领土完整、繁荣昌盛的强
烈信念。特别是历史上,当自己的民族国家受到外来侵犯或遭受重大灾难时,
绝大多数中国人都能焕发出护家卫国的战斗精神,放弃内部的矛盾,团结一
致,同仇敌忾,拯救民族于水火之中。正是这种视国土为家园的情怀使中华民
族虽历经磨难却从未倒下,而是顽强地生存下来并不断强大起来。

六、对以史为鉴的深刻揭橥

梁启超在《中国历史研究法》中,有这样一个论断:"中国于各种学问中,
唯史学最为发达,史学在世界各国中,唯中国最为发达。"中国历来就有"六经
皆史"之说,"六经"以外还有贯通古今的编年史、列传相承的纪传史、浩如烟
海的典章制度以及富有哲学思辨的史评史论。十分可贵的是,中国传统史学
作为中国传统文化最重要的组成部分,在三千年传承的过程中,形成了学兼天
人、会通古今,秉笔直书、经世治国,史识与史德、史才、史学并重的优良传统,
其中以史为鉴、古为今用的精神更是中国传统政治文化、政治思想、政治思维
的强大羽翼。

从最古老的文化典籍中即可看到,我国古代先贤很早就重视历史文化遗
产的垂鉴作用。《尚书·召诰》云:"我不可不监于有夏,亦不可不监于有殷。"

"监",即照鉴之意。《诗经》也有"殷鉴不远,在夏后之世"的著名诗句。而诸子百家中的史鉴思想就更加丰富。至于那些杰出的政治家、哲学家、历史学家在其治国理政实践中,甚至参与修史的过程中更是形成了很强的"有鉴于往事,有资于治道"、"鉴前世之兴衰,考当今之得失"的史鉴意识。唐贞观十年,重臣房玄龄、魏征等人修五代史成,唐太宗很是赞赏,他说:"朕睹前代史书,彰善瘅恶,足为将来之戒……将欲览前王之得失,为在身之龟镜。"(《册府元龟》卷五五四《国史部·恩奖》)唐太宗说他由此获得了三面镜子:"夫以铜为镜,可以正衣冠;以史为镜,可以知兴替;以人为镜,可以明得失。朕常保此三镜,以防己过。"(《旧唐书·魏征传》)

至于北宋司马光生平施政之余,以绝大精力组织强大史学班底研治中国通史,所取视角特别注重社会政治与人事方面,即"专取国家盛衰,系生民休戚,善可为法,恶可为戒者,为编年一书"。宋神宗为此书作序,并赐书名为《资治通鉴》。于是此书成为中国编年体史书最重要的典籍,司马光亦有缘与司马迁并称为"史家二司马"。

在这一点上,明末清初哲学大家、史评大家王夫之,完全秉承了我国古代先贤的史鉴思想,尤其重视司马光的以史为鉴的学脉思路,并有进一步的引申发挥。他曾提出"气化日新"、"今胜于古"的历史进化论观点,"理势合一"、"理势相成"的历史规律论观点,"验天于民"、"即民见天"的历史动力论观点,而且在其史评名著《读通鉴论》《宋论》中提出丰富深刻的史鉴思想。他认为,历史上的经验教训,"得可资,失亦可资;同可资,异亦可资"。"故论鉴者,于其得也而必推其所以得,于其失也而必推其所以失。其得也必思易其迹而何以亦得,其失也必思其偏而何以救失,乃可为治之资。"(《读通鉴论》叙论五)如果把镜子孤悬于室,无有得失荣辱的比照,无有历史现实的反思,那就毫无任何实际意义了。王夫之立足于传统政治生活与历史变故,也论述了大量兴亡衰替的史迹。例如他认为:秦隋之亡,有共同原因,那就是统治者"虐民已极",然亦有各自的分殊,秦亡还由于"高居逸乐"、"销兵孤处",隋亡还源自"舍近急远"、"睊资贼为癣疥"。因此之故,王夫之主张:统治者必须谨慎施政,深怀恐惧,夙夜忧虑,厉兵秣马,严肃防守。一旦有事,必须认真应对,不可傲慢轻敌。他还认为:以仁政柔道治天下则天下治,以暴政霸道治天下则天下乱。"秦起西戎,以诈力兼天下,蔑先王之道法",遂导致"海内争起,不相统一,杀掠相寻,人民无主"。与秦末相反,东汉光武,面对天下骚动乱局,以柔道"调御"嚣张之气,"日渐月摩消其形迹",结果"天下晏然"(《读通鉴论》卷十九),足证柔道之可用。在上述思想基础上,王夫之反对"交兵毒民,异政殊俗,横敛繁刑,艾削其民",主张"以理铨选,以均赋役,以诘戎兵,以饬刑罚,以定典式"。要求"轻其役,薄其赋,惩有司之贪,宽司农之考"。对那些暴君污吏,如秦始皇、隋炀帝,及宋代那些误国君臣,总是痛加指斥,称之为"孤秦"、"逆广"、"陋宋",是"独夫"和"民贼"。说"不善在君,而殃集于君,杀其身,赤其族,灭其宗祀,足相报也"。就是说,这些人杀身灭族,是活该,是罪有应得。相反,对那些"贵重其民"的君主,如汉、唐、宋、明的开国之君,总是力加推崇赞美。值得我们今日特别珍贵的是,王夫之以伟大的历史感和乐观主义精神,对既往的中华历史深感自豪,对未来的中华民族充满信心,他坚定地相信在"不以天下私一人"的条件下,中华民族的未来,必然能够"修养厉精,士佚粟积,取威万方"(《黄书·宰制》)。

尤其值得铭记的是,我国近代文史大家还在中华民族的深重危机中,注重到国家命运与史学、史鉴的密切关系。这就是"欲知大道,必先为史"、"灭人之口,必先去其史"的命题之提出。鸦片战争时期龚自珍在《尊史》中有一段深刻的论述:

> 出乎史,入乎道,欲知大道,必先为史。此非我所闻,乃刘向、班固之所闻。向、固有征乎? 我征之曰:古有柱下史老聃,卒为道家大宗。

"道"与"史"是不可分家的,史中有道,道寓于史。治国理政之道,富国强国之道,都在史中,都可向史中寻求。这就是汉代大史学家班固、刘向之所述,更是上古大哲、东周王朝"守藏室之史"老子之所说,必须引起重视。龚自珍还说:

> 灭人之国,必先去其史;隳人之枋,败人之纲纪,必先去其史;绝人之

55

材,湮塞人之教,必先去其史;夷人之祖宗,必先去其史。①

无论是从历史先贤的经验教训,还是从中华民族的现实危机,都应该高度警惕,一个国家的盛衰存在,与其历史文化的盛衰存亡是一致的,甚至是同步的。

保卫中华与保卫中华历史文化是炎黄子孙应该担当的责任,爱我中华就是爱我中华历史文化。相反,不懂爱我中华文化与不能做到爱我中华文化,天天在口头上大讲爱国主义、爱国情怀则完全是没有任何积极意义的空论侈谈!在这一点上,国学大师章太炎说的最具哲思,堪称力透纸背。他指出:"为甚提倡国粹?不是要人尊信孔教,只是要人爱惜我们汉种的历史。这个历史,是就广义说的,其中可以分为三项:一是语言文字,二是典章制度,三是人物事迹。"关于语言文字,他认为:"这种学问,也是社会学的一种,若能精通此道,可以此遍读经史,领略先人文章之美,激发纯真感情;若是提倡'小学',能够达到文学复古的时候,这爱国保种的力量,不由你不伟大。"关于典章制度,他认为:"我们中国政治,总是君权专制,本没有什么可贵。但是官制为什么要这样建制,州郡为什么要这样分划,军队为什么要这样编制,赋税为什么要这样征调,都有一定的理由,不好将专制政府所行的事,一概抹杀。就是将来建设政府,那项须要改良,那项须要复古,必得胸有成竹,才可以见诸施行。"关于人物事迹,他认为:"中国人物,那建功立业的,各有功罪,自不必说。但那俊伟刚严的气魄,我们不可不追步后尘。""若要增进爱国的热肠,一切功业学问上的人物,须选择几个出来,时常放在心里……古事古迹,都可以动人爱国的心思。"②

七、对理想社会的积极追求

"天下为公"、"天下大同"是我国哲学的古老命题,是人们对于理想社会的热切期盼和生动刻画。其所描绘的"大同"蓝图,成为一代又一代中国人孜

---

① 《龚自珍全集·古史钩沉二》,上海人民出版社1975年版,第22页。
② 章太炎:《演说录》,载《民报》1905年6月。

孜追求的社会理想。

所谓"天下为公",即指天下国家应为公共所有,或指人民应是天下的主人。语出《礼记·礼运》:"大道之行也,天下为公,选贤与能,讲信修睦。"意思是说,天下有道的时代,人民是天下的主人,选举有德行的人和有才能的人来治理天下,人人互信,相处和睦。这是古人对于人类理想社会(即"大同世界")之特点的总结。"天下为公"展现了理想社会的根本特征——人民当家作主,国家拥有者是人民,国家大事管理者是人民,幸福生活的享受者是人民,国家的权力属于每一个人,既无世袭又无特权,既无贫富悬殊又无阶级压迫,人民彼此友爱、亲如一家。"天下为公"是实现理想社会的道德准则。这种道德所追求的是平等正义,视公共利益高于一切,尤其当义、利相冲突时,应以"义"为重,履行公平正义的职责,"先义后利"乃至"公而忘私"、"大公无私"的完全奉献。所以,"天下为公"作为读书人的人格标准,自古以来激励着后代无数志士仁人为中华民族的盛衰兴亡大业而奋斗不息。在传世的孙中山题词中,最多的是"天下为公"四字,而"天下为公"正是其毕生追求的真实写照。

"天下为公"这一命题可以追溯到先秦时期,在《尚书》、《左传》等典籍中,就有"以公灭私"、"公家之利,知无不为"的记载。除儒家提倡"天下为公"以外,墨家对于"举公义,辟私怨"(《墨子·尚贤上》)的标举,道家对于"圣人无心,以百姓心为心"(《道德经》第四十九章)的强调,法家对于"无私"、"背私"的主张,均是对"天下为公"的注脚。此后"天下为公"的思想经历了两个大发展期:一是明末清初。"天下为公"得到广泛关注,受到当时思想家的一致推崇。黄宗羲以"天下为公"为追求,主张"天下为公、君为客"(《明夷待访录·原君》)。王夫之以"天下为公"为武器,痛斥封建制度,提出"公天下"的主张。二是清末民初。维新变法的主角之一康有为有"大同之世,天下为公,无有阶级,一切平等"(《大同书》)之说。民主革命先行者孙中山,在提出了"忠孝、仁爱、信义、和平"的道德规范同时,始终不忘"天下为公"并为此终身践行。

"大同世界",可谓中国古人对理想社会整体面貌的生动概括。所谓"大同世界"，是指以"天下为公"为根本特征的理想社会。语出《礼记·礼运》："大道之行也，天下为公，选贤与能，讲信修睦。故人不独亲其亲，不独子其子。使老有所终，壮有所用，幼有所长，矜、寡、孤、独、废、疾者皆有所养。男有分，女有归。货，恶其弃于地也，而不必藏于己；力，恶其不出于身也，而不必为己。是故谋闭而不兴，盗窃乱贼而不作，故外户而不闭。是谓大同。"在"大同世界"中，就经济而言，人们不仅使物尽其用，发挥事物的最大价值，而且不谋私利只为公利；就政治而言，人们选贤任能，让德才兼备者胜任最佳职位；就民生而言，幼有所教，壮有所用，老有所终，肢体残疾者有所养，社会中的每个人都会得到良好的社会关怀与实际保障；就修养而言，人人相处和睦、亲密无间，全身心为他人服务，与他人分享劳动成果。

在实现"大同世界"之前，儒家认为社会需要经历"小康"阶段。这一阶段社会的总体特征是以礼法（道德规范与法律规范）规范人的行为。在此一时期，人类因为有"私"的观念，所以"各亲其亲，各子其子"（《礼记·礼运》），为自己利益的谋划层出不穷，以至于产生争夺，稍有疏忽便会酿成对抗、战争的悲剧。所以，指导人们外在行为与内心活动的礼法规范应运而生，深入社会的各个角落，"以正君臣，以笃父子，以睦兄弟，以和夫妇；以设制度，以立田里；以贤勇知，以功为己"（《礼记·礼运》）。这些礼法从内外两个方面规范人的行为与心智模式，使"私"的观念逐渐退却，融化个人心中的小我枷锁，一点一滴地让原本对立的人们走向更高层次的和谐统一，为上升到对"天下为公"的内在自觉打下坚实基础。

追求理想社会并力图在现实社会中实现，是先秦时期每个学派共同具有的思想特点。这种有序状态或理想社会的具体表现，就儒家而言是"大同世界"，就墨家而言是"兼爱"世界。不过在随后2000多年的历史岁月中，由于儒家在中国文化中的崇高地位，"大同世界"成为中国人关于理想社会的代名词，各个时期的学者哲人和进步人士均从各自的立场出发，对其进行演绎和发挥。近代对"大同世界"论述最多、阐发最详的当属康有为，在其所著《大同书》中，以"至平"、"至公"、"至仁"作为"大同世界"的特征，描绘出一幅"无邦国,无帝王,人人相亲,人人平等,天下为公"的理想社会画卷。

"天下为公"是个人为实现社会和谐进步的道德原则。在改革开放、构建和谐社会、实现中华民族伟大复兴中国梦的新的历史条件下,每一个有理想、有追求的中国人,尤其是其中的执政者,需要弘扬"天下为公"的精神。为了实现祖国的和谐富强,就必须以"天下为公"为己任,"先天下之忧而忧,后天下之乐而乐",将自己的命运与国家民族关联起来,融为一体,义利统一、义而忘利,公私兼顾、公而忘私,为践行"天下为公"精神自强不息,为实现人民安康奋斗不止。"大同世界"是中国可以向世界输出的文化"商品"。在实现中华民族伟大复兴的进程中,证明自身实力的已不仅是那些向世界输出的物质商品,更要有被世界所接受的文化商品。"大同社会",作为一幅引领世人走向未来理想社会的宏伟蓝图,完全可以当作中国人向世界输出的文化商品,并且它极易与现代"世界主义"的思潮相互呼应。经济富足、政治清明、社会安定,人人皆有所安,这不但是"大同社会"对人类理想生活的生动刻画,而且使自身具有普适价值,适用于世界的各个国家与民族。

总之,"大同世界"承载了全人类的梦想,"天下为公"则如一座熠熠生辉的灯塔,为全人类实现"大同"指明了前进的方向。

第三节　道德文化的精神境界

中国传统政治文化与中国传统道德伦理文化,从其思想根源和表现形态上来说,其实是不可截然剖分的,所以学界历来把它们二者笼统称为"政治伦理型文化"。当然我们把道德文化单独拿出来加以更加翔实的分析,也是为了更深入揭示中国传统政治文化的某些特质与优长。中华传统道德文化义涵丰富,道德回归、道德熏陶、道德实践、道德修养、道德传播,几乎是中华文化精神与内容的缩影。研究和探索道德文化的精神境界,就是要以文化传播和道德觉醒的形式,为当今治国、理政、为官、做人提供借鉴。

一、为政以德的政法合一论

政法合一是执政者治理国家的一种道德原则，体现的是道德上的完善和等级制的道德化，让人从道德的层次接受统治的合理性。

孔子最早明示了以德理政、以德治国，则民归之如流水，群星拱之若捧月。以"德政"为目标，孔子反对暴政、虐政，抨击"苛政猛于虎"，呼吁爱民、惠民。孟子则继承了孔子的"德政"说，进而提出了更为系统的"仁政"说。首先，使民有"百亩之田"、"五亩之宅"、"老者衣帛食肉，黎民不饥不寒"。其次，"不嗜杀人者"、"尊贤使能"。最后，"设为庠序学校以教之"（《孟子·齐桓晋文之事》）、"申之以孝悌之义"（《孟子·滕文公》）。他认为在此基础上，社会就能形成"出入相友，守望相助，疾病相扶持"的淳朴民风和公序良俗。董仲舒也提倡仁政理念，其要点为：行教化、施仁政，主张德重刑轻，德百刑一。汉武帝听从了董仲舒的建议，独尊儒术，汲取儒家德治思想，形成了德刑兼用、王霸杂施的政治原则。至此，儒家的"德治"理论渐趋成形。

当然，君主治国安邦必须"德治"与"法治"兼备，法家之创始人管子在《明法》篇便坦言以法治国的道理。他认为灭、侵、害、拥等各种弊害之所以生，是"从法之不立"引起的，"是故先王之治国也，威不两措，政不二门，以法治国则举措而已"。韩非子在《韩子·有度》里强调"能去私曲就公法者，民安而国治，能去私行而行公法者，则兵强而敌弱"，强调管理国家各项政务都应依法，只有依法执政才能依法治国。作为执政者，管子提倡君主要"先民服"——做守法的榜样，身立而民化，君主"动有仪则令行，无仪则令不行"（《管子·形势解》）。要使百姓守法，君主就应自己先守法，为民表率，所谓"德者，先之出谓也，导民之门在上之所先，召民之路在上之所好恶"，君主必须"毋以私恶害公正"、"明慎所职，毋以身试法"（《管子·牧民》）。韩非子主张完善法令，实行赏罚，提倡功与赏、能与事相参。这相比于儒家的"德治"，是非常进步的主张。他在《韩子·心度》中说："法者，王之本也；刑者，爱之自也。"他认为法律是王道的根本，惩罚是由爱护民众的根本而产生的。"治民无常，唯法为治"，治理民众没有一成不变的常规,只有把握法治才是治世的法宝。可见,将德治与法治相结合的政法合一论,对于夯实国家治理的制度基础和道德基础具有十分重要的意义。

"德治"与"法治"之争由来已久,而争执不下的主要原因在于不少论者将二者截然对立起来而偏于其一。事实上,"德治"和"法治"分属于两个不同的论域,前者指向人的内心世界,后者指向人的外部行为。在现实生活中,政治统治和社会治理不可能涉及或干预人们的内心世界,而只能对人的外部行为进行规范和约束,以达到建立和维护社会基本秩序的目的。这也是"依法治国"的最基本的要求。但这绝不意味着对社会成员提出德性的要求是多余的、无关紧要的。事实上,正如美国当代政治哲学家麦金泰尔所说,遵守法律本身就是一种道德要求。德治的最根本目的就是促使人们理解依法治国的道德内涵,提高人们的道德修养和道德境界,增强人们的道德自律和法律自律。在一个完善的法治国家中,道德自律和法治完善是成正比的。缺乏道德自律,就会把法治变成单纯的外在强制手段,从而易于使社会公众把法治看成是异己的力量。

二、礼高于刑的礼刑补济论

礼刑补济论是将具体的礼制规范引入刑律,孔子说:"道之以政,齐之以刑,民免而无耻;道之以德,齐之以礼,有耻且格。"(《论语·为政第二》)以行政命令去引导群众,以刑事处罚去规范庶民,百姓虽惮于强力而收敛行为却无羞耻之心;而以礼制道德引导,以礼仪整肃,则民众内有羞耻之心,外可自觉遵守规范。荀子主张"国无礼则不正"、"义立而王"(《荀子·王霸》),用刑罚可以统一天下,但是要想凝聚民心、巩固江山,必须"凝"之以礼。荀子非常重视礼的作用,认为无论是从做人原则看,还是从治理国家来看,礼都具有关键性的作用。即"人无礼则不生,事无礼则不成,国家无礼则不宁"(《荀子·修身》)、"礼者,政之挽也。为政不以礼,政不行矣"(《荀子·大略》),将礼与国家治理紧密联系在一起。荀子还强调"隆礼"的重要性,希望通过隆礼,建立和谐安稳的政治秩序,"隆礼贵义者其国治,简礼贱义者其国乱"(《荀子·议兵》),将礼义提高到关系国家治与乱的高度。

与礼同时,刑也随着阶级国家的产生而出现。夏商以前的原始风俗习惯,体现在处罚措施上面,是不分礼和刑的,只是有处罚措施。从夏朝开始,才有了刑这一概念。《左传》记载:"夏有乱政,而做《禹刑》;商有乱政,而作《汤刑》;周有乱政,而作《九刑》。"《尚书·吕刑》说西周"墨罚之属千,劓罚之属千,剕罚之属五百,宫罚之属三百,大辟之罚二百"。司马迁《史记》中记载,舜接受尧的指派"同律度量衡,修五礼","象以典刑,流宥五刑,鞭作官刑,扑作教刑,金作赎刑,眚灾过,赦;怙终贼,刑"。这样治理的结果是"皋陶为大理,平,民各伏得其实;伯夷主礼,上下咸让"(《史记·五帝本纪》)。刑不仅是禁止性的规范,还是服务于礼的规范,各种罪行和恶行主要是依据礼的道德原则和礼仪规范来断定的,只要人们都按照礼的规制去做事,社会生活就会有序进行。刑处罚的内容都是违背礼的规定的行为,即"礼之所去,刑之所取;出礼则入刑,相为表里"(《汉书·陈宠传》)。《礼记·聘义》记载:"勇敢强有力,而不用于礼仪、战胜,而用至于争斗,则谓之乱人。刑罚行之于国,所诛者乱人也。如此则民顺治而国安也。"可见礼和刑虽然有不同的职能,但其目的都是为了维护国家政权的稳固,礼高于刑的礼刑补济论是维护国家统治秩序稳定的重要保障。

当然,在现代社会的发展中,由于尊重国家公民在人格上的平等,承认和维护公民个人平等享有的自由权利,因而更注重法治在维护社会基本秩序方面的首要地位。这样看来,"礼高于刑"的治国观念并不适合现代社会的发展要求,但这并不意味着,"礼"所代表的道德原则和礼仪规范在现代社会的治理体系中就毫无意义。如果说法治更关注的是人的外部行为,礼制更侧重的是人的内心秩序,那么二者的融合则是社会治理的理想境界。

三、修身为本的官员修养论

"修身"在中国传统政治文化中,堪称古今一辙的永恒话题,对于官员为官从政尤为重要。

首先，为官要"诚意正心"。春秋战国时期，孔子对"诚"的精神进行了形象的描述，"诚"所内含的真诚、忠信、笃敬、正直等品格，是孔子"仁政"思想的基石。《礼记·大学》里写道："欲修其身者，先正其心；欲正其心者，先诚其意；欲诚其意者，先致其知；致知在格物。"正心，就是指心要端正而不存邪念，只要意真诚、心纯正，自我道德完善，就能实现家齐、国治、天下平的道德理想。《中庸》讲"诚者，天之道也；诚之者，人之道也"。诚实是天地之大道，天地之根本规律。追求诚信是为官做人的根本原则。荀子主张："君子养心莫善于诚"，"诚心守仁则行，行则神，神则能化矣；诚心行义则理，理则明，明则能变矣"。（《荀子·不苟》）即以诚来修养心性，通过遵循外在的伦理规范，使这些外在的规范内化成为自身的一种律令，以达到至诚的境界。至宋明时期，二程认为：进修之术，"莫先于正心诚意"。"诚意正心"被视作儒家之传统美德被广为传承。

其次，为官要"心怀天下"。无论是从"修身齐家治国平天下"（《礼记·大学》），还是"一屋不扫何以扫天下"（《后汉书·陈王列传》）、"天下兴亡，匹夫有责"（《日知录·正始》），可以说天下观念已经牢牢印在每一个志士仁人的心中。正是有了这种心忧天下的观念，古人才将"立德立功立言"作为终生追求，才有了大无畏的改革信心与勇气，出现了商鞅、王安石、张居正、谭嗣同等一批改革家，他们置个人荣辱生命于度外。王安石的"天变不足畏，祖宗不足法，人言不足恤"（《宋史·王安石列传》）正是这些改革者的精神支柱。

最后，为官要"勤勉奉公"。"奉公"一词语出《后汉书·祭遵传》："遵为人廉约小心，克己奉公。"奉公即以公事为重，勤勉即勤劳而奋勉，"勤勉奉公"即指勤勉尽责、一心为公。儒家一向推行廉洁奉公、勤政为民的理念，《礼记》记载："天无私覆，地无私载，日月无私照。奉斯三者以劳天下，此之谓三无私。"这里"三无私"的从政道德，即要求领导者像天、像大地、像日月一样普照万物而无私心，当好人民的公仆。《吕氏春秋》在《贵公》一篇中更是开门见山地指出："尝试观于上志，有得天下者众矣，其得之以公，其失之必以偏。"即天下大治的关键在于领导者能否首先具备一心为公的信念和胸怀,只有领导者能够一切从公心出发进行决策管理,社会才能安定团结,人民才能幸福安康,这是为公之道的基础和前提。可见,修身是领导干部为官从政的重要保障。

第四节　和谐与共的理想追求

翻开中华民族悠久的文明史,我们可以清晰地看到一条贯穿始终的主线:追求和谐的社会理想。这中间出现过诸多承载美好希冀的关于理想社会的设计和社会理想的思想学说,对维护中华民族的和谐稳定大有裨益。

一、万物并育、道行不悖

"万物并育而不相害,道并行而不相悖"一语出自《礼记·中庸》。《中庸》指出,天地之伟大就在于"无不持载,无不覆帱,辟如四时之错行,如日月之代明"。天地万物、日月山河之间的关系是"并育而不相害",各样的思想与道理"不相悖"。这一理念,体现了宇宙和自然法则中的包容精神与和合之道。延伸到人类社会,儒家认为:"君子和而不同,小人同而不和"(《论语·子路》),"不相害"、"不相悖"是"和"的范畴,而"万物并育、道并行"则是"不同"的范畴,君子追求的是不同环境背景下既能独立思考又能和谐融洽的相处。

"天下同归而殊途,一致而百虑。"(《易经·系辞下》)中国文化在5000多年发展中积淀起的优秀价值理念之一便是大道并行的"和"文化,"道并行而不相悖",鲜明昭示了中华文化的敦厚与宽广。海纳百川,有容乃大,这也是中华文明5000多年不断裂的重要原因。中华文化不排斥别国文明,合乎自己观念的,吸引接纳、化为己用;不合乎自己观念的,也不扼杀,而是让它自我发展。中华文化史上有过佛老相争、中西相争,但每次相争都是一种百家争鸣,每次结果都是不同思想之间的相互融合,最终促成了中华文化的兼收并蓄、博大精深。"道并行而不相悖"，体现的是开放包容、互学互鉴。中华文化历来主张民胞物与、协和万邦、天下大同，讲求"天下一家"。在几千年的文明发展史上，虽然也有过分歧矛盾，但中国与西方始终作为一个命运共同体，共生共荣于同一个地球上，不同文化的并存使得其具有更强大的适应力，这是交流的魅力、互鉴的成果。

二、与民同乐、安民富民乐民

"与民同乐"语出《孟子·梁惠王》："为民上而不与民同乐者，非也。乐民之乐者，民亦乐其乐；忧民之忧者，民亦忧其忧。"即统治者要能够和民众同甘苦共呼吸，要能站在百姓的立场设身处地去想问题，要"与民共之、与民同之"。在《孟子·告子下》中，孟子更是直接提出"民为贵，社稷次之，君为轻"的主张，要顺应民心，以民心喜好与向背为出发点，这充分体现了他民本、和谐的思想核心。

以民为本，必先安民、富民、乐民。富民是保障民生的关键，安民是稳固政权的根本，乐民是行民本政治的目标。孔子主张先富后教。《论语》云："子适卫，冉有仆。子曰：'庶也哉！'冉有曰：'既庶矣，又何加焉？'曰：'富之。'曰：'既富矣，又何加焉？'曰：'教之。'"庶而不富，则民生不遂，故必制田里，薄赋税，以富之；富而不教，则近于禽兽，故必立学校，明礼义，以教之。"庶、富、教"是孔子治世兴邦和推动社会发展的总纲。为实现民富，为政者应"因民之所利而利之"，保障民众的基本生活需要，同时"敬事而信，节用而爱人，使民以时"，即爱护民众，节约财用，征调民力适时适度，保护民众正常地从事农业生产。孔子反对统治者对民众实行横征暴敛的重税行为，《论语·先进》载："季氏富于周公，而求也为之聚敛而附益之。子曰：'非吾徒也。小子鸣鼓而攻之，可也。'"冉求帮助季氏敛聚财富，盘剥民众，致使孔子十分愤怒。与之相反，孔子大赞郑国大夫子产具有仁德，其重要的原因就在于他能够"养民也惠"，而"惠则足以使人"。

孟子继承了孔子的上述思想，进一步提出，为政者要做到富民，首先要

"制民之产"。他说："民无恒产,则无恒心",只有使民众"仰足以事父母,俯足以畜妻子,乐岁终身饱,凶年免于死亡"(《孟子·梁惠王上》),人民才可能去持守践履礼仪道德。孟子在分析了夏、商、周三代的赋税之制后,主张实行什一之税,即"请野九一而助,国中什一使自赋"(《孟子·滕文公上》),省刑罚薄敛税,真正使"民有恒产"。荀子在孔孟思想基础上指出农业是财富生产的本源,"故明主必谨养其和,节其流,开其源","轻田野之税,平关市之征,省商贾之数,罕举力役,无夺农时",注重开源节流,则上下俱富的理论。宋明时期,北宋大哲学家程颢、程颐在孟子"民有恒产"的基础上提出了授民以田、制民以产的主张,朱熹提出取信于民、富民为本、爱民如子的观念,明代张居正则鼓励为政者应以"己心"代替"民心",察民之疾苦,真正实现"爱民"、"安民"、"为民"、"利民"。总之,儒家安民富民的思想对我国古代社会和文化的发展产生了积极的影响作用。

"与民同乐、安民富民乐民"的思想是中国传统政治文化中具有进步性的命题,由于其潜在的深层内涵,至今仍闪烁着穿越历史的光芒,构成了中国特色社会主义"以人民为中心的发展思想"的深厚的文化资源。我们要以古为鉴,树立立党为公、执政为民的理念,以人民群众的需要和要求为工作的出发点和落脚点,做到为民用权、为民谋利、理顺民心。"安民富民乐民"思想则要求我们关注民生,始终保持党同人民群众的血肉联系,始终与人民心连心、同呼吸、共命运,不断为人民造福,随时随地倾听人民呼声、回应人民期待,保证人民平等参与、平等发展的权利,维护好社会公平正义,在学有所养、老有所得、病有所医、老有所养等问题上持续取得新进展。真正实现"国以民为本,国以民为命,国以民为力,国以民为功"。

三、群策群力、集思广益

"群策群力",语出汉代扬雄《法言·重黎》:"汉屈群策,群策屈群力。"意思是说,楚汉相争,汉高祖刘邦取得最后胜利,这是因为汉高祖能够完全倾听大家的意见,意见得到倾听使大家更愿意为汉高祖出谋划策。"群策群力"强调集体力量对于事业生存发展的重要性,调动每个人的积极性并充分发挥各自优势,使集体力量达到最大值,从而推动个人与集体事业的共同发展与进步。恰如梁启超所概括:"人之所以贵于他物者,以其能群耳。"基于这些认识,清代魏源以一语论断:"合四十九人之智,胜于尧舜"(魏源《古微堂内集》)。

"集思广益"出自诸葛亮《与群下教》:"夫参署者,集众思广忠益也。若远小嫌,难相违覆,旷阙损矣。违覆而得中,犹弃敝蹻而获珠玉。然人心苦不能尽,惟徐元直处此不惑,又董幼宰参署七年,事有不至,至于十反,来相启告。苟能慕元直之十反,幼宰之殷勤,有忠于国,则亮可以少过矣。"这篇文章真是我国古代高层议政的一篇至文。号召官员们都要为了国事,秉忠心,沥肝胆,无私无畏,敢于进言。这里也包含两方面的内容:其一,"集思广益"要求决策者以包容的态度听取不同声音,接纳不同的意见。例如,齐王因听取邹忌的意见,广开言路而使齐国大治;唐太宗听取魏征的意见,"虚心以纳下"而成就"贞观之治"。这些包容不同见解的决策者在历史上留下了千古美谈。其二,"集思广益"要求决策者以谨慎的态度处理实际问题。《孟子·梁惠王下》曰:"左右皆曰贤,未可也;诸大夫皆曰贤,未可也;国人皆曰贤,然后察之,见贤焉,然后用之。"《墨子》曰:"察百姓耳目之实","发以为刑政,观其中国家百姓人民之利"。所有这些都体现出"集思广益"在政府决策中协商合作的重要性。

在完善和发展中国特色社会主义制度,推进国家治理体系和治理能力现代化的今天,"集思广益、群策群力"显得尤为重要。习近平总书记多次指出:"改革任务越繁重,我们越要依靠人民群众支持和参与,善于通过提出和贯彻正确的改革措施带领人民前进,善于从人民的实践创造和发展要求中完善改革的政策主张。"①总之,我们的目标越伟大,我们的愿景越光明,我们的使命越艰巨,我们的责任越重大,就越需要汇聚起全民族智慧和力量,就越需要广

---

① 《习近平关于全面深化改革论述摘编》,中央文献出版社 2014 年版,第 149 页。

泛凝聚共识、不断增进团结。坚持发扬民主、集思广益、科学决策、民主决策，我们的国家就一定能创造更加辉煌的未来。

党的十九大报告指出，要深入挖掘中华优秀传统文化蕴含的思想观念、人文精神、道德规范，结合时代要求继承创新，让中华文化展现出永久魅力和时代风采。

守护中华民族的根与魂，就是对中华优秀传统文化的继承发扬。习近平总书记在庆祝中国共产党成立95周年大会上的讲话中说："在5000多年文明发展中孕育的中华优秀传统文化，在党和人民伟大斗争中孕育的革命文化和社会主义先进文化，积淀着中华民族最深层的精神追求，代表着中华民族独特的精神标识。"[1]要透过中华文化的基因，预见生生不息的未来。守护中华民族的根与魂，也是对中华优秀传统文化的开拓创新。我们不仅要了解中国的历史文化，还要睁眼看世界，了解世界上不同民族的历史文化，去其糟粕，取其精华，从中获得启发，为我所用。只有尊重各国的历史特点、文化传统，尊重各国人民选择的发展道路，善于从不同文明中寻求智慧、汲取营养，才能增强中华文明生机活力，才能真正将中华优秀传统文化转化为实现中华民族伟大复兴、构建"人类命运共同体"的强大精神力量。

---

① 《习近平谈治国理政》第2卷，外文出版社2017年版，第36页。

第三章 中华传统文化的转型与 政治思维的提升

中华文化历经先秦诸子百家争鸣、两汉经学兴盛、魏晋南北朝玄学流行、隋唐儒释道并立、宋明理学发展等几个历史时期的交流、融合、发展与创新,千淘万漉,绵延赓续,不断被赋予新的内涵,形成了完整的中华优秀文化系统。近代以来,中国思想界又由"中"与"西"、"古"与"今"二元对立的形态演变为中华传统文化、西方资本主义文化和社会主义文化对立斗争而又错综交融的三元态势。而后逐渐克服封闭保守的积习,会通中西、融汇古今,在改革开放的时代大潮中,"坚持古为今用、洋为中用,去粗取精、去伪存真,经过科学的扬弃后使之为我所用"①的文化方针,逐渐在马克思主义指导下容许多种学术流派和不同思想观点的存在与发展,虚心汲取一切有利于中国特色社会主义文化发展的合理要素,逐渐走上面向世界、走向未来、实现现代化的必由之路。

"文明是多彩的,人类文明因多样才有交流互鉴的价值","文明是平等的,人类文明因平等才有交流互鉴的前提","文明是包容的,人类文明因包容才有交流互鉴的动力"。② 只有始终坚持对外开放,博采异国文明之长以滋养自己,超越既有文化成果而又不断创造人类文化发展的新境界,才能实现"会通"以求"超胜"、"小康"以臻"大同"的伟大理想:这就是我们在新时代所达到的最新认知。

---

① 《习近平谈治国理政》,外文出版社 2014 年版,第 156 页。

② 《习近平谈治国理政》,外文出版社 2014 年版,第 258、259 页。

第一节 古代中外文化的交流与互动

如果把中外文化的交流史比作一条滔滔不息的长河,那么,在这条长河中相继出现过五个高峰期,这就是两汉时期"丝绸之路"的开拓、南北朝时期佛教文化的盛行、唐朝时期亚洲各民族文化的融汇、元朝时期欧亚大陆的沟通、明朝前期海洋远航的盛举。这五个高峰期,既有其一脉相承的历史连贯性,又呈现出斑斓多姿的辉煌形态,构成了跌宕起伏的中华文化与外来文化互动的历史过程。而且正是由于中外文化的互动,才使得中国文明能够在外来文化中不断汲取优秀的思想精华以壮大自身,而不像某些文明虽有其辉煌的起始但终究在孤立封闭的状态中逐渐走向没落。

一、宏观鸟瞰:古代中外文化交流的五个高峰期

中国究竟是从何时开拓通往西方的道路,走向中亚、西亚和欧洲的?史学家根据东西方古代史籍的零星记载和我国考古工作者在阿尔泰地区战国时期的古墓中发现的丝绸、织锦推断,中西交流不晚于战国时期。但是,在我国古代信史中有确凿而详细的记载者,是《史记·大宛列传》和《汉书》中的《张骞传》、《西域传》。张骞于汉武帝建元二年和元狩四年两次奉命出使西域,从中原西进,过河西走廊,越葱岭,西达中亚、西亚、欧洲的通道被真正打通了,这也就是闻名中外、对中西文化交流作出巨大贡献的"丝绸之路"。当时的汉朝皇帝,对沟通中西所采取的完全是开拓进取的姿态和鼓励性、刺激性政策,不但派遣官吏,而且鼓励平民奔赴西域,"募吏民,无问所从来,为具备人众遣之,以广其道"。对西方使者和商人更是敞开大门,奖励来汉,"行赏赐,酒池肉林,令外国客遍观各仓库府藏之积,欲以见汉广大"(《张骞传》)。

由此开始,欧洲启蒙思想家的注意力被吸引到东方,人类文化"一元结构"的狭隘观念被冲破,"中国于是成为伏尔泰与共同时代的其他启蒙思想家

笔下假以鞭挞旧欧洲的'巨杖'"①。他们所崇尚的"理性"和"自然法则"的观念,直接吸收了中国古代哲学思想的成就。正如黑格尔所说:"中国人承认的基本原则为理性——叫作道;道为天地之本,万物之源,中国人把认识道的各种形式看作是最高的学术。"②中国儒家的仁政学说,也成为他们宣扬开明君主制的理论武器,中国历史中仁君之治的传统与清初盛时的大一统政府,则被视为理想的政府。可以说,在欧洲由神权统治的中世纪步履维艰地进入近代文明的过程中,它的思想前驱曾经受到中国古代文化的启迪;先进的欧洲近代文明之中,也融汇着中国古代文明的成果。

两汉之后的第二个高峰期是南北朝,这一时期是中国历史上政权更迭最为频繁的时期,也是中外文化交流较为频繁的时期。这一时期不仅佛教兴起、道教兴起,古代希腊罗马文化也开始涌入。在从魏至隋的360余年间,玄学的兴起以及儒释道的合流,使儒家的传统发生了巨大的变异。此后,中国的建筑、艺术及生活方式均受此影响,西方文化艺术开始"东渐",同时东亚汉字文化圈初步形成。从印度传来的佛教文化形成风靡全国之势。"今之僧寺,无处不有","梵唱屠音,连檐接响"(《魏书·释老志》)。中国儒学与外来佛教文化在这一过程中互相融汇、互相渗透,经历了试探、适应、发展、改变、融合等阶段,由宣扬出世和个人解脱改造成了宣扬功德渡人、注重入世的中国风格的佛教。尽管这一时期社会动荡,但是思想与文化的发展却突飞猛进。

南北朝之后,时隔不足半个世纪,又出现了中外文化交流的第三个高峰期,这就是唐朝时期中外文化的大融汇,中国与西方(中亚、南亚、西亚)、东方(日本、高丽、百济、新罗)和国内各民族之间,在政治、经济、宗教、哲学、文学、艺术等各个领域开展广泛的、全面的交流。史载:"凡四蕃之国经朝贡以后……今所在者七十余蕃"(《唐六典》卷四:礼部尚书)。各国的外交使臣、商人、僧侣、留学生等云集长安,外国的商船队也涌入唐帝国沿海口岸。特别值得一提的是,唐朝政府为了对中外文化交往提供法律保障,在《唐律》中就制

---

① 王德昭:《服尔德著作中所见之中国》,载《新亚学报》第9卷1970年第2期。
② [德]黑格尔:《历史哲学》,王造时译,上海人民出版社2001年版,第135页。

订了维护外国侨民合法权益和惩治犯禁走私等违法活动的专款,例如:"诸化外人,同类相犯者,各依本俗法;异类相犯者,以法律论"(《唐律疏议》卷六)。这鲜明地体现了民族宽容和民族平等的精神,中外交流也在各个领域都达到了空前的广度和深度。唐朝的"太宗十部乐",有六部是从中亚、西域传入的;舞蹈中的"胡腾"、"柘枝"等也来自中亚、西域;西方的景教、波斯宗教、伊斯兰教、摩尼教,也都在此时传入中国。中外文化的大融汇,使我国传统文化在唐代呈现出璀璨辉煌的崭新姿态,这就是后人所称道的"盛唐气象"。

唐代之后,中外交流又相继出现了元朝和明朝前期两个高峰期。蒙古人把欧亚大陆连成一片,交通畅通无阻,商旅不绝于道,汉人、蒙古人、印度人、阿拉伯人交互迁徙,国际关系空前活跃,欧洲著名旅行家马可波罗、卢布鲁克就是在这一背景下来到东方的。明朝前期,郑和海上远航的壮举,又写下了中外交流的辉煌篇章,历时28年,"抵西域忽鲁谟斯国、阿丹国、木骨都束国,大小凡三十余国,涉沧溟十万余里"(《长乐南山寺碑记》)。这七次远航,与东南亚、南亚、西南亚、东非许多国家建立了外交和商务关系,大大促进了国际性的经济文化交流。儒家文化、佛教文化、伊斯兰文化、基督文化也在交流、渗透的过程中互相吸收和融合。例如宋明理学家程颐、朱熹所着重发挥的"体用一源、显微无间"和"理一分殊"便来源于佛教理论,"存天理、灭人欲"也是佛学化了的儒学。1582年(万历十年),意大利耶稣会士利玛窦将西方的科学带入中国。《乾坤体义》、《远西奇器图说》、《火攻挈要》等书的翻译以及世界地图的传入,更加打开了明朝知识分子的眼界,冲淡了宋明理学的空谈学风。

所以说,文化间的冲突与交流是文化发展的"活水源头",切断了文化交流,文化就失去了发展的动力与机遇。正是因为我国传统文化在其发展过程中,永不止息地摄取外来文化的营养,才能不断变革、自强不息,历数千年之久而不衰竭。

二、微观剖视:佛教文化与中国文化的融合

原本在纪元前6世纪古印度由释迦牟尼创立的佛教,早在两汉之际就已

东渐。佛教自传入中国那一天起,就受中国历史文化的影响,逐渐走上了中国化的道路。

佛教东传之初,当时的中国人用传统的宗教观念去理解和接受佛教,结果把佛教变成神仙方术的一种,释迦牟尼被描写成能分身散体、蹈火不烧、履刃不伤的神仙,阿罗汉也成为能飞行变化的仙家者流。在佛教刚传入中国的相当长一段时间内,"神不灭"却成为佛教的根本教义。东汉末年,随着佛教的进一步传入和流布,佛经的翻译日渐增多,逐渐形成安译和支译两大系统。所谓"安译",即安世高系,属小乘佛教,重修炼精神的禅法,比较接近神仙家言;"支译"即支娄迦谶系,属大乘佛教,主要传性空般若学。"般若"是梵音,意译即"智慧"。般若学所说的"智慧",主要指"缘起性空",通过悟解诸法空无自性去求得解脱。中土般若学肇端于支娄迦谶之传译《般若经》,但真正弘扬般若学,使它蔚为大宗的是鸠摩罗什及僧肇等高僧。魏晋时期,玄学与佛学合流形成六家七宗。所谓"六家",指魏晋时期传扬般若学的六个佛学派别,它们是本无、心无、即色、识含、幻化、缘会。"本元"一家后又分出"本无异"一宗,合称"七宗"。从思想内容说,"六家七宗"都在谈论、宣扬佛教"空"的道理,但具体说法却各有不同。"六家七宗"又可概括为心无、即色、本无三个派别。进入南北朝后,中国佛教思想的主流逐渐转向佛性理论。南北朝弘扬佛性学说的主要代表人物是慧远、梁武帝和竺道生。

慧远和梁武帝的佛性学说,都是建立在中国传统的"灵魂不死"或"神不灭"的思想基础之上的。慧远以"法性"谈佛性,而此"法性"既是永恒不灭的精神,又是无处不在的"法身",是把印度佛教佛性理论与中国传统的"神不灭"的思想融合在一起的典型代表。梁武帝以"真神"说佛性,以"神性不断"说"成佛之理皎然",其"真神论"带有更浓厚的"灵魂不死"的色彩。只有竺道生以"理"说佛性、以"体法"为佛的思想较接近于印度佛教的佛性学说。但竺道生所大力提倡和弘扬的"一切众生悉有佛性"理论和"顿悟成佛"思想,则深受中国传统的"人皆可以为尧舜"思想的影响,而正是这一"众生有性"说和"顿悟成佛"思想,自南北朝之后,逐渐入主中国佛教界,成为中国佛学的主流。

隋唐两代是中国佛教的鼎盛期,也是中国佛教的成熟期。这个时期的佛教学说,从某种意义上说,都是一种佛性理论,但其思想内容却出现了一种倾向,即注重心性。可以说隋唐时期的佛教学说的最大特点,是把佛性心性化,或者换一个角度说,是把儒家的心性佛教化。就表现形式来说,隋唐时期的佛教是一种宗派佛教。此时期出现的佛教诸宗派,大多自立门户,各成家风。天台宗以"性具善恶"的佛性理论和止观并重的修行方法,一改佛教关于佛性至善的传统说法和"南义北禅"的分裂局面,建立了第一个具有中国特色的统一的佛教宗派;其"五时八教"说更是别出心裁、自成系统,以自家的理解,对释迦一代说法进行重新编排。天台宗不依经教精神,以致有人责备它改变了印度佛教的本来面目。华严宗在糅合百家、兼收并蓄方面比天台宗走得更远,它以"圆融无碍"的理论为法宝,调和了中土佛教史上"众生有性"与"一分无性"的尖锐对立,使它们各得其所;根据《大乘起信论》的"心造诸如来"及"一心二门"等思想,改变了《华严经》以"法性清净"为基础说一切诸法乃至众生与佛的平等无碍,从而使中土佛性论的唯心倾向更加明显,为以心为宗本的禅宗的产生和发展铺平了道路。而作为中土佛教之代表的禅宗,更是全抛印度佛教之源头而直探心海,由超佛之祖师禅而发展到越祖之分灯禅,完全改变了传统佛教之面貌。至此,印度佛教的中国化已发展成为中国化的佛教。

中国佛教是中国文化的重要组成部分,只要解析一下魏晋、隋唐时期及其后中国哲学、文学、书法、绘画、雕塑、建筑等文化形式,那么佛教对于中国古代文化的巨大而深刻的影响,以及中国佛教作为中国古代文化的重要组成部分之论断就变得十分清楚了。

(一)以言哲学

中国古代哲学曾被概括为这样几个发展阶段,即先秦诸子学、两汉经学、魏晋玄学、隋唐佛学、宋明理学。暂时撇开佛教传入中国之前的先秦子学和两汉经学不论,自魏晋以后,中国古代哲学就与佛教结下了不解之缘。如魏晋之玄学,先是作为般若学传播的媒介,进而与般若学交融汇合,最后为般若学所取代。因此,不了解般若学,就很难对玄学有全面深入的理解。至于隋唐二代,佛学已成为当时社会势力极大的一个思想潮流,如果在谈论隋唐哲学时把佛学排除在外,那么,隋唐哲学就会变得十分单薄。因此,许多著名学者都主张应该把隋唐佛学与儒家哲学同等看待,都看成是中国传统文化的嫡派真传。至于宋明理学,从表面上看,它是属于新儒学,但是,正如历史上许多思想家所一再指出的,宋明理学是"阳儒阴释"、"儒表佛里",亦即表面上是儒学,骨子里是佛学。特别是在思维模式、修行方法等方面,理学受到佛教的影响就更加明显。可以这么说,如果不懂得佛教的本体论思维模式和"明心见性"的修行方法,对于理学就如同隔岸观火。

(二)以言诗、书、画

这三者向来被称为中国古代文化冠冕上的明珠,而它们三者都打下了佛教的深刻印痕。以诗为例,从魏晋的玄言诗,到南北朝的山水诗,从唐诗到宋词,无一不受佛教的深刻影响。作为两晋山水诗集大成者谢灵运,本身就是一个对佛教义理颇有造诣的佛教徒。唐代的几位大诗人也多涉足佛教。李白以耽道著名,但也有"冥坐寂不动,大千入毫发"之句;杜甫虽然崇儒,却也有"身许双峰寺,门求七祖禅"之咏。白居易则佛道兼修。早年白居易虽不信佛、道,但自江州之贬后,深知仕途艰险,于是寄情于山水诗酒之间,借旷达乐天以自遣,转而炼丹服食,继而皈依佛教,以"香山居士"自许。王维崇佛更甚,其禅诗在中国诗歌史上占有举足轻重的地位。宋代苏东坡、黄庭坚等词坛巨子,更在他们与禅僧大德的交游酬唱中留下了许多名作佳话。至于小说、书画、雕塑、建筑等,也都与佛教有着十分密切的联系。如中国古代小说,其源盖出自佛教之变文;而中国古代的许多书画名作,或出自释门大德,或以佛教为题材。特别值得一提的是,中国古代诗、书、画都很注重"境界",而诗人"境界"与佛教的"禅机"多有相通之处,书、画之道与佛理禅趣多遥相契合。正因为如此,唐宋之后的诗、书、画的发展变化,常常与佛教的发展变化息息相关,并因佛教文化之助而臻新境。①

———————————

① 　参见张岱年、方克立:《中国文化概论》,北京师范大学出版社2019年版,第12页。

关于佛教传播中土，佛教与中国固有的儒教文化的融合以及儒、释、道三者互融互动的历史经验，对此重大问题陈寅恪在他为冯友兰《中国哲学史》所作的《审查报告三》中，有深刻系统的总结，此处节选他的精湛之见。

（我国）南北朝时，即有儒释道三教之目，至李唐之世，遂成固定之制度，如国家有庆典，则召集三教学士讲论与殿廷。至今言中国之思想，可以三教代表之。

二千年来华夏民族所受儒家学说之影响最深最巨者，实在制度、法律、公私生活之方面；而关于学说、思想方面或有不如佛道二教者。

释迦之教义，无父无君，与吾国传统之学说、存在之制度，无一不相冲突。输入之后，若久不变易则决难保持。是以佛教学说能于吾国思想史上发生重大久长之影响者，皆经国人吸收改造之过程。其忠实输入不改本来面目者，若玄奘唯识之学，虽震荡一时之人心，而卒归于消沉歇绝。

至道教①对输入思想，如佛教、摩尼教等，无不尽量吸收，然仍不忘其本来民族之地位。既融成一家之说以后，则坚持夷夏之论，以排斥外来之教义。此种思想上之态度虽似相反而实足以相成。从来新儒家即继承此种遗业而能大成者也。

窃疑中国自今日以后，即使能忠实输入北美或东欧之思想，其结局当亦等于玄奘唯识之学，在我国思想史上，既不能居最高之地位，且亦终归于歇绝者。其真能于思想上自成系统，有所创获者，必须一方面吸收输入外来之学说，一方面不忘本国民族之地位，此二种相反而适相成之态度，乃道教之真精神，新儒家之旧途径，而二千年吾民族与他民族思想接触史之所昭示者也。

一代大师陈寅恪以上总结，在九十年前是深刻的，今日细思仍然是深刻的。

---

① 此处道教指道家哲学与道教。

第二节 近现代中外文化的激荡与交融

19 世纪中叶以后,随着鸦片战争、第二次鸦片战争、中法战争和中日甲午战争的进行,外国资本主义大举侵入中国,使得中国社会的性质发生畸变,即变成了半殖民地半封建的社会。应当承认,所谓"半封建"是对于全封建而言的,半封建比起全封建多少有所进步,因为封建的经济、政治、文化有逐渐衰减的趋势,而资本主义的经济、政治、文化有逐渐增强的趋势。所谓"半殖民地"是相对于全殖民地而言,近代中国虽然已经沦为殖民地,但还不是某一个资本主义国家的殖民地,而是好几个资本主义国家的殖民地,中国独立自主的领土主权逐步沦丧,但还没有完全沦丧。从封建到半封建、从主权独立到半殖民地,这一重大而急剧的社会转变,使得中国近代社会经济政治关系都发生了重大变化。

一、近现代文化演进的过程

中国近代社会的重大变化首先表现在经济生活方面。在半殖民地半封建的社会境况中,中国近代经济的特点表现为:原来微弱的资本主义商品经济和根深蒂固的封建主义自然经济同时并存,而随着西方各国资本的侵入,导致中国近代经济结构出现更加复杂的形态。

1840 年以后,列强迫使清朝签订一系列不平等条约,并强迫清政府开放通商口岸,控制中国关税,倾销商品,强占租界,投资兴办工商业,使中国原有的一些手工业或被淘汰,或成为外国资本的附庸;广大农村也成为外国资本主义的商品市场和原料供给地。

外国资本侵入中国的目的,绝不是要把封建的中国变成资本主义的中国,而是要把中国变成它们的殖民地。然而资本主义国家对中国的商品和资本的输出,客观上却也刺激了中国民族资本主义的发展。外国资本一方面破坏了中国的自然经济,迫使广大农民、手工业者和生产资料相分离,另一方面也刺激一部分商人、地主和官僚投资于近代工商业。从 19 世纪 60 年代开始,中国地主和官僚开始创办一些近代军事工业和新式企业,这对中国民族资本主义经济的兴起产生了刺激作用。到了 19 世纪 70 年代,中国民族资本主义开始出现,如 1872 年华侨商人在广东南海县创办的缫丝厂,1876 年上海商人把手工工场性质的发昌机器厂扩展为能制造小火轮和机床的机器厂,1878 年天津设立的贻来牟机磨面粉厂和 1879 年佛山兴办的巧明火柴厂等,都是中国民族资本所经营。此后,在面粉、造纸、印刷、火柴、纺织、采矿、造船等方面的民族资本主义经济也有了进一步的发展。但是中国民族资本主义一出现,便遭到外国侵略势力的扼制和本国封建势力的压迫,发展缓慢,规模较小,在其发生和发展的过程中,对外国资本主义和本国封建主义既存在矛盾又有依赖关系,这就决定了我国民族资产阶级政治上的两重性格:既有要求民族民主革命的一面,又有软弱妥协的一面。外国侵略者所经营的垄断大企业在资本主义工商业中占支配地位,并与中国强大的封建势力互相依存,窒压着中国民族资本主义新经济的发展。近代中国社会日益高涨的民族民主革命运动,正是在这个经济基础上产生的。

经济生活的异动,引起政治生活的异动。近代中国社会复杂的经济结构形成了新旧诸阶级之间复杂交错的矛盾关系,但在矛盾联结的总体上,表现为人民大众反对帝国主义和封建主义的阶级斗争。

鸦片战争以后,伴随着资本主义新经济在我国的产生和发展形成了新的阶级,即资产阶级和无产阶级。中国民族资产阶级承担着组织和领导民主革命的历史任务,但由于阶级的软弱和时代的局限,使它不能完成这一历史任务。中国无产阶级诞生在外国资本和民族资本经营的近代工业企业中,代表着新的生产力;它身受三重压迫,苦难最深,因而是最先进最革命的阶级。但是在旧民主主义革命阶段,中国无产阶级还没有形成一个独立的阶级力量,而是作为资产阶级和小资产阶级的追随者参加革命的。中国农民阶级人数最多,破产农民又占了很大的比重,长期封建压迫和近代的民族压迫培育了他们强烈的斗争精神,成为反帝反封建民主革命的主力军。

近代中国各种矛盾丛集。首先,资本主义列强对中国的侵略,并图谋瓜分和灭亡中国,使整个中华民族同帝国主义的矛盾日趋激化而成为最主要的矛盾。其次,由于清王朝腐败无能,灾难日益深重,由资产阶级、小资产阶级、无产阶级和广大农民组成的近代人民大众反对封建主义的斗争也日趋激烈而成为另一个主要矛盾。在这两个主要矛盾的制约下,还有其他复杂交错的矛盾互相激荡,使近代中国革命运动连续高涨,出现过三次革命高潮:1851—1864年的农民反封建的太平天国革命运动,1898年的戊戌维新运动,1905—1912年的辛亥革命运动。三次革命高潮中阶级力量的对比是不同的,但愈来愈具有近代民族民主革命的明确性质,表现了西方列强的入侵所唤起的东方民族的觉醒。近代中国人民不屈不挠的革命斗争,使帝国主义不能灭亡中国。

近代中国经济政治生活的异动,也促使封建地主阶级的营垒发生分化。在这一营垒内,固然不乏坚持"祖宗之法不可变"的封建顽固派人物;但在社会危机、民族危亡面前,也出现了地主阶级改革派和阶级色彩更加斑驳的洋务派。地主阶级改革派和洋务派,或者由于他们的知识视野较为宽大,因而能够较早地开眼看世界,或者由于他们身居权力中心,因而能够参与政策的制定。他们提出的种种改革举措虽然在主观意图上是欲维护封建制度于不坠,然而客观上却加速了封建制度的灭亡和新旧社会的交替。研究、考察近代中国的历史进程及哲学思想,地主阶级改革派和洋务派这一政治力量是绝对不可忽视的。

二、近现代文化演进的逻辑

中国近代是中国人民倍受帝国主义、封建主义双重压迫的时代,同时也是中国人民奋起变革、弃旧图新的时代。中国近代社会的变革大体经历了物质层面、制度层面和观念层面的变革过程。1922年,梁启超在《五十年中国进化概论》一文中有一重要论断,他说:"近五十年来,中国人渐渐知道自己的不足了。这点子觉悟,一面算是学问进步的原因,一面也算是学问进步的结果。第一期,先从器物上感觉不足。……于是福建船政学堂、上海制造局等等渐次设立起来。……第二期，是从制度上感觉不足……所以拿'变法维新'做一面大旗，在社会上开始运动。……第三期，便是从文化根本上感觉不足。第二期所经过时间，比较的很长——从甲午战役起到民国六七年间止。……革命成功将近十年，所希望的件件都落空，渐渐有点废然思返，觉得社会文化是整套的，要拿旧心理运用新制度，决计不可能，渐渐要求全人格的觉醒。所以最近两三年间，算是划出一个新时期来了。"①这一论断基本上是符合历史实际的。中国近代社会变革的确经历了从物质层面到制度层面又到观念层面的过程。

（一）物质层面的变革

鸦片战争前夜，已经完成工业革命的西方资产阶级正在按照自己的面貌开创一个新世界，大举征服一切在它们看来属于野蛮和落后的民族。在东方，它们用坚船利炮摧毁了中国的海防线，同时用比坚船利炮威力更大的廉价商品打开了中国的市场。面对如此严峻的千古变局和如此强大的西方对手，中国的封建士大夫在思考对应之策。据统计，1821—1861 年的 40 年间，至少有66 名人物主张中国必须采办军舰和枪炮，其中包括道光皇帝、高级政要和著名学者。而"开眼看世界之第一人"林则徐主持编译的《四洲志》和魏源编纂的《海国图志》第一次提出"师夷之长技以制夷"的口号，标志物质层面变革的开始。直到 60 年代以后才形成具有定规模的洋务运动。

洋务运动的策略是向西方学习，必须"以制器为先"，并认为"天下事图之以渐，舍却形器断无悟入之方"（锺天纬：《刖足集内编·代拟禀李爵相裁撤机器局条拟》）。而这一策略是符合异质文化接触沟通的一般规律的。于是从19 世纪 60—90 年代展开了物质层面的变革，从学习西方的坚船利炮到学习其"西技"、"西艺"。

所谓"西技"、"西艺"就是西方近代的自然科学和工艺技术。它产生于15 世纪后半叶的欧洲，当时新兴的西方资产阶级迫切要求发展自然科学，以便为资本主义社会生产力的发展提供理论和更新技术，而自然科学的发展又

---

① 梁启超：《饮冰室合集·文集之三十九》，中华书局 1989 年版，第 45 页。

为资产阶级反对经院哲学的斗争提供了思想武器。它既标志着社会生产力的发展,也反映新兴资产阶级世界观的变化。因此,近代科学技术本质上属于资本主义和资产阶级,而不属于封建主义和贵族、地主阶级,它是世界近代化的根本动力。洋务派和早期改良派企图用西方科技思想来纠正和弥补中国封建文化之不足,这就不自觉地把中国文化引向了近代化。

从19世纪60—90年代,洋务派兴办了一批近代军事工业和民用工业,与之相联系,文化领域也发生了重大变化,这就是大量引入西方科学技术知识,形成中国近代第一次译介西学的高潮。据梁启超在《西学书目表》中统计,到1895年,共翻译西学书籍354种(不包括宗教类),其中大部分是科学技术书籍,也有少量史地、政法类书籍。所翻译的自然科学书籍已包括数学、物理、化学、天文、生物、医学等门类,所翻译的技术书籍包括兵工、造船、铁路、化工、矿山、冶金、纺织、印刷等门类。

西方科学技术的引进和传播,冲击和动摇了封建文化的传统价值取向和思维习惯,有助于近代科学的世界观和方法论在中国的传播和发展。

(二)制度层面的变革

19世纪70—80年代,早期改良派人物逐渐从洋务派中分化出来。他们与洋务派尽管有千丝万缕的联系,但有一点却是根本性的区别,即他们不仅主张在物质层面,而且主张要在制度层面上向西方学习。他们倾慕西方的议会制度,并且希望在中国加以仿效,以进一步推进中国的社会变革。特别是从中法战争到甲午战争,这种思潮日渐发展,终于在甲午战后蔚为澎湃的洪流。

资产阶级维新派的领袖是康有为。他先是主张"托古改制",随后又主张托日本改制,目的都是在中国建立君主立宪的资本主义制度。他先则在《保国会上讲演辞》中说:"若夫泰西立国之有本末,重学校,讲保民、养民、教民之道,设议院以通下情,君不甚贵,民不甚贱,制器利用以养民,皆与吾经义相合,故其致强也有由。吾兵、农、学校皆不修,民生无保、养、教之道,上下不通、贵贱隔绝者,皆与我经义相反,故宜其弱也。"照此说来,西方的经济制度、教育制度和政治制度是符合儒家经义的,而清朝的经济制度、教育制度和政治制度反倒不符合儒家经义。显然，康有为这里所说的"儒家经义"，已不是传统意义上的儒家经义，而是体现着资产阶级的经济观念、教育观念和政治观念的"儒家经义"。他继则在《进呈日本明治变政记考》中明确提出："今我有日本为向导之卒，为测水之竿，为探险之队，为尝药之神农，为识途之老马……譬如作室，欧美绘型，日本为匠，而我居之也。譬如耕田，欧美觅种灌溉，日本锄艾，而我食之也。"一句话，走明治维新改革之路，通过日本的中介在制度层面向西方学习，是康有为等人的基本思路。

戊戌变法失败后，中国民族资产阶级开始形成一个独立的阶级，以孙中山为代表的资产阶级民主革命派主要代表资产阶级中下层的利益，在同改良主义作斗争中，反对维护君主制度的渐进的局部的改革，主张用"革命"、"流血"手段进行彻底推翻封建君主专制制度的根本改革。他还对进化论进行改造，使之与民主革命的实践相结合，"照进化哲学的道理"，论证民权革命乃是世界历史进化的必然规律。邹容在《革命军》中第一个喊出："革命者，天演之公例也。革命者，世界之公理也。"孙中山在《中国民主革命之重要》一文中明确指出，中国必须"从最上之改革着手"，在"流血革命"中建立民主共和国，这才符合"进化之公理"。他所设计的"三民主义"、"五权宪法"，即是效法欧美而制定的制度变革的基本框架。

（三）观念层面的变革

从1895年起，维新派登上政治舞台。维新派不同于洋务派，基本上是地主阶级的改革派，而维新派则是资产阶级的代言人。维新派主张在中国实行资本主义的君主立宪制度，他们的文化宣传也是围绕着这个主题进行的。他们宣传西方资产阶级的政治学说，鼓吹君主立宪，提倡民权，批判封建专制主义，从而形成中国近代第一次思想解放的潮流。他们办报纸，立学会，创办新式学堂，使文化教育的面貌为之一新。资产阶级的新学术——哲学、史学、经济、文学理论等已经萌生，"诗界革命"、"文体革命"、"小说界革命"、"戏剧革命"等相继而起，中国的资产阶级新文化初步创立起来。

辛亥革命后，建立起资产阶级民主共和国——中华民国。这是一场制度革命的胜利,以后,虽然发生了袁世凯和张勋两次复辟,但是都很快失败了,这表明共和观念已深入人心。但是,复辟的事实又从另一方面说明,仅有制度层面的变革是不够的,它不能巩固,"立宪政治而不出于多数国民之自觉"是不会成功的。①　基于这样的认识,陈独秀、李大钊等人掀起了以改造国民性为主要目的的新文化运动,并大张旗鼓地呼唤民主与科学,中国的文化变革也就进入观念层面近代化的阶段。

需要指出的是,在陈独秀、李大钊鼓动思想革命之前,严复、梁启超已然以启蒙思想家的姿态向国人进行思想理论上的宣传。严复从 1895 年就翻译了《天演论》,使进化论风靡中国文化思想界。此后他又翻译出版了一系列西方哲学、政治学、经济学、社会学、逻辑学名著,在 20 世纪初产生极大的影响。梁启超的"新民说"鼓吹"除心奴"、"做新人",为一代新人的崛起开辟了道路。凡此种种都说明:在进行制度变革的同时,观念层面的变革也在错落有致地进行。所谓不同层面的变革只是大致的划分,其间的相互渗透是客观存在的事实。

三、近现代文化演进的经验

鸦片战争以前的中国是封建社会,它所拥有的是中国以自然经济为基础的传统社会的经济、政治和文化。当它一旦与新兴的西方资本主义相逢疆场的时候,是无法与其对垒匹敌的。中西之间的落差不是局部的落差,而是全局的落差、时代的落差。著名学者范寿康在 20 世纪 30 年代著有《中国哲学史通论》,此书绪论部分反思这段历史的时候有一段深刻的论述,他说:"从前的中国是闭关自守的,现在的中国已是世界的中国了……二千余年前造成的万里长城,已经不能抵挡近代的进攻的武器了。我们祖先一直用到如今的那一套锄头犁耙已经比不上最新式的电耕机了。我们旧有的手工业已经抵不过机械化的大量生产了。张天师的灵符、班禅达赖的经咒、孔夫子的微言大义,已经

---

①　参见《陈独秀文章选编》(上),生活·读书·新知三联书店 1984 年版,第 205 页。

不能抵挡住这侵略的狂潮挽救农村没落的命运了。要之现今的中国，不管你愿意也好，不愿意也好，已经是世界的中国了。"①中国唯一的出路就是向西方学习，打破传统社会的羁绊。这是历史的选择也是历史的主题。

近代中国人向西方学习才能改变自身的落后面貌，这是没有疑义的；但是向西方学习的具体内容方法步骤，却因人们对于西方资本主义列强认识的深浅以及实际运动进展的阶段不同而各异。综合起来看，近代中国人向西方学习大致有以下五种模式。第一种曰：师法其武器。这是对于西方一种较为表相的看法。这种看法认为，中国的失败仅只是战场上的失败，失败的原因是因为中国的武器装备落后，而其他方面中国未必皆"不如夷"。为此他们主张举办一些近代化军工企业，而举办军工企业的方式是由官方出面组织经营，走的是"以政办军工"的道路。清政府开始筹办"夷务"走的就是这条道路。第二种曰：师法其宗教。中国几千年的文化都是以政治伦理教化为中心，宗教思想极为薄弱。"师法其宗教"的主张意欲打破中国几千年的文化传统，以西方基督教作为中国文化的基础。这是一种违反文化民族性的主张，太平天国拜上帝会的神权思想就是这样的一种主张。第三种曰：师法其经济。这是洋务派的基本主张。其实施过程由学习西方的坚船利炮到学习西方的工业生产，进而学习西方的科学技术和管理经验。但是洋务派反对学习西方的政治制度和价值观念，同时他们是以封建官僚的身份办工厂企业，或官办，或官督商办，不能摆脱封建制度的框架，使这些企业几乎都成了官僚衙门，经济效益极差，被讥之为"徒袭皮毛"、"逾淮为枳"、"虽有富强之政莫之能行"。第四种曰：师法其政治。这是资产阶级改良派和资产阶级革命派的共同主张，不过改良派主张建立君主立宪的制度，走温和改良之路，而革命派主张建立民主共和的制度，走暴力革命之路。第五种曰：师法其观念。这种主张认为，学习西方不仅要学习其表面的东西，更要学习其精神实质，特别要学习其民主精神和科学精神，提高全民族的文化素质。这种主张是在五四新文化运动中才提出的，不过

---

① 范寿康：《中国哲学史通论》，武汉大学出版社 2008 年版，第 4 页。

严复在戊戌变法时期已认识到,西学之长在于"于刑政则屈私以为公,于学术则黜伪而崇真",算是开了思想启蒙的先河①。以上五种向西方学习的模式,除"师法其宗教"以外,其余各种探索都或多或少反映新的生产力和生产关系变革的内在要求,有其历史的合理性。

由于封建主义和保守积习的强大压力,向西方学习的运动并不是一帆风顺的,它经历了艰难曲折的过程。1902年10月,梁启超在《敬告我同业诸君》一文中概括叙述了这一过程。他说:"二十年前,闻西学而骇者比比然也,及言变法者起,则不骇西学而骇变法矣;十年以前,闻变法而骇者比比然也,及言民权者起,则不骇变法而骇民权矣;一二年前,闻民权而骇者比比然也,及言革命者起,则不骇民权而骇革命矣。今日我国学界之思潮,大抵不骇革命者,千而得一焉;骇革命而不骇民权者,百而得一焉;若骇变法、骇西学者,殆几绝矣。"由此可见,向西方学习的过程,是不断变革的过程,也是思想解放的过程。中国近代哲学就是在这一过程中发展起来的。

中国近代的历史主题是向西方学习,这是否意味着历史的动因全然来自中国社会的外部,即西方文化的冲击,而与中国文化自身的因素毫无关系呢?有一种观点认为:以传统儒学为核心的中国固有文化,是一个缺乏活力的惰性体系,它长期停滞不前,只能成为中国社会变革的阻力,而不能成为助力。持此论者只看到西方文化在中国走向近代化过程中所起的积极作用,只看到中国传统文化在这一过程中所起的消极作用,而没有看到中国传统文化内部的积极因素也起了一定的积极作用,甚至也成为中国近代社会变革的源头活水,因而不能客观全面地解释中国近代社会变革的历史动因和文化动因。

首先,近代中国人民向西方学习的强大动力,来自中华民族在几千年文化中形成的中华精神,如"自强不息"的进取精神,"厚德载物"的兼容态度,深沉广博的忧患意识,都是中华民族固有的精神。它们在中华民族最危险的关头,不断焕发出新的活力,推动中国人民在进行反帝爱国斗争的同时,向西方寻求

---

① 参见徐嘉:《中国近现代伦理启蒙》,中国社会科学出版社2014年版,第103页。

革新之道。正是由于这种民族精神之光的映照,近代先进的中国人才能对民族文化痛加反省,正视落后,卧薪尝胆,励精图治,以便光复旧物,自立于世界民族之林。可以说,中华民族这一固有精神,体现在中国近代向西方寻找真理的每一位哲人的身上。魏源早在鸦片战争时期提出"师夷制夷"口号的同时就预言:"中国智慧,无所不有","风气日开,智慧日出,方见东海之民,犹西海之民"。表现出高度的民自信心。甲午战争之后,极力主张向西方学习的严复,仍然对中华民族的未来充满信心,他说:"吾民……实有可为强族大国之储能,虽催斫而不可灭者……尽去腐秽,惟强是求,真五洲无此国也。"他还说:"吾每睹古代之巨功,未尝不震耸流连,叹古人之志量……若吾国之神禹秦皇,若汉唐之都会城邑,若隋之官道,若元之运河,虽用意不同,要皆为豪杰之能事。"他对民族辉煌的历史充满了自豪感。由此他得出结论:"可知外物之来,深闭固拒必非良法,要当强力不反,出与力争,庶几磨砺玉成,有以自立。至于自立,则彼之来皆为吾利,吾何畏哉!"每一句话都充满了中华民族"天行健,君子以自强不息"的壮志豪情、坚强信念。辛亥革命时期,一篇未署名的《论实学》的文章说:"泰西之国岂天国耶?泰西之人岂天人耶?头同圆也,足同方也,趾同五也,肢同四也,心思之慧,才力之雄相为伯仲,而强弱之形,盛衰之势,判若天渊者何哉?务实学不务虚文者之故耳。"既寻求了中国同西方在某一方面的落差,同时也表现出不甘落后、奋起直追的信心和勇气。孙中山作为中国资产阶级民主革命的伟大先驱者,在主张向西方学习的过程中反复宣称"中国一定没有沦亡的道理";"中国之文明已著于五千年前",且"土地人口,世界莫及,我们生在中国实为幸福";若能"发愤自雄"、"鼓吹民族主义,建一头等民主大共和国"、"取法西人的文明而用之,不难转弱为强,易旧为新"、"十年二十年之后,不难举西人之文明而尽有之,即或且胜之",不只"突驾日本"、"比美国还要强几分",极大地振奋了中国人民的革命斗志。

其次,在中国文化内部也存在一些与西方近代文化相衔接的因素,它们在中国近代社会变革中也起到了积极作用。

第一,经世致用的学术传统。这是中国古代优良的学术传统,主张学术研究应有利于社会治理、经济发展的实际功效。"经世",即治理世事;"致用",即取得实际功效作用。传统儒学的"内圣外王"之学的"外王"部分即是经世之学,宋代的事功之学及明清之际的经世之学更是这一优良传统的典型表现。尤其是顾炎武"通经致用"、"明道救世"的主张,朱舜水"经邦弘化,康济艰难"的抱负,李二曲"道不虚谈,学贵实效"的观念,方以智"借泰西为郯子"、"质测即藏通几"的新鲜命题,颜李学派力倡"实学"、"实用"、"实事"的宗旨,都不断给传统的经世致用思想注入新的内涵,成为中国近代经世之学的源头活水。近代著名学者、政治家包世臣、魏源、贺长龄、林则徐等,都是倡导经世之学的表率。接踵而起的曾国藩、左宗棠、李鸿章、张之洞等,也都在不同程度上沿着这路线前进。他们把从事中国的实学推进到接纳西方的实学,恰恰是逻辑的必然。

第二,变易进化的哲学思想。中国传统哲学蕴含丰富的变易思想和朴素的进化观念。从最原始的中华原典《易经》开始,到《易传》、《老子》、《孙子兵法》,沿波而下,各派哲学家几乎都有丰富的辩证思维,无不强调"变易"、"变通"、"变化",主张"顺乎时变"、"因时制宜"。这一哲学传统对近代哲学有深刻的影响。近代中国人无论在物质、制度、思想观念哪一个层面进行变革,无不以变易进化观念为依据。鸦片战争时期的地主阶级改革派是如此,其后出现的洋务派、改良派乃至资产阶级革命派也都是如此。"孔子生于今日,亦不得不变"(王韬:《弢园文录外编·变法上》)这句话反映了中国近代社会变革的必然性和迫切性。

第三,"民惟邦本"的政治理念。中国两千多年的封建社会推行君主专制的政治制度,但是早在上古时期,民本思想就已产生。《尚书》就提出"民惟邦本,本固邦宁"、"天视自我民视,天听自我民听"的古老箴言。孟子又提出"民贵君轻"的政治理念。此后,民本思想时隐时现,但从来也未中断。明清之际的启蒙思想家王夫之、黄宗羲、唐甄等人,在抨击君主专制主义的同时,把古代民本思想提升到新的高度。康有为、梁启超、谭嗣同等人就曾从孟子"民贵君轻"的思想中发掘"微言大义",以为政治改革之助。孙中山、章太炎等人也曾给民本思想以新的诠释,并借以形成新的民主主义思想,推动了近代社会的变革。尽管民本思想在封建社会的政治实践中很难被兑现到现实社会中,但它在中国政治思维的文化积累和传承中被反复声张,已成为考量政治合法性的基本准则。

凡此种种都成为新旧、中西文化对接、传承、转换乃至相互结合的中介,为中国文化的发展注入了新的历史因素,开始将中国文化传统纳入现代文化的发展轨道。可以肯定,中国近代新文化虽然是学习西方的产物,却不可能是西方文化的原版复制,而是中国人以自身为主体,融合古今中西的结果,既体现了鲜明的时代精神,又彰显了亮丽的民族特色。①

第三节　近现代文化演进中政治思维的提升

严复、康有为、孙中山是中国共产党建立之前,向西方寻求真理的重要代表人物。他们的思想主张不仅在世界观、发展观方面在当时最为领先,其政治思想、政治思维也堪称引领一代新潮,甚至从根本上刷新思想、缔造新知。

严复因译介《天演论》、《原富》、《法意》、《群己权界论》、《穆勒名学》等西方名著而在20世纪初叶驰名学界,他是从西方引进资本主义政治、法律、经济、哲学理论的一代宗师。他以进化论唤醒国人救亡图存,以科学的认知和方法改变国人的陈旧思维,以自由、民主思想抨击封建君主思想与制度,他初步提出的中西文化比较观是精辟中肯而又具有说服力的。他虽然没有直接参加变法维新和政治活动,但在思想启蒙、促进知识界觉醒方面所起到的巨大作用是无人可以比肩的。

康有为以儒家公羊学诠释历史演变,以变易进化哲学阐释现实变革,以"尽变"、"全变"引导变法维新,以矛盾、"对争"学说寻求变革的动力。他以一介书生的身份,"忧时七上皇帝书",力主向明治维新以后的日本学习,实行

---

① 参见周德丰:《中国近代哲学研究》,天津人民出版社2004年版,第8页。

自上而下的改革。① 戊戌变法失败以后，他周游世界，考察欧美，以对工业文明的认知为基础新撰《大同书》，再一次提出理想社会的蓝本与愿景，其估值未可低估。

在政治上，他率先主张废除封建君主专制，实行资本主义立宪制，开民权，设议院，实现三权分立。这是他政治思维的一个亮点。

1896年，康有为在《上清帝第四书》中，主张"设议院以通下情"，1898年1月《上清帝第五书》，明确提出"议员"的称呼，并要求"自兹国事付国会议行"。但维新运动进入高潮后，康有为鉴于"旧党盈塞"、"守旧盈朝"，顽固势力十分强大，维新势力还很薄弱，如马上开设议院，很可能被守旧势力操纵把持，反于变法不利；再者学校未兴，民智未开，人们根本不识民主为何物，操之过急，"遽用民权，则举国聋瞽，守旧愈甚，取乱之道也"。② 于是便暂时放弃设议院的想法，提出"于宫中立制度局"的主张。

康有为的"制度局"，是根据西方"三权鼎立之义"，仿照日本变政的模式设立的，其主要职能是议决政事，制定宪法，相当于三权之中的"立法官"。制度局人员不受出身资历限制，由皇帝"妙选天下通才十数人充任"，并可每天同皇帝见面，共同议政，总揽新政大权。上述主张如能实现，维新派就可以利用皇帝的权威掌握实权，因此，这实质是资产阶级企图夺取政权的初步尝试。

不论设国会，还是立制度局，康有为都以三权分立作为变法的目标，强调"立国必以议院为本"，只有改定国宪，改君主专制为君主立宪，才能叫作真正的变法，否则像洋务派购船置械，可谓之变器，不可谓之变事；设邮政、开矿务，可谓之变事，不可谓之变政；改官制，变选举，可谓之变政，不可谓之变法；只有像日本那样，改定国宪，才叫变法。变化的内核是新定"典章宪法"。康有为疾呼："今欲行新法，非定三权，未可行也。"这些见地和主张都是充满新鲜朝气的。

---

① 参见康有为：《日本变政考》，中国人民大学出版社2011年版，第1页。
② 《康有为全集》第8卷，中国人民大学出版社2007年版，第69页。

孙中山的革命民主的政治思想、政治思维集中概括为三民主义，它是中国资产阶级民主派的政治纲领。三民主义经历了两个不同的发展阶段：1924 年《国民党第一次全国代表大会宣言》产生以前，它是旧范畴的三民主义，在此之后它则成为新范畴的三民主义。孙中山的三民主义，以历史进化论取代历史循环论，以民国取代民主国，以"主权在民"和"民有、民治、民享"的理念取代封建君主专制思想和制度，以"权能分立"取代封建主义的专制独裁，以"军政、训政、宪政"作为"建立民国"的具体步骤。在孙中山的政治设计中，"五权宪法"为其特别看重。1906 年在《民报》创刊周年纪念会上，他正式提出了五权宪法。他说："将来中华民国的宪法是要创一种新主义，叫做'五权分立'。"①

五权宪法是从资产阶级的三权分立演化发展而来的。三权分立学说是西方资产阶级反对专制君主制度的有力的理论武器，后来又成为资产阶级国家政治制度的组织原则。孙中山对它进行考察后发现，虽然三权分立的存在有着重要的作用，但它在实际中已出现两大弊病：一是选举和委任中有"很大的流弊"，选举可以作弊，委任则不免任人唯亲，结果是政治腐败和散漫；二是监督弹劾权力的滥用，形成议院专制，产生许多弊端。他认为，为防止在选举和委任中徇私舞弊，就要把考试权从行政权中分离出来，考试权独立，任何人都不能干预和侵犯，只有这样才能够真正发挥考试以选拔人才的作用；另外，为防止议会滥用权力，他主张要把监察从立法权中分离出来，独立于议会，这个监察机关不仅要"监察议会"，同时还要"专门监督国家政治"。由此，孙中山提出了他的"五权分立"的国家体制。

所谓五权，就是立法权——议会议员制定法律之权、行政权——政府首脑管理国家之权、司法权——裁判官司法之权、考试权——试官掌管考试以选择大小国家官员之权、监察权——监察官对国家大小机关和官员进行弹劾之权。根据权限的不同在国家机构中设立立法、行政、司法、考试和监督五院，这五院

---

① 《孙中山全集》上卷，人民出版社 1957 年版，第 79 页。

彼此独立又互相连属,共同构成国家机构的主体。孙中山认为,在这样的体制下民国就成了"民族的国家,国民的国家,社会的国家",这样的国家就可以达到"完整无缺"的治理了。可见,五权宪法,是孙中山民权主义在国家政体上的发展和具体化。① 较之西方资本主义国家的"三权分立"的观点,孙中山所倡导的"五权宪法"吸收了西方政治理论中"权力制衡"思想,也比较充分地考虑到中国社会历史和现状,在当时,可以说是中国近代政治思维的重大进步。

新中国成立后,中国共产党创造性地完成由新民主主义到社会主义的过渡,确立了社会主义基本制度,完成了中华民族有史以来最为广泛而深刻的社会变革,为当代中国一切发展进步奠定了根本政治前提和制度基础,开启了在社会主义道路上进行现代化建设的历史征程。随着社会主义改造的进行,我国的人民民主政治建设也在有步骤地向前推进。人民代表大会制度这一根本政治制度、中国共产党领导的多党合作和政治协商制度、民族区域自治制度这些基本政治制度的确立,表明我国由一个新民主主义的国家转变为社会主义国家。

在长期的革命斗争实践中,以毛泽东同志为主要代表的中国共产党人把马克思列宁主义与中国革命实践结合起来,提出了马克思主义中国化的主张,为党领导下的政治建设确立了根本主题。而伴随着社会主义三大改造的顺利完成和社会主义基本制度的全面建立,党和国家的工作重心开始向社会主义经济建设转移,解放思想、实事求是的思想路线在全党得以恢复,人们的思想观念日趋活跃,形成了在马克思主义指导下制度、文化蓬勃发展的生动格局。随着中国特色社会主义进入新时代,以习近平同志为核心的党中央从中华民族伟大复兴的战略全局与世界百年未有之大变局出发,在深刻把握中国特色社会主义发展内在要求与中国特色社会主义文化建设根本要求的前提下,提出了"坚持不忘初心、继续前进,就要坚持中国特色社会主义道路自信、理论自信、制度自信、文化自信,坚持党的基本路线不动摇,不断把中国特色社会主

---

① 参见《孙中山全集》第 1 卷,中华书局 1981 年版,第 325—331 页。

义伟大事业推向前进"①这一重大理论和实践命题,极大完善了中国特色社会主义理论体系,是新时代党推动政治、经济、文化建设向更高水平迈进的行动指南。

今天,在我们党百年华诞的重大时刻,在"两个一百年"奋斗目标历史交汇的关键节点,我们更要"从具有许多新的历史特点的伟大斗争出发,总结运用党在不同历史时期成功应对风险挑战的丰富经验,做好较长时间应对外部环境变化的思想准备和工作准备,不断增强斗争意识、丰富斗争经验、提升斗争本领,不断提高治国理政能力和水平,从最坏处着眼,做最充分的准备,朝好的方向努力,争取最好的结果"②。赓续共产党人精神血脉,鼓起迈进新征程、奋进新时代的精气神。

第四节　近代以来中国文化建设的三种思潮

20 世纪中国思想界,逐渐形成保守主义国粹派、自由主义西化派和马克思主义辩证综合派。三大文化派别之间有分有合、有同有异,有歧见也有共识,有冲突也有融合,他们分别提倡的"中体西用"论、"全盘西化"论、"综合创新"论相互激荡、相补相扶,恰好形成一幅对立统一的文化格局。当然最客观、全面并符合中国近现代文化演进发展规律的文化方针,应该是综合创新的文化主张和理论。

一、保守主义国粹派：中体西用

东方文化派、国粹派、现代新儒家学派,都是中国 20 世纪文化保守主义派别。他们在中西、古今文化的碰撞中,从不同的侧面发现了中国传统文化,尤其是儒家文化的思想价值,于是努力发掘东方文化的"真精神"。早在 20 世

---

① 《习近平谈治国理政》第 2 卷,外文出版社 2017 年版,第 36 页。
② 习近平:《在党史学习教育动员大会上的讲话》,人民出版社 2021 年版,第 17—18 页。

纪初辛亥革命前后，国粹派人士就标举"国粹保存主义"之帜，鼓吹"黄帝、尧舜禹汤、文武周公、孔子之学"乃是中华国粹；"孔子，诚国学之大成也"（《国粹学报》）。此后，文化保守派人士摩肩接踵，层出不穷；以遗老自居，鼓吹以中国文化之长"拯救西洋文明破产"的辜鸿铭；主张用淡泊如水、粗粝如数的"吾国文明"去"救济全世界"的《东方杂志》主编杜亚泉；力主保持中华"农国"文化的章士钊；以《学衡》杂志为阵地，捍卫中国固有文化的吴宓、梅光迪、胡先骕；还有三代师徒薪火相传的现代新儒家学者。由此可见，保守主义文化派别的存在，确是不争的事实；但文化保守主义并不是铁板一块，它与西化观念的融通，同样也是不争的事实。下面仅以现代新儒家代表人物梁漱溟、熊十力等人的文化观点为例作扼要说明。

梁漱溟早在青年时代就抱着"为孔子、释迦打不平"的学术抱负，一心弘扬在孔子儒学精神熏陶培植下而形成的"尚情无我"的人际关系，"求仁求安"的道德追求，"知足常乐"的生活态度，以及"折中调和"的哲学思维。"誓以身心献诸圣"的一代大儒熊十力，更是以恢复孔子真相、光大原始儒学为职志。他认为：《大易》生生不息、雄浑刚健的人生态度，《春秋》"贬天子，退诸侯，讨大夫"的民主平等观念，《周官》《礼运》均贫富、联民众的大同思想，实有不朽的价值。中国哲人讲求心性修养、顺从宇宙大化法则，铸成天人不二、心物不二、体用不二、动静不二、知行不二、理欲不二的哲学理念，也是中国传统文化的精华。他们以毕生的心力呵护、扶植中国文化之树，使之尽可能不致花果飘零，枝叶凋残。人们称他们为文化保守主义者，是有充分根据的。但是从另一个角度也应该看到，他们也都是旧学邃密、新知深沉的学者，共同感觉到西方思想的震荡，思考如何调整中国固有文化以适应时代的需要。熊十力着重思考中西文化的互补互济；一方面他确信"中国文化不可亡"，另一方面又承认"西学之长不可掩"。他认识到：中国文化之发扬，"亦必吸收西洋现代文化，以增加新的原素，而有所改造"（《中国历史讲话》）。他对西方文化也有正确的了解，深知"其发源即富于科学精神，故能基实测以游玄，庶无空幻之患；由解析而令通，方免粗疏之失"。因之他主张"中西之学，当互济而不可偏废"、

"中西学术,合之两美,离之两伤"(《十力语要初读》)。至于梁漱溟,他更明确主张:"广泛吸收融合西方科学和德谟克拉西两精神下的种种学术、种种思潮"、"否则我敢说新文化是没有结果的"。他再三强调:现代西方科学与民主之二物,世界任何民族皆不能自外,对此中国人只能无条件承认,"否则我们将永远不配谈人格"、"不配谈学术"。①

中国 20 世纪文化保守主义派别,显然已不是封建时代的传统儒学,它已在很大程度上克服了传统儒学原始性、直观性的缺陷,超越了对封建王权的依赖,并且获得了表述文化守成的新式学理。在这三个方面,他们与西化派并不是格格不入的,而在阐扬文化的民族主体性方面,他们较之西化派,似更显得成熟老到,运思绵长。

二、自由主义西化派:全盘西化

早在 20 世纪末,维新人士即提出"唯泰西是效"、"一切制度悉从泰西"的呼吁。著名激进派人士谭嗣同身处痛苦的时代巨变之后,明示"不敢专几而非人,不敢讳短而疾长,不敢不舍己而从人"的决心,宣告与旧学诀别。洞悉西方文化的严复认为:"从事西学之后,平心察理,然后知中国政教之少是而多非",因之抨击中学,力主西体中用。至此,西化派观点已初告形成。1915年,标志新文化运动开端的《新青年》杂志在陈独秀的主持下问世了。《新青年》一开始就标举"西化"旗帜,创刊号说:"所谓新者无他,即外来之西洋文化也;所谓旧者无他,即中国固有之文化也。……二者根本相违,绝无调和折衷之余地。"一时间,一大批激进派人士都集合在这面大旗之下,联袂进行新学对旧学的斗争、西学对中学的斗争。当然,这些斗争在文化转型的历史关头是有积极意义的。首先,它具有思想启蒙、思想解放的不朽功绩。他们学习意大利文艺复兴和法国启蒙运动的精神,对国人进行启蒙和洗礼,以期唤起国人的"最后觉悟"。其次,它针对政治上的复辟活动以及封建顽固势力奉孔教为国

---

① 《梁漱溟全集》第 1 卷,山东人民出版社 1989 年版,第 539 页。

教、强迫人民顶礼膜拜的复古思潮，提出"打倒孔家店"的口号，掀起大规模的反孔斗争，其意义正如李大钊所言："掊击孔子，非掊击孔子本身，乃掊击孔子为历代君主所雕塑之偶像的权威也；非掊击孔子，乃掊击专制政治之灵魂也。"①再次，当时的"西化"派人士还进行了中西文化观念的比较研究，并在研究中认识到：东西文化从本质上来说，是时代上的差别。更重要的是他们从西方请来"德先生"和"赛先生"，让民主、科学的观念在中国初现曙光。虽然有以上种种功绩，然"西化"派也有明显的缺陷。其一，形式主义的偏向。其表现是："没有历史唯物主义的批判精神，所谓坏就是绝对的坏，一切皆坏；所谓好就是绝对的好，一切皆好。"②很容易倒向极端的崇外和民族文化虚无主义。其二，有见于文化的时代性，却忽略了文化的民族性，任其恶性发展导致民族文化主体精神的衰落。

　　然而在东西、古今文化的碰撞过程中，西化派人士对中国文化的建设问题也在不断地进行深刻反思，日益萌生中西融合、古今补偿的辩证思维，提出"西体中用"的论断。早年的严复曾认为：中国之四千年文化，九万里中原，其教化学术"少是而多非"；到其晚年，对这些言论颇有追悔之意，并从扬西抑中转而主张"统新故而视其通，包中外而计其全"。倘若站在西化的立场，人们或许认为，严复从趋时走向保守；然而居于东西文化融合的角度去审视，其见解未尝不是新的综合与提高。陈独秀也是典型一例，他早年抨击"国粹"几乎不遗余力，晚年却有新的反思。他在晚年所撰《蔡孑民先生逝世后感言》一文中回答北京大学一老学生提出的问题："自五四起，时人间有废弃国粹之议，先生能否于此文公开正之？"陈独秀指出，凡是一个像样的民族、国家都有自己的文化或国粹。在世界文化的烘炉中，凡是有价值的文化是不容易被熔毁的，甚至那一民族灭亡了，它的文化还会存在，比民族寿命还长。因此，保存国粹在这一点上还是有意义的。"如果有人把民族文化离开全世界文化孤独地来看待，把国粹离开全世界学术孤独地来看待，在抱残守缺的旗帜之下，闭着

①　《李大钊全集》第1卷，人民出版社2013年版，第429页。
②　《毛泽东选集》第3卷，人民出版社1991年版，第832页。

眼睛自大排外,拒绝域外学术之输入,甚至拒绝用外国科学方法来做整理本国学问的工具,一切学术失了比较研究的机会,便不会择精语详……这样的国粹家实在太糟了!"此时陈独秀已经认识到文化的时代性与文化的民族性,不是截然对立的矛盾两端,而应把两者辩证地融合起来。以往人们只注意他西化的观点,而不注意他辩证融合的观点,这是不全面的。胡适更为典型。他曾提出著名的"百事不如人"及"全盘西化"的观点,也曾提出"整理国故"的主张;他曾号召"充分西化",也曾身体力行从事国学研究。1923年他为北京大学出版的《国学季刊》撰写《发刊宣言》称:"我们理想中的国学研究,至少有这样一个系统,中国文化史:(一)民族史,(二)语言文字史,(三)经济史,(四)政治史,(五)国际交通史,(六)思想学术史,(七)宗教史,(八)文艺史,(九)风俗史,(十)制度史。"他认为,国学的研究要系统化,无论研究的问题大小,或古或今,都要朝着"做成中国文化史"的方向走。所以"西体中用"论是立足于学术研究、文化建设基础上西化派哲学家的文化归属。

三、马克思主义辩证综合派:综合创新①

中华民族富有辩证思维的优良传统,早在明朝末年中国人接触"泰西之学"之初,科学家徐光启就有"欲求超胜,必先会通"(《历史总目表》)之说,哲学家方以智亦有"借泰西为剡子,申禹周之矩积"(《物理小识·总论》)之论。清代有经学家焦循"会通两家(指中、西方)之长,不主一偏之见"之主张,魏源有"天地气运自西北而东南将中外一家"(《海国图志后叙》)的预言,王韬则指陈中国文化在"地球合一"的背景下,必然形成由器通道,"融会贯通"(《弢园文录外编》)的前景。到了近代,这种古今融合、中外会通的观点一直成为许多有识之士的共同主张。如严复屡申"统新故而视其通,苞中外而计其全"

---

① 与综合创新的观念相关联的还应有"返本开新"、"据旧开新"、"借古开新"与"推陈出新"的主张。"返本开新"主要是现代新儒家返回原典、返回孔孟以开新的文化主张。"据旧开新"是钱穆等人的主张。"借古开新"是陈鼓应等人的主张。"推陈出新"则是20世纪50年代,立足文化批判继承而提出的文化主张。但大致都可以融汇到综合创新的文化方针之中。

（《与外交部主人论教育书》）之旨，梁启超尝谓建立"淬砺其本有"而又"采补其所无"（《新民说》）的新文化观，青年鲁迅倡言"取新复古，别立新宗"（《文化偏至论》）。章太炎力主兼综"华梵圣哲之义谛，东西学人之所说"（《菿汉微言》）。孙中山则称，"余之谋中国革命，其所持主义，有因袭吾国固有之思想者，有规抚欧洲之学说事迹者，有吾所独见而创获者"（《中国革命史》）。蔡元培在文化方面，同样也持综合创新的观念，他主张吸收世界各国的文化，尤其是共和先进国之文化，但学习要和独创结合，要和研究本国的文化遗产相结合，"非徒输入欧化，而必于欧化之中为更进之发明；非徒保存国粹，而必以科学方法，揭国粹之真相"（《北京大学月刊发刊词》）。在五四新文化运动的洗礼下，李大钊认识到"平情论之，东西文明，互有短长，不宜妄为轩轾于其间"（《东西文明根本之异点》）。恽代英也提出："居于今日之世界，宜沟通中西文明之优点，以造吾国之新精神"（《恽代英文集·经验与知识》）。这些看法都具有辩证思维的性质，表现出唯物史观派文化哲学的新的思想高度。毛泽东汲取前人的智慧，综合党内外同志的真知灼见，进一步的提出和深化了辩证综合的文化观。他指出，不但是当前的社会主义文化和新民主主义文化，还有外国的古代文化，各资本主义国家启蒙时代的文化，凡属我们用得着的东西都应该加以吸收，毛泽东将这一观点概括地称为"古今中外法"。

　　唯物史观与辩证综合的哲学理念，具有无与伦比的科学性、深刻性和巨大的包容性，使得中国现代各个文化派别人士对之心悦诚服。陈独秀很快由西化派转变为唯物史观派，陈序经由全盘西化论者转而为社会主义教育服务，梁漱溟在其生命哲学中吸收唯物辩证法的观念，冯友兰在其人生哲学中吸纳唯物史观的见解，以现代新儒家自居的贺麟等人还加入了中国共产党，如此等等。1987年张岱年先生在《综合、创新、建设社会主义新文化》一文中明确提出"文化综合创新论"，即"具有中国特色的社会主义的新文化，人类文化史上的高度民主、高度科学的新文化"。这个理论不谈"体"、"用"，而是根据中国的国情，继承发扬中国传统文化的精华，同时博采西方文化的优秀贡献，将两者综合而创新中国文化。可以说"文化综合创新论"超越了"体用"说，突破了百年以来"中体西用"或"西体中用"的陈旧框框，为中国文化的发展探索出一条"综合创新"的可行之路。随着改革开放的不断深入，国内掀起了一次又一次有关文化问题的讨论热潮，争论的焦点是中国文化的走向问题。张岱年以"天下兴亡，匹夫有责"的历史责任感参与到这场文化上的论战中，在批评各种错误思想言论的基础上，发表了其以"兼和"为哲学基础，以"综合创新、厚德载物、兼容并包"为理论核心的创新学说。兼和，是"兼赅众异而得其平衡"，是"和"中包含有"众异"，在"众异"之间取得平衡就是"兼和"。此后，张岱年在《铸造新精神，建设新文化》为主题的访谈录中说道："我认为：中国现在所需要的文化，至少须能满足如下的四个条件：一、能融会中国先哲思想之精粹与西洋哲学之优长以为一大系统。二、能激励鼓舞国人的精神。三、能创发一个新的一贯大原则，并能建立新方法。四、能与现代科学知识相应合。"可见，"会"、"和"、"兼"、"综"，才是实现文化创造性转化、创新性发展的根本路径，也只有如此，才能真正实现中华民族的文化自信。

21世纪中国思想文化领域的基本格局仍然是中、西、马的对立互动，中国马克思主义综合创新文化观仍然具有独特的理论价值和现实意义，是我们党和学界最广泛认同的一种文化思想。历史和现实昭示我们，中国文化的正确方向和现实道路只能是综合创新的发展之路，只有这样才能牢牢把握中国化马克思主义的指导地位，保证中国当代文化的先进方向；才能正确弘扬中国优秀传统文化，充分体现民族文化的主体性；才能始终坚持对外开放，博采异国文明之长以滋养自己。

任何一种封闭心态下形成的文化，不管在某一时期内发展得多么辉煌灿烂，只要故步自封、囿于一隅、排斥外来文化的注入，其结果必然会造成自身的愚昧、虚弱、停滞和退化，最终在人类历史的舞台上销声匿迹。中华文化至今仍然没有失去活力，其重要原因之一就是不断地吐故纳新，随时"拿来"，决不僵化。所以中国文化未来发展，一方面，必须旗帜鲜明地坚持中国化马克思主义在社会生活及学术研究中的主导地位，借以引领中国社会和中国文化的先进方向；另一方面，我们要抱有一种开放的心态和平等的眼光，在马克思主义指导下容许多种学术流派和不同思想观点的存在与发展,虚心汲取一切有利于中国特色社会主义文化发展的合理要素。"要努力实现中华传统文化的创造性转化、创新性发展,把跨越时空、超越国度、富有永恒魅力、具有当代价值的文化精神弘扬起来。中华民族创造了源远流长的中华文化,中华民族也一定能够创造出中华文化新的辉煌!"①

---

① 中共中央宣传部编:《习近平总书记系列重要讲话读本》,学习出版社、人民出版社 2016 年版,第 6 页。

第四章　中国革命文化的生成与发展

　　19世纪末20世纪初,马克思和恩格斯的名字开始在中国的媒体上出现。从那时起直到1949年新中国建立,经过数十年波涛汹涌的旧民主主义和新民民主主义革命的历程,马克思主义理论已经深深地植根到拥有五千年文明的中华文明的厚土中,成为内在于中国社会变革过程的灵魂。特别是在新民主主义革命过程中,中国共产党的成立推动了马克思主义理论与中国革命的具体实践相结合,不仅彻底结束了中国半殖民地半封建社会的历史,而且孕育出震天撼地的革命文化。革命文化的生成与发展忠实地见证并记录了中国新民主主义革命的复杂曲折的历程,积淀了中国革命的丰富经验,凝练出引导革命变革的思想精华和具有普遍意义的思维方式,有着永恒的思想魅力。

　　革命文化的生成是一个复杂的社会过程,它是马克思主义理论与中国革命现实过程相结合的产物。一种诞生于西方文化脉络中的思想理论,能否融合到有着异质文化系统的另一个民族国家的社会过程中,能够为这个民族国家的知识分子和广大民众所接受,首先取决于这种思想理论的主题与另一个民族国家的社会变革实践主题是否密切相关,是否能够对这个民族国家社会变革过程所面临的社会矛盾和社会问题具有充分的理论诠释力,是否能为这个民族国家改变自身的历史命运提供现实的途径和思路。

　　马克思主义理论是对近代以来西方国家从封建社会向资本主义社会过渡的社会变革过程的理论探索,它深刻揭示了存在于资本主义生产方式本身中的内在矛盾及其衍生出来的各种复杂的社会问题,特别是在资本主义生产关系中分裂出来的无产阶级和资产阶级之间的矛盾,指出随着社会生产力的充分发展,这两大阶级之间的矛盾和斗争必然会引发无产阶级的解放运动,从而最终导致资本主义的灭亡和新的社会形态即共产主义社会或社会主义社会的产生。可以说,马克思主义理论的主题,就是要把无产阶级这个人类历史上最后一个被压迫、被剥削的阶级从剥削、奴役和压迫人的社会制度中解放出来。因而马克思主义理论对于那些谋求劳苦大众翻身解放的革命知识分子来说,特别是对于迫切希望改变自身受奴役地位的劳动人民群众来说,无疑具有强大的吸引力。

20世纪初的中国,尽管与西方国家相比有着十分不同的特殊国情,但也恰好处在具有两千多年的封建社会逐渐瓦解的历史时期。鸦片战争以后,中国沦为半殖民地半封建社会。帝国主义列强对中国的强权掠夺、满清政府的腐败衰竭、各种社会矛盾的汇集所导致的社会动荡的频繁发生,激发了那些爱国的、先进的中国知识分子对中国社会问题的深度思考,并产生变革社会的强烈愿望。而当他们不得不反思导致中国陷入危机的思想文化根源时,他们发现中国传统文化虽不乏值得赞颂的智慧,但究其根本性质而言,更有助于维护旧的社会制度而不是有助于对中国社会的改造。于是他们把目光投向西方,希望借助近代以来的西方文化之力来改造腐朽没落的中国文化,进而锻造出改造中国社会的思想武器,这就使西方文化的各种思潮在中国先进知识分子的努力下,纷纷涌入中国的思想文化领域。在这个多种文化思潮交汇碰撞的过程中,马克思主义理论最终能够脱颖而出,无疑是因为马克思主义的理论主题与中国社会变革的实践主题相互契合。这种"主题相关",使马克思主义成为点燃中国革命文化的火种。

第一节　中国革命文化的诞生

中国革命文化的诞生,首先是一个在沉重复杂的社会境况中进行文化选择的结果。这个文化选择,从根本上说不是取决于知识分子的学术旨趣,而是取决于中国社会摆脱危难的急迫需要,或者说是中国革命对理论的需要。20

世纪初,传播到中国的各种西方文化思潮,如进化论、唯意志论、生命哲学、实用主义、逻辑经验主义、无政府主义等等,都曾深刻影响了迫切寻求救国兴邦之路的中国知识分子。1917 年,俄国爆发了震惊世界的十月革命,建立了人类历史上第一个无产阶级政权——苏维埃政权。这个伟大的事件对谋求变革中国社会的革命知识分子产生了强烈的震撼,它表明马克思主义以"改变世界"为宗旨的实践理性完全有可能在中国革命实践的过程中结出成功的果实。因此,马克思主义之所以最终能够赢得中国革命知识分子的拥护,并将其运用到发动革命的政治实践中,就在于只有马克思主义提供的理论和方法能够准确透彻地把握中国错综复杂的社会矛盾和社会问题,并引导人们探寻出使百病缠身的中国能够真正摆脱穷困、孱弱、愚昧落后、被动挨打处境的革命路径。

一、马克思主义与非马克思主义的论战

革命文化的诞生经历了一个自觉的文化选择过程,这个选择是通过激烈的思想斗争实现的。在十月革命的推动下,中国知识分子阶层迅速发生分化。以陈独秀、李大钊、蔡和森、毛泽东、李达、瞿秋白等为代表的一批革命知识分子真诚接受了马克思主义理论,力图在马克思主义理论的指导下确立使中国无产阶级和劳苦大众彻底解放的社会革命纲领。而以胡适、张东逊、胡汉民、戴季陶等为代表的资产阶级知识分子虽然也打出反对封建主义、倡导科学与民主的旗帜,但他们怀疑乃至否定建立工农政权的现实性和必要性,反对在中国发动彻底的社会革命,而是醉心于循序渐进的社会改良,因而他们程度不同地抵制甚至抗拒马克思主义理论在中国的传播。由于知识分子队伍的分化,五四运动前后在中国思想界就展开了马克思主义与非马克思主义的论战,其中比较重要的论战有问题与主义的论战、马克思主义与社会改良主义和无政府主义的论战。

(一)"问题"与"主义"的论战

1918 年,俄国十月革命胜利之后不久,李大钊就在《新青年》上发表了《庶

民的胜利》和《布尔什维主义的胜利》两篇文章,满怀激情地赞颂十月革命,认为十月革命意味着全世界庶民即劳工的胜利,是世界人类的新精神。1919年,他又发表了《新纪元》、《我的马克思主义观》等文章,阐述自己对马克思主义理论的理解,简明扼要地把马克思主义理论和无产阶级革命的学说介绍给社会公众。陈独秀也于1919年发表了《二十世纪俄罗斯革命》一文,认为俄国的十月革命与18世纪的法国革命一样,都是"人类社会变动和进化的大事件",而俄国革命前途远大,对人类幸福与文明的影响超过了法国革命。从1918年至1921年,李达也把荷兰学者郭泰(H.Gorter)的《唯物史观解说》和考茨基的《马克思经济学说》等书翻译出版,比较全面、系统地介绍了马克思主义理论的基本思想内容,为中国思想界接受马克思主义思想做出了理论准备。这些早期马克思主义者所做的努力使马克思主义理论在中国思想界迅速着陆,并深刻地影响了一大批有志改变中国社会的革命知识分子。

　　然而,也就是在这个时期,受西方自由主义政治思潮深刻影响的知识分子却面对十月革命引发的思想运动发出了另一种声音。其中,作为新文化运动的倡导者的胡适是最具代表性的,他极力推崇美国实用主义哲学,主张用社会改良主义抵制马克思主义。1919年7月《每周评论》第31号上,他"忍无可忍"地发表了《多研究些问题,少谈些"主义"》一文。在他看来,中国社会目前迫切需要的是解决大大小小各种各样的社会问题,如人力车夫的生计问题、裹小脚的问题、卖淫问题、官僚的腐败问题、总统的权限问题、女性解放和男性解放的问题等等,对于这些问题要一个一个地解决,循序渐进地改造中国社会,而不是发动一场实现某种"主义"的彻底革命。因而胡适对马克思主义在中国的传播忧心忡忡,他预感马克思主义在中国的传播会宣告"中国社会改良的死刑",他宣称:"我们不去研究人力车的生计,却去高谈社会主义……老实说罢,这是自欺欺人的梦话,这是中国思想界破产的铁证。"①该文发表后,李大钊和蓝公武等人立即对之进行反驳,胡适也接连发文进行自我辩解。这样,

---

① 《胡适文存》第1集,黄山书社1996年版,第252页。

在《每周评论》上,马克思主义派或社会革命派与实用主义派或社会改良派展开了"问题与主义"的论争。

其实,胡适并不是要拒斥任何意义上的"主义",他要拒斥的是马克思主义,而张扬实用主义,或者说,是用实用主义拒斥马克思主义。同样,以李大钊为代表的马克思主义派,也不是不研究问题,而是着力于如何更深刻、更准确地探究和揭示各种社会矛盾和问题及其产生的社会根源,如何从根本上解决这些社会问题。胡适推崇的实用主义试图让人们局限于对"社会现象"观察,并满足于头痛医头脚痛医脚地对社会现象进行零敲碎打的改造,而不是让人们深究导致这些社会现象的社会原因,并用革命的方式铲除造成这些社会现象的社会根源。显然,凭借改良主义的社会理论主张和社会改造策略,不可能使矛盾丛生、百病缠身的中国从根本上摆脱灾难深重的社会危机。因此,以李大钊为代表的马克思主义者不遗余力地对胡适为代表的实用主义和社会改良主义进行批判,阐明只有马克思主义理论和方法才能真正科学地认识和把握中国社会问题,只有马克思主义的革命主张才能为彻底改造中国社会提供正确的方向和道路。李大钊十分清楚,"问题与主义"的论战,实质上并不是要不要谈"主义",而是要谈什么样的主义? 是马克思主义,还是实用主义? 也不是要不要研究和解决"问题",而是如何研究和解决问题。要想彻底扫除中国社会中存在的各种问题,包括胡适所列举的那些问题,就必须用科学的理论和方法对这些问题产生的根源进行深入考察和研究,进而用社会革命的方式推翻造成这些社会问题的腐朽没落的社会制度。而要实现这个目标,就只有把马克思主义的理论和方法运用到中国革命的实践中,因为在这个学说林立的世界中,只有马克思主义才能为受剥削、压迫、奴役的劳动人民群众的解放提供科学的理论和方法。

"问题"与"主义"的论战,对于中国革命知识分子接受马克思主义理论,树立对马克思主义的信仰,并将其运用到中国革命的实践中使之成为新民主主义革命的思想基础,起到了极为重要的促进作用。在这场论战中,以李大钊、陈独秀等一批早期马克思主义者更为清醒地认识到中国社会的性质和特征以及中国革命的目标和任务,更为明确地认识到,中国社会问题的总根源在于半殖民地半封建社会本身的内在矛盾:人民大众与封建主义、帝国主义和官僚资本主义的矛盾。面对这个矛盾,改良主义是走不通的,只有通过社会革命的方式,彻底铲除滋生各种社会问题的矛盾,才有可能给中国社会带来全新的面貌。因此,这场论战推进了相当一批先进知识分子由民主主义者向马克思主义者的转变,也推进了马克思主义理论在中国的深入发展。

(二)社会主义与社会改良主义的论战

通过"问题"和"主义"的论战,以李大钊为代表的中国早期马克思主义者辨明了马克思主义理论在中国革命中的地位和作用,但社会改良主义并没有因此消退。李大钊、陈独秀、蔡和森、李达等马克思主义者依据马克思的社会革命理论始终把无产阶级革命确认为中国社会革命的实质,其根本目标是实现马克思主义意义上的社会主义;而以张东荪、梁启超、胡汉民、戴季陶等为代表的资产阶级改良派则认为,中国社会的发展尚未达到实现社会主义的程度,因而应当首先以社会改良的方式发展资本主义,走实业救国的道路。1920年秋,张东荪在《时事新报》上发表的《由内地旅行而得之又一教训》一文中断言,中国根本没有真正的无产阶级,中国社会的各阶级有着自身的阶级利害(阶级利益),但都没有自觉的阶级意识,所以根本没有组织无产阶级政党的条件,只有在资本主义有了充分的发展的情况下,才谈得上社会主义。

围绕张东荪的这篇文章,马克思主义者随即与改良主义者展开了新一轮论战。陈独秀、李达、陈望道等马克思主义者当即对张东荪为代表的改良主义观点展开批判。针对张东荪实业救国的论点,李大钊从三个方面论证了以社会主义为中国革命的目标的可能性和必要性:首先,中国虽然没有像欧美资本主义国家那样经历了实业发展的阶段,但中国人民受资本主义经济组织的压迫的痛苦丝毫不少;其次,中国国内劳资之间的矛盾虽然没有像资本主义国家那样达到了激化的程度,但在世界工人运动的影响下,中国的劳工阶级已经萌发了抵制资本主义制度的决心;最后,各国已经从自由竞争达到社会主义共管的地步,中国无论如何都不能从人家(资本主义)的起点走。从这三点可以看出,李大钊已经明确地意识到中国可以跨越资本主义发展阶段,直接把社会主义作为中国革命的目标。陈独秀则揭露了资本主义社会在其发展中暴露出来的各种矛盾和社会问题,以此阐明和论证未来中国走社会主义道路的必要性。在他看来,欧美日等资本主义国家虽然有着发达的工业和教育,但同时也使这些国家因极端的逐利而变得贪鄙欺诈刻薄,失去良心。幸而中国实在资本主义尚未发达的时候才创造教育与工业,正好用社会主义来发展教育及工业,免得走欧美日本的错路。李达等人则严厉地批判了张东荪、梁启超等人关于中国没有无产阶级或劳动阶级的观点,根据当时中国正在发展起来的工业和商业,指出中国已经有了相当数量的产业无产阶级,并且他们的阶级觉悟和革命要求也十分强烈,这就为社会主义运动提供了社会基础。李达还指出,工人阶级的力量是在斗争中日益扩大的,需要有一个由量的积累逐步达到质变的过程,而且要联合世界范围的工人阶级,才能最终达到工人阶级自己解放自己的目的。

通过与资产阶级改良主义路线的论战,中国早期马克思主义者在政治思维高度上已经确认中国革命有可能跨越资本主义发展阶段而实现社会主义,面对中国社会所面临的主要社会矛盾和问题,改良主义的道路是走不通的,必须彻底消灭剥削制度才能真正改变中国社会的命运。同时,中国革命的主体是无产阶级和广大劳动人民群众,只有无产阶级领导的以工农联盟为基础的社会革命,才能打碎现存的维护剥削阶级利益的国家机器,实现社会主义的目标。

(三)社会主义与无政府主义的论战

与改良主义思潮同时并行的还有以克鲁泡特金为代表的集产主义的无政府主义或无政府共产主义。无政府主义思潮诞生于 18 世纪资产阶级革命运动时期,19 世纪又同无产阶级革命运动联系在一起,其代表人物有德国的施蒂纳、法国的蒲鲁东和俄国的巴枯宁与克鲁泡特金。其中,克鲁泡特金的无政府主义思想对当时中国思想界影响最大。

1920 年以后,中国马克思主义者已经开始着手筹备建立中国的无产阶级政党——中国共产党。在这个特殊的历史时期,马克思主义者迫切需要从理论上弄清,无产阶级政党的性质和任务,以及无产阶级政党在领导中国革命力量夺取政权后建立怎样的政权组织等问题。1920 年创刊的、由李达主编的《共产党》月刊,就是在这一时期为建立中国共产党所做出理论准备。该刊依据俄国革命的经验和列宁的建党理论,宣传共产党的知识,报道第三国际和国际共产主义运动的情况,探讨无产阶级专政的理论学说。也就是在这个时候,中国的无政府主义者也对马克思主义国家学说和政党理论展开攻击。他们倡导个人绝对自由的理论,并以此为原则反对一切国家政权,尤其是攻击俄国十月革命后建立起来的苏维埃政权,把马克思主义的无产阶级专政学说看作是主张个人独裁。他们甚至反对一切组织纪律,提倡无组织纪律的"自由契约"等等。以陈独秀、李大钊为代表的马克思主义者以马克思主义的国家学说为武器,以俄国十月革命后的苏维埃政权为典范,对无政府主义展开了正面的批判。

马克思主义者首先对无政府主义思潮的思想基础,即极端的个人主义和自由主义进行批驳。李大钊指出:"试想一个人自有生以来,即离开社会环境,完全自度一种孤立而岑寂的生活,那个人断没有一点的自由可以选择。"①也就是说,孤立的、离群索居的个人是没有自由的,自由只有在社会生活中才能实现。陈独秀针对无政府主义者提出的要通过"自由与联合"代替社会组织对社会进行管理的观点,一针见血地指出:"我们惟一的使命只有改革社会制度,否则什么个人的道德、新村运动,都必然是无效的";除非个人逃出社会,否则"决没有绝对的自由,决不能实现无政府主义"。②

无政府主义者把一切国家和政权都看成是扼杀人的自由的强权,因而否定国家政权存在的必要性,主张用团体、会社代替国家,用自由契约来组织和管理社会,声称:"我们不承认资本家的强权,我们不承认政治家的强权,我们

① 李大钊:《自由与秩序》,载《少年中国》第 2 卷第 7 期,1921 年 1 月 15 日。
② 陈独秀:《陈独秀答区声白的信》,载《新青年》9 卷 4 号,1921 年 8 月。

一样不承认劳动者的强权。"①如无政府主义者朱谦之在《宇宙革命的预言》中就直截了当地声称"无政府革命的虚无过程"就是"破坏","凡言建设的,都是不知革命手段为何物"。② 对于这种极端的荒唐无稽的观点,陈独秀针锋相对地指出:契约是各团体一部分人的私约,法律是全社会众人的公约,范围与作用都大不相同,在"效能方面,正有赖于国家最高权力所制定的统一法律,以为各个人各个团体各个地方契约的标准及监督,才可能维持各种契约的功能"③。在社会生活中,任何意义上的个人自由都必然受到道德和法律的制约。人们之间的契约也必然要求得到法律的保护和监督,而国家则是制定法律的机器。否定国家的存在也就否定了法律建构本身,这在阶级社会中是根本行不通的。国家意味着一种强权,在建构和维护社会的法律秩序方面发挥着积极的作用。如果笼而统之地把"强权"看成是"恶"的东西而加以反对,就不可能正确理解"强权"的性质和功能。否认国家的所谓"无政府社会主义"只能是一盘散沙,这种散沙状态是根本不适宜大规模的生产事业的。

与无政府主义的论战,直接关系到无产阶级政党的历史使命,关系到无产阶级政党在未来的革命斗争中将怎样去组织国家政权,怎样使无产阶级和广大劳动人民群众能够在政治上真正获得统治地位。因而,通过与无政府主义的论战,马克思主义者进一步明确了无产阶级革命的使命和任务,明确了建立无产阶级政党的基本宗旨:消灭一切剥削制度,打碎剥削阶级占统治地位的旧的国家机器,建立无产阶级的革命政权。

二、中国共产党的成立与革命文化的奠基——"红船精神"

通过思想论战,中国最早的一批马克思主义者明确了中国社会发展道路的选择和历史课题的解决方案。同时他们也意识到,中国革命的进程需要有坚强的领导机构和先进的革命理论,因而有必要建立无产阶级政党。这样,在

---

① 《我们反对"布尔什维克"》,载《奋斗》第 2 号,1920 年 2 月 14 日。
② 葛懋春等编:《无政府主义思想资料选》(上),北京大学出版社 1984 年版,第 483 页。
③ 陈独秀:《陈独秀答区声白的信》,载《新青年》9 卷 4 号,1921 年 8 月。

马克思主义者之间以及在中国各地的共产主义小组都普遍讨论了建党问题。其中毛泽东和蔡和森的通信最为具体,该通信涉及五个方面的问题:第一,这个党必须是无产阶级政党,名称为"中国共产党";第二,马克思主义、列宁主义是党的指导思想,要同资产阶级和小资产阶级思想进行斗争;第三,必须反对改良主义,采取彻底革命的方法,夺取政权后,实行无产阶级专政;第四,党必须联系群众;第五,党必须有铁的纪律。[①]

从 1920 年开始,在李大钊、陈独秀、董必武、陈望道、李达、毛泽东、周恩来等一批马克思主义者的努力下,相继在上海、北京、武汉、长沙,济南以及日本东京和法国巴黎成立了中国共产党的早期组织,统称为"共产主义小组"。各地共产主义小组建立以后,开展多方面的革命活动。为了广泛传播马克思列宁主义,统一建党思想,1920 年 9 月,上海共产主义小组发起把《新青年》杂志(从八卷一号开始)改为党的公开刊物;同年 11 月,又创办了《共产党》月刊,在全国主要城市秘密发行,这是中国共产党历史上第一个党刊。1921 年 3 月,在俄共(布)远东局和共产国际的建议和支持下,召开了各共产主义小组的代表会议,发表了关于党的宗旨和原则的宣言,并制定了临时性的纲领,确立了党的工作机构和工作计划,表明了党组织对社会主义青年团、工会、行会、文化教育团体和军队的态度。这次会议为党的成立做了必要的准备。

1921 年 7 月 23 日在上海召开了中国共产党的第一次全国代表大会。因突遭法国巡捕搜查,会议被迫休会。7 月底,中共一大代表毛泽东、董必武、陈潭秋、王尽美、邓恩铭、李达等从上海乘火车转移到嘉兴,再从嘉兴南湖狮子汇渡口登上渡船到湖心岛。在船上,中共一大通过了党的第一个纲领和决议,正式宣告中国共产党庄严诞生。纲领规定党的名称是"中国共产党";党的性质是无产阶级政党;党的奋斗目标是推翻资产阶级,废除资本所有制,建立无产阶级专政,实现社会主义和共产主义;党的基本任务是从事工人运动的各项活动,加强对工会和工人运动的研究与领导。该纲领明确宣布:"1. 以无产阶级

---

① 参见丁守和、殷叙彝:《从五四启蒙道马克思主义的传播》,生活·读书·新知三联书店 1979 年版,第 370—371 页。

革命军队推翻资产阶级,由劳动阶级重建国家,直至消灭阶级差别;2.采用无产阶级专政,以达到阶级斗争的目的——消灭阶级;3.废除资本私有制,没收一切生产资料,如机器、土地、厂房、半成品等,归社会所有……"可以看出,这个纲领确定了中国共产党的性质、目标和历史使命,它贯彻了马克思主义的阶级斗争理论和科学社会主义理论的基本内容和原则,但它不再仅仅是一种思想理论,而是中国共产党人实践意志的表达。

中国共产党的成立无疑是具有划时代意义的世界历史事件,是马克思主义理论在一个历史与文化迥然不同且灾难深重、贫瘠落后的人口大国结出的辉煌果实。中国共产党人把马克思主义理论与中国革命具体实践相结合,为中国的民主革命提供了坚实的理论基础,确立了为中国劳苦大众谋求自由和解放的信念和信心,从而使一个最初只有50余人的弱小党派不断在革命斗争的洗礼中发展壮大,拥有了改变中华民族命运的力量。嘉兴南湖的小小游船也因此成为这个伟大事件的历史见证,同时也成为标志中国共产党革命文化诞生的历史符号——"红船精神"。

第二节 革命文化对中国革命的思想引领

1921年,中国共产党的成立标志着马克思主义理论在中国社会这个有着数千历史的文化古国落地生根,它孕育出的革命文化是中国共产党领导中国人民在血与火的革命斗争中锻造出来的文化形态,是巩固与发展党的执政基础和执政能力的宝贵历史资源,也是今天坚定中国特色社会主义文化自信的重要源泉。邓小平曾指出:"为什么我们过去能在非常困难的情况下奋斗出来,战胜千难万险使革命胜利呢? 就是因为我们有理想,有马克思主义信念,有共产主义信念。"[①]

革命文化的基本特征,就是以自身的理想信念在革命实践中实现主观性

---

① 《邓小平文选》第3卷,人民出版社1993年版,第110页。

和客观性的统一。因此,从政治思维方式的角度看,把马克思主义理论转变为中国共产党人的实践意志,就必然要深入到中国革命实践过程的问题域中,为解决中国革命的具体问题提供理论和方法。所谓"问题域"就是指涉及中国社会和中国革命的性质、状况、基本特征、结构关系、内在矛盾、发展动力和规律等一系列彼此相互关联的社会问题和历史问题构成的问题体系。对中国革命过程的完整理解,形成了对中国社会革命的性质和过程的总体把握,从而对中国新民主主义革命产生了强大的思想引领作用。

一、正确把握中国社会和中国革命的性质、对象和任务

要正确地引导中国新民主主义革命的发展,首要问题就是要对中国社会的性质、中国革命的对象、中国革命的动力等一系列问题作出科学的判断。毛泽东指出:"只有认清中国社会的性质,才能认清中国革命的对象、中国革命的任务、中国革命的动力、中国革命的性质、中国革命的前途和转变。所以,认清中国社会的性质,就是说,认清中国的国情,乃是认清一切革命问题的基本的根据。"①

马克思主义的历史唯物主义理论从生产力与生产关系矛盾运动的关系出发,考察和研究社会生产力的发展状况以及社会生产关系即经济基础的基本性质和历史形式,再从经济基础与上层建筑矛盾运动的关系出发考察和研究社会的上层建筑,即社会政治和文化的基本性质和状况。马克思主义的这一基本理论,为中国共产党人考察和研究中国社会的性质、中国革命的性质及动力问题提供了科学的思想方法。

1927 年,"大革命"失败以后,蒋介石篡夺了国民党的领导权,进而违背孙中山的关于联俄、联共、辅助工农的三大政策,肆无忌惮地镇压共产党人以及共产党人领导的革命运动。在这个危机时刻,作为中国共产党早期领导人的陈独秀却认为中国经济已经进入资本主义社会,蒋介石的背叛意味着资产阶

---

① 《毛泽东选集》第 2 卷,人民出版社 1991 年版,第 633 页。

级政权的建立,因而资产阶级民主革命已完成,封建势力已经消失,帝国主义也让步了,中国无产阶级只有等到资本主义发展到一定程度时,才有可能进行社会主义革命。陈独秀为代表的这种观点被称为"托陈取消派"。针对托陈取消派的观点,1928 年 7 月,中国共产党在莫斯科召开了第六次全国代表大会。这次会议分析了中国社会的经济、政治状况,指出了中国社会的地位是半殖民地,中国的政治经济制度仍是半封建制度,反帝、反封建是中国革命的性质和任务。这充分体现在毛泽东于 1939 年与他人合写的《中国革命和中国共产党》一文中。毛泽东指出,1840 年鸦片战争之后,中国就一步一步地变成一个半殖民地半封建的社会,而在 1931 年九一八事变之后,由于日本的武装入侵,中国又变成了一个殖民地、半殖民地和半封建国家。"帝国主义列强侵入中国的目的,决不是要把封建的中国变成资本主义的中国。帝国主义列强的目的和这相反,它们是要把中国变成它们的半殖民地和殖民地。"①

中国社会这种殖民地、半殖民地和半封建社会的性质,决定了近代中国社会的主要矛盾是帝国主义与中华民族的矛盾和封建主义与人民大众的矛盾。这个矛盾决定了中国革命的主要对象不是别的,就是帝国主义和封建主义,就是帝国主义国家的资产阶级和本国的地主阶级,革命的任务"主要地就是打击这两个敌人,就是对外推翻帝国主义压迫的民族革命和对内推翻封建地主压迫的民主革命,而最主要的任务是推翻帝国主义的民族革命"②。

中国社会的性质和主要矛盾、中国革命的对象和任务,同时也就规定了中国革命的性质。毛泽东进一步指出:"既然中国社会还是一个殖民地、半殖民地、半封建的社会,既然中国革命的敌人主要的还是帝国主义和封建势力,既然中国革命的任务是为了推翻这两个主要敌人的民族革命和民主革命,而推翻这两个敌人的革命,有时还有资产阶级参加,即使大资产阶级背叛革命而成了革命的敌人,革命的锋芒也不是向着一般的资本主义和资本主义的私有财产,而是向着帝国主义和封建主义,既然如此,所以,现阶段中国革命的性质,

---

① 《毛泽东选集》第 2 卷,人民出版社 1991 年版,第 628 页。
② 《毛泽东选集》第 2 卷,人民出版社 1991 年版,第 637 页。

不是无产阶级社会主义的,而是资产阶级民主主义的。"①

对中国社会和中国革命、对象、任务的科学把握,清除了思想混乱,厘清了新民主主义革命所面对的一系列重大社会问题,奠定了新民主主义革命的思想原则,明确指明了方向,使新民主主义革命能够在中国共产党的领导下沿着正确的发展轨道行进。

二、正确理解和把握中国革命的进程和转变

在第一次国内革命失败以后,陈独秀武断地认为,中国大革命的失败使阶级关系发生了很大的转变,其基本特征"主要的是资产阶级得了胜利,在政治上对各阶级取得了优越地位",而封建残余已经"变成残余势力之残余"。这意味着,国民党的南京政府已经是以资产阶级为中心为领导的政权,中国已经走上资本主义和平发展的道路。无产阶级应待资本主义高度发达之后,再去实施社会主义革命。②对于陈独秀的这种"二次革命论",蔡和森给予严厉的批评。他说:陈独秀"同俄国的少数派一样,把资产阶级民权革命和社会主义革命截然划分为两个不相连续的阶段,即现在既然是资产阶级民权革命,工人阶级只有帮助资产阶级取得政权;在资产阶级民权革命和资本主义发展以后,再来实行社会主义革命"③。他指出,陈独秀之所以提出这个主张,是"因为他自始至终是站在左翼民族资产阶级的立场上来影响中国革命的无产阶级。既然自始至终是站在民族资产阶级的立场,所以不能了解无产阶级在革命中的领导,而只能了解资产阶级的领导……只能了解资产阶级握得政权和建立资产阶级国家;不能了解革命是停留在资产阶级民权主义的阶段之上"④。

1927 年 8 月 1 日,中国共产党在江西南昌举行了武装起义,建立了第一

①　《毛泽东选集》第 2 卷,人民出版社 1991 年版,第 646—647 页。
②　参见《关于中国革命问题致中共中央信》,载《陈独秀文集》第 4 卷,人民出版社 2013 年版,第 197—217 页。
③　蔡和森:《社会进化史》,东方出版社 1996 年版,第 809 页。
④　蔡和森:《社会进化史》,东方出版社 1996 年版,第 810 页。

支中国共产党领导下的人民军队，8月7日，中国共产党中央在湖北汉口秘密召开紧急会议，即著名的"八七"会议，清算并纠正了党在过去的严重错误。此后又发动了秋收起义和广州起义，革命力量开始恢复壮大，革命形势开始好转。但就在这个时候，党内"左"倾盲动主义、冒险主义开始抬头。1930年，蒋介石、阎锡山和冯玉祥等之间在中原地区爆发了规模空前的新一轮军阀大战。这时，主持中央工作的李立三等认为革命危机已在全国成熟。6月11日召开的中共中央政治局会议通过了李立三起草的《新的革命高潮与一省或几省首先胜利》的决议案。该决议案认为，全国范围内已有"直接革命的形势"，并"有极大可能转变为全国革命的胜利"，甚至十分夸张地认为，中国革命一爆发，就有"掀起全世界的大革命、全世界最后的阶级决战到来的可能"。决议案主张在实际工作中不再需要逐步积聚和准备革命的主观力量，而是要发动全国性的武装暴动，并认为这种武装暴动必须以城市为中心，取得一省与几省首先胜利。在这种错误思想的指导下，李立三等制定了以武汉为中心的全国中心城市武装起义和集中全国红军攻打中心城市的冒险计划，史称"立三路线"。显然，"立三路线"的要害是否认或无视中国民主革命的长期性和艰巨性，忽视了当时中国革命形势和条件的复杂性，机械地照搬十月革命的经验，力图在民主革命尚未完成的时候，发动无产阶级的社会主义革命。立三路线在党内的统治时间虽然不过三个月，但党为此付出的代价却是十分惨痛的。国民党统治区许多地方的党组织因为急于组织暴动而把原来有限的力量暴露出来，先后有十一个省委机关遭到破坏，武汉、南京等城市的党组织几乎全部瓦解，红军在进攻大城市时也遭到了很大损失。

陈独秀路线和李立三路线所造成的惨痛教训表明，能否正确地把握中国革命的进程和转变，关系到中国革命事业的生死存亡。面对"左"、右倾机会主义思想和路线在党内造成的严重影响和给中国革命带来的惨重损失，中国共产党内部围绕中国革命的进程和转变问题展开了激烈的讨论。瞿秋白严厉批判了"托陈取消派"的所谓"二次革命"的主张，他提出，中国革命必须分两步：第一步，是民主革命阶段，首先是革帝国主义的命的民族革命。他指出，中国实现民族革命也必须推翻军阀主义和地主经济,实现民主政治,他说这种"民族民主(民权)革命"即"国民革命"。第二步,由民主革命转变为社会主义革命。不过,瞿秋白虽然没有明确区分"旧民主主义革命"和"新民主主义革命",但是他明确指出第二阶段的革命与资产阶级领导的民主革命截然不同,而且,革命的目标是实现社会主义。

毛泽东则依据对中国社会性质和主要社会矛盾的科学分析,进一步深刻、透彻地阐释了中国革命的进程、转变和前途。在毛泽东看来,中国社会的基本性质是殖民地、半殖民地和半封建社会,中国社会的主要矛盾是帝国主义和中华民族的矛盾与封建主义和人民大众的矛盾,这就决定了中国革命的性质必然是以扫除帝国主义和封建主义为主要任务的资产阶级民主革命。蒋介石背叛革命,建立的南京政府,并非像陈独秀等人所说的那样,表明资产阶级革命已经完成,而是表明政权落到了与帝国主义和封建势力息息相关的买办资产阶级手中。这不仅意味着民族革命和民主革命没有完成,而且使之更加艰难曲折。为此,毛泽东在1928年所写的《井冈山的斗争》一文中明确写道:"中国现时确实还是处在资产阶级民权革命的阶段。中国彻底的民权主义革命的纲领,包括对外推翻帝国主义,求得彻底的民族解放;对内肃清买办阶级的在城市的势力,完成土地革命,消灭乡村的封建关系,推翻军阀政府。必定要经过这样的民权主义革命,方能造成过渡到社会主义的真正基础。"[1]为此,毛泽东强调,在资产阶级民主革命阶段,中国共产党完全同意孙中山先生的革命的三民主义。他指出,尽管中国共产党的最终目标或最高纲领是实现社会主义和共产主义,是与三民主义有区别的,但这个目标的实现必须经过资产阶级民主革命的阶段才能达到。这就是说,在资产阶级民主革命尚未完成的历史阶段上,重新整顿三民主义的精神,在对外争取独立解放的民族主义、对内实现民主自由的民权主义和增进人民幸福的民生主义指导之下,领导人民坚决地实行起来,是完全适合于中国革命的历史要求的。对于那种力图发动"直接

---

[1]　《毛泽东选集》第1卷,人民出版社1991年版,第77页。

的社会主义革命"的"左"倾冒险主义错误观点,毛泽东冷静地告诫说:"在将来,民主主义的革命必然要转变为社会主义的革命。何时转变,应以是否具备了转变的条件为标准,时间会要相当地长。不到具备了政治上经济上一切应有的条件之时,不到转变对于全国最大多数人民有利而不是不利之时,不应当轻易谈转变。"①为了从根本上清除"左"、右倾机会主义思想路线在中国革命进程和转变问题上的错误观点,毛泽东描述和分析了中国资产阶级民主革命的历史过程和阶段变化,特别指出,中国的资产阶级民主革命已经经历了从旧民主主义革命向新民主主义革命的转变。

正是由于旧民主主义革命转变为新民主主义革命,这种革命才能够为社会主义的发展扫清道路。毛泽东将新民主革命和无产阶级社会主义革命巧妙地比作两篇相互衔接的文章,他说:"两篇文章,上篇与下篇,只有上篇做好,下篇才能做好。坚决地领导民主革命,是争取社会主义胜利的条件。我们是为着社会主义而斗争,这是和任何革命的三民主义者不相同的。现在的努力是朝着将来的大目标的,失掉这个大目标,就不是共产党员了。然而放弃今日的努力,也就不是共产党员。我们是革命转变论者,主张民主革命转变到社会主义方向去。"②"革命转变论"本质上是社会发展客观规律在理论上的反映,"若问一个共产主义者为什么要首先为了实现资产阶级民主主义的社会制度而斗争,然后再去实现社会主义的社会制度,那答复是:走历史必由之路"③。

毛泽东在《中国革命和中国共产党》这篇文章中,对这个"历史必由之路"作出了深刻的阐发:"完成中国资产阶级民主主义的革命(新民主主义的革命),并准备在一切必要条件具备的时候把它转变到社会主义革命的阶段上去,这就是中国共产党光荣的伟大的全部革命任务。……每个共产党员须知,中国共产党领导的整个中国革命运动;是包括民主主义革命和社会主义革命两个阶段在内的全部革命运动,这是两个性质不同的革命过程,只有完成了前

---

① 《毛泽东选集》第 1 卷,人民出版社 1991 年版,第 160 页。
② 《毛泽东选集》第 1 卷,人民出版社 1991 年版,第 276 页。
③ 《毛泽东选集》第 2 卷,人民出版社 1991 年版,第 559 页。

一个革命过程才有可能去完成后一个革命过程。民主主义革命是社会主义革命的必要准备,社会主义革命是民主主义革命的必然趋势。而一切共产主义者的最后目的,则是在于力争社会主义社会和共产主义社会的最后的完成。只有认清民主主义革命和社会主义革命的区别,同时又认清二者的联系,才能正确地领导中国革命。"①

三、正确把握中国社会的阶级状况和中国革命的动力

要取得新民主主义革命的胜利,就必须通过对中国社会的社会结构、社会矛盾做出科学的考察和分析,从根本上弄清谁是革命的主体,谁是革命的对象,谁是革命的依靠力量,谁是阻碍革命的反动力量等一系列问题。马克思主义的阶级分析观点为研究和考察这些问题提供了科学的思维方式和方法。这就是说,要具体地分析中国社会各阶级以及它们所处的社会地位、它们之间的矛盾和冲突以及它们对中国革命的基本态度。在这些问题上,中国近代社会改良主义的基本观点就是不承认中国社会存在着阶级、阶级矛盾和阶级斗争,反对把马克思主义的阶级分析的观点和方法运用于对中国社会的考察,更否认从阶级斗争的角度理解中国革命基本性质和动力。马克思主义者则毫不动摇地坚持马克思主义阶级分析的方法,把阶级斗争看成是社会历史的发展动力,并从中国社会阶级结构及其历史演变中,认识和把握中国革命的主体、对象和动力。

李大钊以马克思、恩格斯和列宁关于阶级划分的理论为依据,认为社会历史事实的产生都是不同阶级团体斗争的结果,而各阶级的自身的特殊利益是它们介入阶级斗争的基本动机。陈独秀则对现代社会中无产阶级的产生和发展做出了分析,认为无产阶级的存在是资本主义产业发展的结果,并且资本主义产业的发展导致大量的小业主、小商人的企业纷纷破产,从而使无产阶级的人口数量不断增加,逐渐形成大的团体。在资本家长期的剥削与压迫下,无产

---

① 《毛泽东选集》第2卷,人民出版社1991年版,第651—652页。

阶级"对于有产阶级渐次正常抵抗底觉悟,发生争斗,始于罢工,终于革命"。这样就使得"近代产业发达,使有产阶级的生产及占有之基础从根破坏;有产阶级所造出的首先就是自身的坟墓,有产阶级之颠覆及无产阶级之胜利,都是不能免的事"①。

当然,要客观地、具体地理解和把握中国社会各阶级的状况,就不能停留在从阶级斗争的理论中进行抽象的推论,还必须实事求是地对中国社会的阶级状况做出深入的调查研究。毛泽东在 1930 年所写的《反对本本主义》一文中明确指出:"我们调查工作的主要方法是解剖各种社会阶级,我们的终极目的是要明了各种阶级的相互关系,得到正确的阶级估量,然后定出我们正确的斗争策略,确定哪些阶级是革命斗争的主力,哪些阶级是我们应当争取的同盟者,哪些阶级是要打倒的。"②

在对中国社会的阶级分析方面,毛泽东堪称典范。第一次国内革命时期,中共党内存在着两种错误的思想倾向,一个是只注重与国民党的合作,一个是只注重工人运动。对此,毛泽东于 1925 年写下了著名的《中国社会各阶级的分析》一文,开宗明义地指出:"谁是我们的敌人? 谁是我们的朋友? 这个问题是革命的首要问题。……我们要分辨真正的敌友,不可不将中国社会各阶级的经济地位及其对于革命的态度,作一个大概的分析。"③这篇文章深入地分析了中国社会各阶级的构成,划分出地主阶级和买办阶级、中产阶级、小资产阶级、半无产阶级、无产阶级和游民无产者六个类别,生动准确地分析和描述了这些阶级的经济地位、阶级心态以及它们对中国革命的态度。

1927 年,中国工农红军进入井冈山地区建立红色根据地后,出于巩固红色政权并制定出正确的斗争策略的需要,毛泽东继续竭力对农村社会进行经济调查。井冈山根据地革命斗争的实践,也使毛泽东对中国农民阶层有了更深入的认识。他在《反对本本主义》(1930)这篇著名的文章中把中国社会各

---

① 《陈独秀文章选编》(中),生活·读书·新知三联书店 1984 年版,第 196—197 页。
② 《毛泽东选集》第 1 卷,人民出版社 1991 年版,第 113—114 页。
③ 《毛泽东选集》第 1 卷,人民出版社 1991 年版,第 3 页。

阶级更为细致地划分为工业无产阶级、手工业工人、雇农、贫农、城市贫民、游民、手工业者、小商人、中农、富农、地主阶级、商业资产阶级、工业资产阶级,指出:"这些阶级(有时是阶层)的状况,都是我们调查时要注意的。在我们暂时的工作区域中所没有的,只是工业无产阶级和工业资产阶级,其余都是经常碰见的。我们的斗争策略就是对这许多阶级阶层的策略。"①1933年,为了克服当时土地改革工作中出现的错误倾向,毛泽东又写下了《怎样分析农村阶级》一文,把农村阶级划分为地主、富农、中农、贫农、工人(包括雇农)五个阶级或阶层,并对其经济地位做出了明确的规定。

随着中国革命进程的不断深入,中国共产党人对中国社会的阶级结构和中国革命的动力系统的把握日益全面、深刻。1939年12月,毛泽东与他人合写的《中国革命与中国共产党》一文,围绕中国革命对象、动力、任务这个主题,对中国社会各阶级的经济地位、政治态度做出了完整的剖析。该文把中国社会各阶级划分为六类:地主阶级、资产阶级、农民以外的各种类型的小资产阶级、农民阶级、无产阶级和游民,并对中国社会各阶级在新民主主义革命过程中的地位、态度和作用做出了科学分析,正确地指出了哪些阶级是中国革命的主力和动力,哪些阶级是革命的对象,哪些阶级可以成为革命的同盟军,哪些阶级可以并且在什么条件下参与到革命斗争中来。这其中,对中国无产阶级的分析是最为重要的科学判断。毛泽东指出,中国无产阶级虽然在中国人口中占的比重不是很大,但它既有一般无产阶级的基本优点,如与先进的经济形式相联系、富于组织性纪律性和没有私人占有的生产资料等等,又有自身的特殊的优点:第一,身受三种压迫,整个阶级都是最革命的;第二,开始走向革命舞台时,就在本阶级的革命政党——中国共产党领导之下,成为中国社会里比较最有觉悟的阶级;第三,由于从破产农民出身的成分占多数,因而与广大农民有一种天然的联系,便利于与农民结成亲密联盟。当然,中国无产阶级也有不可避免的弱点,如人数较少、年龄较轻和文化水准低等。通过对中国无产

---

① 《毛泽东选集》第1卷,人民出版社1991年版,第114页。

阶级特征的分析,毛泽东特别强调指出:"中国无产阶级应该懂得:他们自己虽然是一个最有觉悟性和最有组织性的阶级,但是如果单凭自己一个阶级的力量,是不能胜利的。而要胜利,他们就必须在各种不同的情形下团结一切可能的革命的阶级和阶层,组织革命的统一战线。在中国社会的各阶级中,农民是工人阶级的坚固的同盟军,城市小资产阶级也是可靠的同盟军,民族资产阶级则是在一定时期中和一定程度上的同盟军,这是现代中国革命的历史所已经证明了的根本规律之一。"①

毛泽东领导的中国共产党不仅完整准确地把握了中国社会阶级结构和中国革命的动力系统的基本状况,而且能够根据中国革命的进程和社会矛盾的变化,具体地分析国际关系和国内阶级关系的变化,以制定出正确的革命斗争策略。

在抗日战争时期,由于中日矛盾成为主要矛盾,国内矛盾降到次要和服从的地位,从而一方面导致了国际关系"由一般帝国主义和中国的矛盾,变为特别突出特别尖锐的日本帝国主义和中国的矛盾。……因此,便在中国共产党和中国人民面前提出了中国的抗日民族统一战线和世界的和平阵线相结合的任务";另一方面"变动了国内的阶级关系,使资产阶级甚至军阀都遇到了存亡的问题,在他们及其政党内部逐渐地发生了改变政治态度的过程。这就在中国共产党和中国人民面前提出了建立抗日民族统一战线的任务"。② 在这个问题上,毛泽东坚决批评了反对建立统一战线的"左"倾"关门主义"和认为"革命的力量是要纯粹又纯粹,革命道路是笔直又笔直"的错误观念。他精辟而且生动地指出:"革命的道路,同世界上一切事物活动的道路一样,总是曲折的,不是笔直的。革命和反革命的阵线可能变动,也同世界上一切事物的可能变动一样。日本帝国主义决定要变全中国为它的殖民地,和中国革命的现时力量还有严重的弱点,这两个基本事实就是党的新策略即广泛的统一战线的出发点。组织千千万万的民众,调动浩浩荡荡的革命军,是今天的革命向反

---

① 《毛泽东选集》第 2 卷,人民出版社 1991 年版,第 644 页。
② 《毛泽东选集》第 1 卷,人民出版社 1991 年版,第 252—253 页。

革命进攻的需要。只有这样的力量,才能把日本帝国主义和汉奸卖国贼打垮,这是有目共见的真理。因此,只有统一战线的策略才是马克思列宁主义的策略。关门主义的策略则是孤家寡人的策略。关门主义'为渊驱鱼,为丛驱雀',把'千千万万'和'浩浩荡荡'都赶到敌人那一边去,只博得敌人的喝采。关门主义在实际上是日本帝国主义和汉奸卖国贼的忠顺的奴仆。"①

在解放战争时期,中国共产党和中国共产党领导下的中国人民解放军经过艰苦卓绝的斗争,已经完全控制了中国革命的整体局面。国民党军队溃不成军,国民党政府即将覆灭,人民民主专政的新政权即将诞生。就是在这个关键时刻,毛泽东在中国共产党第七届中央委员会第二次会议上作了重要报告。在这个报告中,毛泽东说道:"无产阶级领导的以工农联盟为基础的人民民主专政,要求我们党去认真地团结全体工人阶级、全体农民阶级和广大的革命知识分子,这些是这个专政的领导力量和基础力量。没有这种团结,这个专政就不能巩固。同时也要求我们党去团结尽可能多的能够同我们合作的小资产阶级和民族资产阶级的代表人物,它们的知识分子和政治派别,以便在革命时期使反革命势力陷于孤立,彻底地打倒国内的反革命势力和帝国主义势力;在革命胜利以后,迅速地恢复和发展生产,对付国外的帝国主义,使中国稳步地由农业国转变为工业国,把中国建设成一个伟大的社会主义国家。"②

中国共产党正是由于能够正确地运用马克思主义哲学的阶级斗争理论和阶级分析的方法,科学地分析和把握中国社会的阶级关系、阶级矛盾及其变化,因而也就能够在中国革命的各个历史时期团结和调动中国革命的一切积极力量,也就是使"千千万万"和"浩浩荡荡"聚集在革命的阵营中,最大限度地孤立了反动派。这是中国共产党由小到大、由弱变强,最终取得中国新民主主义革命胜利的关键。

---

① 《毛泽东选集》第1卷,人民出版社1991年版,第155页。
② 《毛泽东选集》第4卷,人民出版社1991年版,第1436—1437页。

四、正确把握中国革命战争的特点和规律

中国共产党领导的新民主主义革命,之所以能够走出生死存亡的艰难困苦时期,能够打垮野蛮凶恶的日本侵略者,能够最终推翻国民党反动政权的统治取得全国的胜利,不仅在于它能够运用马克思主义哲学的理论和方法,正确分析和把握中国社会和中国革命的性质、中国革命的进程和转变以及中国社会的阶级斗争状况和革命的动力,而且在于它能够运用马克思主义哲学的理论和方法科学地认识和把握中国革命战争的特点和规律。

早在井冈山革命根据地斗争时期,毛泽东就依据对中国半殖民地半封建社会的特殊的经济、政治特征的分析,论证了中国红色政权能够长期存在并最终有可能取得胜利的条件和原因。在《中国红色政权为什么能够存在》一文中,毛泽东指出:一国之内,在四周白色政权的包围中,有一小块或若干小块红色政权的区域长期存在,这是世界各国从来没有的事。这种奇事既不能发生在任何帝国主义的国家,也不能发生在任何帝国主义直接统治的殖民地,而必然是只能发生在帝国主义间接统治的经济落后的半殖民地的中国。因为半殖民地中国的一个基本特征就是,帝国主义和国内买办豪绅阶级支持着各派新旧军阀,各派军阀之间进行着继续不断的战争,导致白色政权之间的剧烈的矛盾和冲突。这是仅仅在帝国主义间接统治的中国才会发生的现象。"我们只须知道中国白色政权的分裂和战争是继续不断的,则红色政权的发生、存在并且日益发展,便是无疑的了。"[1]在《星星之火,可以燎原》这篇文章中,毛泽东进而指出,现在中国革命的主观力量虽然弱,但立足于中国落后的、脆弱的社会经济组织之上的反动统治阶级即反革命的力量也是相对比较弱的。在1927年大革命失败后,革命的主观力量虽然被大大削弱,但它的发展会很快,因而中国革命走向高潮一定会比西欧快。毛泽东的理论分析无疑坚定了中国共产党人发展革命根据地和革命武装的信心。

---

① 《毛泽东选集》第1卷,人民出版社1991年版,第49页。

　　1936 年,中国工农红军胜利完成了举世闻名的二万五千里长征,进入陕北革命根据地。毛泽东觉得非常有必要从理论上总结以往革命斗争成功与失败的经验和教训,以弄清中国革命战争的特点和规律。为此,他写作了《中国革命战争的战略问题》一书。在这本书中,他强调指出:"我们现在是从事战争,我们的战争是革命战争,我们的革命战争是在中国这个半殖民地的半封建的国度里进行的。因此,我们不但要研究一般战争的规律,还要研究特殊的革命战争的规律,还要研究更加特殊的中国革命战争的规律。"①如果不懂得这些特殊规律,就不能在中国革命战争中打胜仗。

　　毛泽东在书中概括了中国革命战争的四个特点。

　　"第一个特点,中国是一个政治经济发展不平衡的半殖民地的大国,而又经过了一九二四年至一九二七年的革命。"②这个特点表明,中国政治经济发展不平衡以及帝国主义列强之间的不统一,影响到中国统治集团的不统一;中国作为一个大国,不愁没有回旋的余地;中国经历了一次大革命,准备好了红军的种子,准备好了红军的领导者即共产党,准备好了参加过一次革命的民众。

　　第二个特点是敌人的强大。这个特点,使红军的作战不能不和一般战争以及苏联内战、北伐战争都有许多的不同。

　　第三个特点是红军的弱小。这个特点和前一个特点是尖锐的对比。红军的战略战术,是在这种尖锐的对比上发生的。

　　第四个特点是共产党的领导和土地革命。这个特点表明中国革命能够胜利,就在于它有共产党的领导和农民的援助。红军虽小却有强大的战斗力,因为在共产党领导下的红军人员是从土地革命中产生,为着自己的利益而战斗,而且指挥员和战斗员之间在政治上是一致的。

　　毛泽东进而分析了上述四个特点之间的关系,总结出中国革命战争的根本规律。他说:"第一个特点和第四个特点,规定了中国红军的可能发展和可

①　《毛泽东选集》第 1 卷,人民出版社 1991 年版,第 171 页。
②　《毛泽东选集》第 1 卷,人民出版社 1991 年版,第 188 页。

能战胜其敌人。第二个特点和第三个特点，规定了中国红军的不可能很快发展和不可能很快战胜其敌人，即是规定了战争的持久，而且如果弄得不好的话，还可能失败。……这就是中国革命战争的两方面。这两方面同时存在着，即是说，既有顺利的条件，又有困难的条件。这是中国革命战争的根本规律，许多规律都是从这个根本的规律发生出来的。"①

在抗日战争时期，毛泽东有关中国革命战争的特点和规律的思想得到了进一步的深化，这特别体现在他对抗日战争的总体分析上。1938 年 5 月，毛泽东写下了著名的《论持久战》一书。在这本书中，他指出："中日战争不是任何别的战争，乃是半殖民地半封建的中国和帝国主义的日本之间在二十世纪三十年代进行的一个决死的战争。全部问题的根据就在这里。分别地说来，战争的双方有如下互相反对的许多特点。"②进而通过对中日双方互相反对的特点的对比分析，全面地、充分地揭示了抗日战争不能速胜但一定会取得最后胜利的根据，形成了对战争总体过程的科学把握，使中国的抗日武装不仅能够客观地面对当前的困难条件，做好打持久战的策略安排和心理准备。据此，毛泽东严厉批判了"亡国论"和"速胜论"两种有关抗日战争之前途和命运的极端片面的观念，提出并令人信服地论证了"抗日战争是持久战，而最后胜利一定属于中国"这一论断。

在抗日战争的战略问题上，毛泽东根据中国革命战争的特点和规律，创造性地提出了游击战争的战略理论。抗战初期，中国共产党内外都有许多人把希望寄托于正规战争，特别是国民党军队的作战，而十分轻视共产党所领导的抗日游击战争，否认游击战争在抗日战争中的战略地位。对于这种思想倾向，毛泽东指出，虽然在抗日战争中，正规战争是主要的，游击战争是辅助的，但这并不意味着游击战争就只有战术问题，而没有战略问题。他指出，中国的特殊国情决定了游击战争在整个抗日战争中的重要的战略地位。根据这一分析，毛泽东制定了抗日游击战争的六项战略纲领：(一)主动地、灵活地、有计划地执行防御

---

① 《毛泽东选集》第 1 卷，人民出版社 1991 年版，第 191 页。
② 《毛泽东选集》第 2 卷，人民出版社 1991 年版，第 447 页。

战中的进攻战,持久战中的速决战和内线作战中的外线作战;(二)和正规战争相配合;(三)建立根据地;(四)战略防御和战略进攻;(五)向运动战发展;(六)正确的指挥关系。"这六项,是全部抗日游击战争的战略纲领,是达到保存和发展自己,消灭和驱逐敌人,配合正规战争,争取最后胜利的必要途径。"①

由于正确把握了中国革命战争的特点和规律,中国共产党及其领导下的人民军队在极其艰难困苦的环境中不断发展壮大。如在抗日战争初期,只有5万余人的八路军和新四军,到1945年日本投降时就发展成为100多万人的大军,并创立了许多革命根据地。到了解放战争时期,由八路军和新四军组编成的中国人民解放军,已有足够力量抵御蒋介石的进攻。毛泽东在土地革命时期、抗日战争时期和解放战争时期,依据对中国革命战争特点和规律的科学把握和他本人卓越的军事才能,领导人民军队最终取得了中国革命战争的彻底胜利,并由此也创造了世界政治史和军事史的伟大奇迹。

正确理解和把握中国社会和中国革命的性质、正确理解和把握中国革命的进程和转变、正确理解和把握中国社会的阶级结构和革命动力、正确理解和把握中国革命战争的特点和规律,这四个方面构成了中国新民主主义革命时期革命文化的理论内容。中国共产党人在革命实践中对这四个方面问题的理论解答,形成了中国共产党有关新民主主义革命的系统完整的理论。

五、革命文化发展历程的精神标识

中国共产党领导的新民主主义革命在艰难困苦的环境中,经历枪林弹雨的洗礼,栉风沐雨,一步一个脚印地走出来,不断发展壮大,直至取得新民主主义革命的全面胜利。这个伟大的历史过程用革命的理论、革命的信念和意志、革命的战略和策略塑造出中国革命文化的精神特质,并在这个历史过程的各个发展阶段上,形成了内涵丰富、意义深远的精神标识:红船精神、井冈山精神、长征精神、延安精神、西柏坡精神,这些精神标识凝聚地体现了中国革命文

---

① 《毛泽东选集》第2卷,人民出版社1991年版,第407页。

化的成长历程。

（一）红船精神

"红船精神"是中国革命精神之源。在经历了与各种机会主义、改良主义、无政府主义等思想倾向和思想潮流的激烈思想交锋之后，中国革命知识分子最终确立了马克思列宁主义在中国新民主主义革命中的指导地位，并在一个东方大国创建了无产阶级的政党——中国共产党，奠定了中国共产党的初心，确立了为中国劳苦大众谋求自由和解放的信念和信心，从而使一个最初只有 50 余人的弱小党派不断在革命斗争的洗礼中发展壮大，拥有了改变中华民族命运的力量。嘉兴南湖的小小游船也因此成为这个伟大事件的历史见证，同时也成为标志中国共产党革命文化诞生的历史符号——"红船精神"。2005 年时任浙江省委书记的习近平在《光明日报》上发表文章，指出："开天辟地、敢为人先的首创精神，坚定理想、百折不挠的奋斗精神，立党为公、忠诚为民的奉献精神，是中国革命精神之源，也是'红船精神'的深刻内涵。"这可以说，是对红船精神的精辟概括。

（二）井冈山精神

从八一南昌起义到井冈山革命根据地的建立，中国共产党深刻领悟到建立自己独立领导的革命军队的极端重要性和紧迫性，通过南昌起义、秋收起义、广州起义、百色起义等，建立了第一支共产党领导的人民军队——中国工农红军，从此走上了武装革命的道路，并在井冈山建立了湘赣边界工农政权，被称为中国革命的摇篮，就是在这个摇篮中孕育出了中国革命文化的最为灿烂的晨星——井冈山精神。井冈山精神的一个最重要的方面就是，在极其艰难的困境中，依据对中国半殖民地半封建社会的特殊的经济、政治特征的精辟分析，令人信服地论证了中国红色政权能够长期存在并最终有可能取得胜利的条件和原因，确立革命的信念和革命必胜的信心。井冈山时期也是中国共产党的群众观点和群众路线的形成时期。中国共产党的群众观点不仅解决了革命"为了谁"的问题，也解决了革命"依靠谁"的问题，很快确立了一切依靠人民群众的思想路线，为中央苏区的革命斗争提供了强大的群众基础。井冈山革命根据地是在极为艰难困苦的条件下建立起来的。艰难困苦的斗争环境培育了中国共产党人和中国共产党领导的革命武装的英勇顽强、不畏艰险、艰苦奋斗的革命精神。井冈山精神孕育了革命政权和革命武装，也孕育了中国新民主主义革命的伟大历程，这种精神也超越了历史时代的具体内容，成为推动中国社会革命和建设事业的精神力量。2001年5月，江泽民同志在江西视察时指出："井冈山精神，最重要的方面就是坚定信念、艰苦奋斗，实事求是、敢闯新路，依靠群众、勇于胜利。"

（三）长征精神

从1934年10月至1936年10月，中国工农红军的长征历时两年之久，行程二万五千里，途经赣、闽、粤、湘等十一个省，跨越了万水千山，创造了人类历史上无与伦比的英雄业绩。长征期间突破乌江、四渡赤水、飞夺泸定桥、强渡大渡河、翻雪山、过草地，用鲜血和生命绘出一幅幅壮丽的历史画卷，留下了无数可歌可泣的故事。井冈山时期确立起来的革命信念在长征中得到锤炼，工农红军之所以能够从艰难困苦的斗争环境中挣扎出来，能够从敌人的围追堵截中冲杀出来，靠的就是坚韧不拔的革命意志和革命必胜的信念。1935年12月，毛泽东在陕北瓦窑堡党的活动分子会议上豪迈地说："长征是历史纪录上的第一次，长征是宣言书，长征是宣传队，长征是播种机"，生动、精辟地阐述了红军长征的伟大意义。他指出："长征是以我们胜利、敌人失败的结果而告结束。谁使长征胜利的呢？是共产党。没有共产党，这样的长征是不可能设想的。"

1981年，美国著名的战略家、外交家布热津斯基接受邓小平的建议，携全家人重走长征路，沿着当年红军走过的路线亲身体验长征的卓绝和艰辛，他发出这样的感慨："对崭露头角的新中国来讲，长征的意义绝不只是一部无可匹敌的英雄主义的史诗，它的意义要深刻得多。它是国家统一精神的提示，也是克服落后东西的必要因素。"

（四）延安精神

延安是中国共产党领导工农红军经过艰苦卓绝的斗争而历史地打造出来的革命圣地。延安精神内容十分丰富，其一，始终坚持坚定正确的政治方向和共产主义的理想信念,以马克思主义为指导科学地把握了中国革命战争及其历史发展的客观规律,特别是科学地把握了中日战争的特点和规律,团结一切可以团结的力量,建立了抗日民族统一战线,形成了为民族解放而浴血奋战的抗日精神。其二,延安精神最为重要的内容之一就是面对边区根据地巨大的经济困难,确立了自力更生、艰苦奋斗的创业精神。毛泽东指出,坚定正确的政治方向,是与艰苦奋斗的工作作风不能分离的。自力更生、艰苦奋斗,是共产党人应有的政治品格和精神风貌,体现了一个毫无私利、始终以人民解放事业为己任的无产阶级政党的政治本色。其三,在延安时期,以毛泽东同志为核心的党中央高度重视思想理论建设,通过延安整风,总结了历史经验教训,清除了党内和革命军队内的各种错误的思想路线和不良作风,在全党确立了实事求是的思想路线,并倡导坚持真理、修正错误的批评与自我批评的作风,为中国革命的胜利奠定了重要的思想基础。其四,在延安时期,"全心全意为人民服务"已经成为中国共产党的根本宗旨和共产党人言行的出发点和归宿。毛泽东指出:"共产党人的一切言论行动,必须以合乎最广大人民群众的最大利益,为最广大人民群众所拥护为最高标准。"基于全心全意为人民服务的精神,党中央进一步把党的群众观点、群众路线系统化,使之成为贯彻党的思想路线的认识论基础和普遍的工作方法。此外,延安精神还有一个十分重要的方面,就是在党的领导下建立了陕甘宁边区政府,实施全新的政府体制,为日后中国共产党成为执政党积累了丰富的执政经验。早在1942年12月,毛泽东在中共中央西北局高级干部会议上所作的题为《经济问题与财政问题》的报告中对延安精神做出了精辟的概括,他说:"延安县同志们的精神完全是布尔什维克的精神。……在这种精神下,延安同志们没有一件事不是实事求是的。他们对于他们所领导的延安全县人民群众的情绪、要求及各种具体情况是充分了解的,他们完全和群众打成一片,他们有很好的调查研究工作,因而他们就学会了马克思主义的领导群众的艺术,他们完全没有主观主义、宗派主义与党八股。"①

---

① 《毛泽东选集》第2卷,人民出版社1991年版,第458页。

（五）西柏坡精神

1948 年 5 月至 1949 年 3 月,中共中央曾在地处太行山东麓的河北省平山县西柏坡办公。此时,中国共产党及其领导下的中国人民解放军在中国广大劳动人民群众的支持下,已经完全把握了中国革命战争的主动权,进入到彻底推翻国民党反动派的统治、夺取全国胜利的决胜阶段。周恩来曾指出:"西柏坡是毛主席和党中央进入北平,解放全中国的最后一个农村指挥所,指挥三大战役在此,开党的七届二中全会在此。"在这个如火如荼的革命高潮中,凝练出敢于斗争、敢于胜利的革命精神,善于破坏旧世界、善于建设新世界的科学精神,坚持依靠群众、坚持团结统一的民主精神和务必保持谦虚谨慎的作风、务必保持艰苦奋斗的作风(即两个"务必")的创业精神。应当说,西柏坡精神集革命文化的精髓于一身,贯彻了中国共产党一贯坚持的实事求是的思想路线,是中国历史上最活跃、最威武雄壮的历史画面。特别是在中国新民主主义革命的全面胜利即将到来的辉煌时刻,毛泽东在七届二中全会上,科学地分析了中国国情和革命胜利后的形势,提醒全党,夺取民主革命在全国的胜利,这只是万里长征走完了第一步,因此务必要保持谦虚谨慎、不骄不躁的作风,保持艰苦奋斗的作风,时刻警惕阶级敌人"糖衣炮弹"的进攻。这表现出中国共产党人高瞻远瞩,永远保持革命本色,将革命进行到底的坚强决心。

红船精神、井冈山精神、长征精神、延安精神、西柏坡精神体现中国新民主主义革命的完整过程,构成了中国革命文化的完整系列。这些精神各具特点、各有其特定的历史内容,同时又前后相继、一脉相承,真实地再现出中国革命文化不断发展、不断完善、不断丰富的历史过程,是中国文化传统历史变革的真实写照,是中国共产党和中国人民创造出来的最为宝贵的精神财富。

第三节　革命文化在认识论和方法论上的完成

革命文化的形成和发展,不仅在于以毛泽东同志为代表的中国共产党人能够始终坚持正确地运用马克思主义的理论和方法科学地考察、分析和总结中国社会革命所面临的各种具体问题和实际经验,而且在于通过同党内思想理论战线上各种离中国革命实际的思想路线的斗争,使革命文化在认识论上和方法论上得以完成,成为具有完整理论形态的新民主主义革命理论。从政治思维方式的意义上说,革命文化在认识论和方法论上的意义更具有普遍性,它内在地包含了中国共产党在自身理论建设中的一般原则,体现了党的理论建设的科学性和高度自觉性。

一、反对主观主义,倡导理论联系实际,坚持马克思主义理论与中国革命具体实践相结合

民主革命时期,党内"左"、右倾机会主义思想路线的一个共同特征是,它们都自称自己的思想路线和策略主张是从马克思列宁主义理论中引申出来的,甚至认为,只有它们的思想路线和策略主张是真正的马克思列宁主义,是"百分之百的布尔什维克"。的确,像陈独秀、张国焘、王明(陈绍禹)以及李立三、博古等"左"、右倾思想路线的主要代表人物,都是学养很高的知识分子,不能说他们对马克思列宁主义理论缺乏研究。他们也是凭着自己对马克思列宁主义理论文本的熟悉,而以"党内理论家"自居,并极为轻视毛泽东等人从革命斗争的实际经验中总结出来的理论和策略,将之嘲笑为"山沟里的马克思主义"或斥之为"保守的""右倾机会主义",并利用自己在党内的领导地位予以排斥和打击。然而,残酷的斗争狠狠地教训了这些自负的理论家,他们的思想路线和策略主张无一不惨遭失败,并给中国革命带来了极为严重的损失。

问题在于,为什么这些自诩"精通"马克思主义理论的人,没有能够从马克思主义的理论中得出能够引导中国革命走向胜利的理论和策略呢?或者用当代解释学的语言来说,他们对马克思主义理论文本的理解为什么没有产生出与预期目的相符的历史效果呢?答案只有一个,那就是他们只是熟悉了马克思主义理论的词句或文本理论,而完全忽视了运用马克思主义的理论和方法深入地考察中国社会和中国革命的具体实际,他们只是机械地搬用马克思列宁主义文本中的现成结论,而完全没有想到如何将这些现成的结论应用于

不同的历史环境和社会环境。

以毛泽东为代表的正确路线不仅严厉地批判了"左"、右倾机会主义思想路线的理论和策略,而且深入地挖掘了机会主义思想路线的认识论和方法论根源。毛泽东很清楚,如果不从认识论和方法论上清算机会主义思想路线,那么,在复杂的革命进程中,机会主义思想路线就会反复地、改头换面地出现在党内和革命阵营中,持续不断地威胁中国革命的健康发展。

早在 1930 年,也就是中国共产党在江西井冈山地区建立和发展革命根据地时期,毛泽东针对党内和红军中普遍存在的并盛行一时的教条主义风气,写下了《反对本本主义》一文。在这篇文章中,毛泽东严厉批评了党内一些人只从马克思主义理论的"本本"出发,而不从中国社会和中国革命的实际情况出发,空谈中国政治局势和斗争策略的"本本主义"(教条主义)思想倾向。他指出,离开实际调查去估量政治形势,去指导斗争工作,是"空洞的"、"唯心的",是必然要产生机会主义错误或盲动主义错误的。同时,他还指出,本本主义的社会科学研究法也同样是最危险的,甚至可能走上反革命的道路,中国有许多从事社会科学研究的共产党员,一批一批地成为反革命就是明证。为此,毛泽东告诫说:"必须洗刷唯心精神,防止一切机会主义盲动主义错误出现,才能完成争取群众战胜敌人的任务。必须努力作实际调查,才能洗刷唯心精神。"①

毛泽东的这一观点即便在今日,对于哲学和社会科学的研究也是具有十分重要的指导意义的。然而,在井冈山斗争时期,毛泽东的告诫并没有在党内引起足够的重视,相反当时党内的领导人继续打着马克思主义的旗号顽固推行机会主义和盲动主义路线,排斥和打击毛泽东为代表的正确路线,结果导致了第五次反围剿的失败、江西革命根据地的丧失和红军的被迫转移。

机会主义路线给中国革命带来的惨重损失,使毛泽东更加感到从理论上彻底清除机会主义路线的认识论和方法论根源,纠正理论脱离实际的学风,关

---

① 《毛泽东选集》第 1 卷,人民出版社 1991 年版,第 112 页。

系到中国共产党领导的革命事业的成败。1936 年,红军到达陕北革命根据地之后不久,毛泽东就发表了《中国革命战争的战略问题》。在这部著作中,他严厉地揭露和批判了"左"倾机会主义和盲动主义错误给革命带来的严重危害,并揭示了这一错误路线的思想根源。他说:"这种看起来好像革命的'左'倾意见,来源于小资产阶级知识分子的革命急躁病,同时也来源于农民小生产者的局部保守性。他们看问题仅从一局部出发,没有能力通观全局,不愿把今天的利益和明天的利益相联结,把部分利益和全体利益相联结,捉住一局部一时间的东西死也不放。……然而这绝不能依靠小生产者的近视。我们应该学习的是布尔什维克的聪明。我们的眼力不够,应该借助于望远镜和显微镜。马克思主义的方法就是政治上军事上的望远镜和显微镜。"①而"左"倾机会主义路线的代表人物,"他们自称为马克思列宁主义者,其实一点马克思列宁主义也没有学到。列宁说:马克思主义的最本质的东西,马克思主义的活的灵魂,就在于具体地分析具体的情况。我们的这些同志恰是忘记了这一点"②。

1937 年 7 月,毛泽东又发表了《实践论》这篇著作,从认识论的高度对"左"、右倾机会主义思想路线进行了深刻的剖析,他指出,马克思主义认识论的根本特征就是强调理论与实际、认识和实践的具体的、历史的统一。而由于受到许多社会条件的制约,思想脱离实际的事情是经常发生的。右倾机会主义(或革命队伍中的顽固派)的基本表现就是,思想不能随着变化了的客观情况而前进,看不出矛盾的斗争已将客观过程推向前进了,而它们的认识却仍然停止在旧阶段。与此相反,"左"倾机会主义则表现为,它们的思想超过客观过程的一定发展阶段,有些把幻想看作真理,有些则把仅在将来有现实可能性的理想,勉强地放在现时来做,离开了当前大多数人的实践,离开了当前的现实性,在行动上表现为冒险主义。毛泽东指出:"唯心论和机械唯物论,机会主义和冒险主义,都是以主观和客观相分裂,以认识和实践相脱离为特征的。以科学的社会实践为特征的马克思列宁主义的认识论,不能不坚决反对这些

---

① 《毛泽东选集》第 1 卷,人民出版社 1991 年版,第 212 页。
② 《毛泽东选集》第 1 卷,人民出版社 1991 年版,第 187 页。

错误思想。"①"我们的结论是主观和客观、理论和实践、知和行的具体的历史的统一,反对一切离开具体历史的'左'的或右的错误思想。"②

毛泽东认为,不是从客观的真实情况出发,而是从主观愿望出发,割裂理论与实际的统一的作风,是完全违背马克思列宁主义基本精神的作风。他在《改造我们的学习》一文中毫不客气地说:"我们学的是马克思主义,但是我们中的许多人,他们学马克思主义的方法是直接违反马克思主义的。这就是说,他们违背了马克思、恩格斯、列宁、斯大林所谆谆告诫人们的一条基本原则:理论和实际统一。他们既然违背了这条原则,于是就自己造出了一条相反的原则:理论和实际分离。"③这种作风本质就是用唯心主义的、主观主义的态度对待马克思主义理论,"在这种态度下,就是抽象地无目的地去研究马克思列宁主义的理论。不是为了要解决中国革命的理论问题、策略问题而到马克思、恩格斯、列宁、斯大林那里找立场,找观点,找方法,而是为了单纯地学理论而去学理论。不是有的放矢,而是无的放矢"④。而真正的马克思列宁主义的态度是与之相对立的:"在这种态度下,就是应用马克思列宁主义的理论和方法,对周围环境作系统的周密的调查和研究。不是单凭热情去工作,而是如同斯大林所说的那样:把革命气概和实际精神结合起来。在这种态度下,就是不要割断历史。不单是懂得希腊就行了,还要懂得中国;不但要懂得外国革命史,还要懂得中国革命史;不但要懂得中国的今天,还要懂得中国的昨天和前天。在这种态度下,就是要有目的地去研究马克思列宁主义的理论,要使马克思列宁主义的理论和中国革命的实际运动结合起来,是为着解决中国革命的理论问题和策略问题而去从它找立场,找观点,找方法的。这种态度,就是有的放矢的态度。'的'就是中国革命,'矢'就是马克思列宁主义。我们中国共产党人所以要找这根'矢',就是为了要射中国革命和东方革命这个'的'的。这种

---

① 《毛泽东选集》第 1 卷,人民出版社 1991 年版,第 295 页。
② 《毛泽东选集》第 1 卷,人民出版社 1991 年版,第 296 页。
③ 《毛泽东选集》第 3 卷,人民出版社 1991 年版,第 798 页。
④ 《毛泽东选集》第 3 卷,人民出版社 1991 年版,第 799 页。

态度,就是实事求是的态度。'实事'就是客观存在着的一切事物,'是'就是客观事物的内部联系,即规律性,'求'就是我们去研究。"①

1945 年 4 月 20 日,中国共产党第六届中央委员会第七次全体会议上通过的《关于若干历史问题的决议》,对党的历史上各种错误思想路线特别是其中的教条主义和经验主义做出了进一步的、系统的批判。该决议强调,一切政治路线、军事路线和组织路线之正确或错误,其思想根源都在于它们是否从马克思列宁主义的辩证唯物论和历史唯物论出发,是否从中国革命的客观实际和中国人民的客观需要出发。教条主义的特点,是不从实际情况出发,而从书本上的个别词句出发,抛弃了马克思列宁主义的实质,把马克思列宁主义书本上的若干个别词句搬运到中国来当作教条,毫不研究这些词句是否合乎中国现时的实际情况。经验主义思想也是主观主义和形式主义的一种表现形式。经验主义同教条主义的区别,是在于它不是从书本出发,而是从狭隘的经验出发。经验主义和教条主义的出发点虽然不同,但是在思想方法的本质上,两者却是一致的。他们都是把马克思列宁主义的普遍真理和中国革命的具体实践分割开来;他们都违背辩证唯物论和历史唯物论,把片面的相对的真理夸大为普遍的绝对的真理;他们的思想都不符合于客观的全面的实际情况。此后不久,毛泽东又在《论联合政府》中总结道:"我们党的发展和进步,是从同一切违反这个真理的教条主义和经验主义作坚决斗争的过程中发展和进步起来的。教条主义脱离具体的实践,经验主义把局部经验误认为普遍真理,这两种机会主义的思想都是违背马克思主义的。"②

作为坚定的马克思主义者,毛泽东确信马克思列宁主义是唯一能够于危难之中拯救中国,把中国革命引向胜利的科学理论。1941 年,他在《改造我们的学习》一文中说:"中国共产党的二十年,就是马克思列宁主义的普遍真理和中国革命的具体实践日益结合的二十年。……灾难深重的中华民族,一百年来,其优秀人物奋斗牺牲,前仆后继,摸索救国救民的真理,是可歌可泣的。

---

① 《毛泽东选集》第 3 卷,人民出版社 1991 年版,第 801 页。
② 《毛泽东选集》第 3 卷,人民出版社 1991 年版,第 1094 页。

但是直到第一次世界大战和俄国十月革命之后,才找到马克思列宁主义这个最好的真理,作为解放我们民族的最好的武器,而中国共产党则是拿起这个武器的倡导者、宣传者和组织者。马克思列宁主义的普遍真理一经和中国革命的具体实践相结合,就使中国革命的面目为之一新。"①为此,他高度注重马克思主义理论对中国革命的指导作用,他要求一切有相当研究能力的共产党员,都要研究马克思、恩格斯、列宁、斯大林的理论,都要研究我们民族的历史,都要研究当前运动的情况和趋势;并经过他们去教育那些文化水准较低的党员。在他看来,指导一个伟大的革命运动的政党,如果没有革命理论,没有历史知识,没有对于实际运动的深刻的了解,要取得胜利是不可能的。

但同时,毛泽东又反复强调,理论的重要性在与它能够指导行动,脱离实际、脱离实践的理论,再好也是没有用处的。"如果有了正确的理论,只是把它空谈一阵,束之高阁,并不实行,那末,这种理论再好也是没有意义的。"②因此,"对于马克思主义的理论,要能够精通它、应用它,精通的目的全在于应用"③。如果只会片面地引用马克思、恩格斯、列宁、斯大林的个别词句,而不会运用他们的立场、观点和方法,来具体地研究中国的现状和中国的历史,具体地分析中国革命问题和解决中国革命问题。这种态度不仅完全丧失了马克思主义的基本精神,而且对于革命事业的发展来说是非常有害的。从这个意义上说,仅仅读了许多马克思列宁主义的书籍,还不能算是真正的理论家,真正的理论家,"是要这样的理论家,他们能够依据马克思列宁主义的立场、观点和方法,正确地解释历史中和革命中所发生的实际问题,能够在中国的经济、政治、军事、文化种种问题上给予科学的解释,给予理论的说明"④。中国共产党人只有在他们善于应用马克思列宁主义的立场、观点和方法,进而从中国的历史实际和革命实际的认真研究中,在各方面作出合乎中国需要的理论

---

① 《毛泽东选集》第 3 卷,人民出版社 1991 年版,第 795—796 页。
② 《毛泽东选集》第 1 卷,人民出版社 1991 年版,第 292 页。
③ 《毛泽东选集》第 3 卷,人民出版社 1991 年版,第 815 页。
④ 《毛泽东选集》第 3 卷,人民出版社 1991 年版,第 814 页。

性的创造,才叫作理论和实际相联系。毛泽东就是这样的真正的马克思主义的理论家,他深知,马克思主义理论就是改变世界的理论,只有在改变世界的实践中,马克思主义理论才能具有活的生命力,也只有在实践中,才能真正地推进马克思主义理论的发展。而要做到这一点,就必须把马克思主义理论同中国革命的具体实践结合起来,从中国革命的实际出发,让马克思主义理论的普遍原则在解决中国革命问题的过程中发挥作用。

二、确立和发展密切联系人民群众的群众路线

中国共产党确立和发展的密切联系人民群众的群众观点和群众路线,是中国革命文化发展的极为重要的内容。马克思主义的唯物史观确认,作为社会生产力主体的广大劳动人民群众是历史的创造者,无产阶级政党领导的无产阶级革命的根本目的就是要把劳动人民群众从受剥削、受压迫、受奴役的地位中解放出来。这个历史任务就决定了工人阶级和广大劳动人民群众是无产阶级革命的真正主体,无产阶级政党只有始终保持与人民群众的密切联系,充分发动人民群众,才能完成自己的历史使命。

中国共产党在建党之初就十分重视发动群众的重要性。1922 年 7 月召开的中国共产党第二次全国代表大会上通过的《组织章程决议案》指出:"党的一切运动都必须深入到广大的群众里面去。"在 1925 年 10 月召开的中共扩大执委会决议案中又指出:"中国革命运动的将来命运,全看中国共产党会不会组织群众,引导群众。"1928 年 6—7 月召开的党的第六次全国代表大会作出了"党的总路线是争取群众"的重要论断,同年 11 月,李立三根据党的六大精神在同浙江地区负责人谈话时指出,在总的争取群众路线之下,需要尽最大的努力到下层群众中去。这是我们党的领导人首次使用"群众路线"这一概念。1929 年 9 月,由陈毅起草、经周恩来审定的《中央给红四军前委的指示信》中明确提到筹款工作、没收地主豪绅财产要"经过群众路线",红军给养及需用品问题也要"渐次做到由群众路线去找出路"。1929 年 12 月,毛泽东在著名的古田会议决议中指出:党的工作要"在党的讨论和决议之后,再经过群众路线去执行"。

　　抗日战争时期,党的群众路线的基本内容开始不断完善和成熟。毛泽东更是从辩证唯物主义认识论和方法论的高度,将群众路线做出了理论上的升华。他在1943年6月为中央起草的《关于领导方法的若干问题》一文中指出:"在我党的一切实际工作中,凡属正确的领导,必须是从群众中来,到群众中去。这就是说,将群众的意见(分散的无系统的意见)集中起来(经过研究,化为集中的系统的意见),又到群众中去作宣传解释,化为群众的意见,使群众坚持下去,见之于行动,并在群众行动中考验这些意见是否正确。然后再从群众中集中起来,再到群众中坚持下去。如此无限循环,一次比一次地更正确、更生动、更丰富。这就是马克思主义的认识论。"①毛泽东的这一思想是与他在1937年发表的《实践论》中强调的"实践、认识、再实践、再认识,这种形式,循环往复以至无穷,而实践和认识之每一循环的内容,都比较地进到了高一级的程度"这一辩证唯物论的认识论思想是完全一致的。因为,中国革命实践的主体就是人民群众,从实践中来到实践中去,就是从群众中来到群众中去,只有密切联系群众,在领导中国革命的实践过程中,始终坚持从群众中来到群众中去,才是真正贯彻辩证唯物主义的认识论,才能保证党的思想理论、方针政策最大限度地符合中国革命的客观实际,符合人民群众的利益、愿望和要求。为此,毛泽东明确指出:"从群众中集中起来又到群众中坚持下去,以形成正确的领导意见,这是基本的领导方法。"②

　　1945年,毛泽东在《论联合政府》这篇重要文章中,从中国共产党的性质和宗旨的高度对党的群众路线做出了明确阐释。他指出:"我们共产党人区别于其他任何政党的又一个显著的标志,就是和最广大的人民群众取得最密切的联系。全心全意地为人民服务,一刻也不脱离群众;一切从人民的利益出发,而不是从个人或小集团的利益出发;向人民负责和向党的领导机关负责的一致性;这些就是我们的出发点。共产党人必须随时准备坚持真理,因为任何真理都是符合于人民利益的;共产党人必须随时准备修正错误,因为任何错误

---

① 《毛泽东选集》第3卷,人民出版社1991年版,第899页。
② 《毛泽东选集》第3卷,人民出版社1991年版,第900页。

都是不符合于人民利益的。"①理论脱离实际以及由此衍生出来的教条主义、经验主义、右倾机会主义和"左"倾盲动主义等错误思潮，从根本上说，就是脱离群众。为此，毛泽东总结道："二十四年的经验告诉我们，凡属正确的任务、政策和工作作风，都是和当时当地的群众要求相适合，都是联系群众的；凡属错误的任务、政策和工作作风，都是和当时当地的群众要求不相适合，都是脱离群众的。教条主义、经验主义、命令主义、尾巴主义、宗派主义、官僚主义、骄傲自大的工作态度等项弊病之所以一定不好，一定要不得，如果什么人有了这类弊病一定要改正，就是因为它们脱离群众。……总之，应该使每个同志明了，共产党人的一切言论行动，必须以合乎最广大人民群众的最大利益，为最广大人民群众所拥护为最高标准。"②

1945年，毛泽东在党的第七次代表大会的政治报告中，将"和最广大的人民群众取得最密切的联系"与"理论与实际相结合的作风"、"自我批评的作风"并列为以马克思列宁主义的理论思想武装起来的中国共产党在中国人民中产生的三大作风。在党的七大通过的新党章中，第一次明确规定了党的群众观点和群众路线的基本内容和基本要求。

时隔36年后，1981年党的十一届六中全会通过的中共中央《关于建国以来党的若干历史问题的决议》第一次把群众路线确定为毛泽东思想三个"活的灵魂"之一，并将党的群众路线的基本内容概括为"一切为了群众，一切依靠群众，从群众中来，到群众中去"，既体现了马克思主义关于人民群众问题的世界观，又体现了马克思主义关于人民群众问题的方法论，二者的有机结合构成了中国共产党群众路线的整体内容。

第四节　中国革命文化与中国传统文化

在中国革命文化的形成和发展过程中，不仅要与马克思主义理论相结合，

---

① 《毛泽东选集》第3卷，人民出版社1991年版，第1094—1095页。
② 《毛泽东选集》第3卷，人民出版社1991年版，第1095—1096页。

而且必须要从源远流长的中国文化传统中吸取能够适应中国革命过程的思想精华,也就是把中国社会的历史、文化和语言有机地结合到革命文化的思想构成中,形成有中国特色和中国气派的思想理论。中国传统文化历经数千年的发展,在经济、政治、科学技术、宗教、艺术、伦理、哲学等各个方面积累了世世代代的经验和智慧,为整个世界文明的进程做出了卓越的贡献。因此,马克思主义理论的中国化,不仅应当表现在对中国社会现实问题的解决上,而且应当表现为它与中国传统文化思想精华的融合上。这种融合实质上是文化发展中或文明进程中一切积极文化因素在新的文化创造中的有机融合,创造出一种强大的有生命力的文化生产力,一方面推进中国社会的革命改造;另一方面丰富和发展了马克思主义理论本身,并使它真正地融入中国文化的脉流之中。

一、承继中国历史优秀的文化遗产

在中国革命的历程中,无论是在曲折复杂、艰难困苦的时期,还是在即将迎来全国胜利的辉煌时刻,以毛泽东同志为代表的正确路线始终高度重视对中国文化优秀遗产的批判继承。1938 年,在《中国共产党在民族战争中的地位》一文中,针对"左"、右倾机会主义思想路线无视中国的历史和现实,空谈"马列理论"的错误,毛泽东一方面号召全党结合中国实际学习和研究马克思列宁主义理论,掌握马克思主义观察问题和解决问题的立场和方法;另一方面强调"不应当割断历史",要用马克思主义的方法批判地总结中国的历史,承继中国文化的珍贵遗产。他指出:"学习我们的历史遗产,用马克思主义的方法给以批判的总结,是我们学习的另一任务。我们这个民族有数千年的历史,有它的特点,有它的许多珍贵品。对于这些,我们还是小学生。今天的中国是历史的中国的一个发展;我们是马克思主义的历史主义者,我们不应当割断历史。从孔夫子到孙中山,我们应当给以总结,承继这一份珍贵的遗产。这对于指导当前的伟大的运动,是有重要的帮助的。"①从这段话中,我们可以看出,

---

① 《毛泽东选集》第 2 卷,人民出版社 1991 年版,第 533—534 页。

毛泽东之所以强调"不应当割断历史",是因为"今天的中国是历史的中国的一个发展"。黑格尔曾经说过,对于现实来说,历史并没有真正地消失,而只是失去了直接性。中国社会的现实就是中国社会历史发展的一个结果,不了解中国历史,就不可能把握中国的现实。为此,毛泽东对于那种"言必称希腊"而毫不关注中国历史和中国国情的学风极为反感。他在《改造我们的学习》(1941)一文中批评道:"对于自己的历史一点不懂,或懂得甚少,不以为耻,反以为荣。特别重要的是中国共产党的历史和鸦片战争以来的中国近百年史,真正懂得的很少。近百年的经济史,近百年的政治史,近百年的军事史,近百年的文化史,简直还没有人认真动手去研究。有些人对于自己的东西既无知识,于是剩下了希腊和外国故事,也是可怜得很,从外国故纸堆中零星地检来的。"①

同时,"不应当割断历史"还因为我们这个民族有数千年的历史,有它的特点,有它的许多珍贵品,我们应当给以总结,承继这一份珍贵的遗产。1942年,毛泽东在《反对党八股》这篇文章中,还特别指出:"我们还要学习古人语言中有生命的东西。由于我们没有努力学习语言,古人语言中的许多还有生气的东西我们就没有充分地合理地利用。当然我们坚决反对去用已经死了的语汇和典故,这是确定了的,但是好的仍然有用的东西还是应该继承。"②在这方面,毛泽东堪称典范。在他的著作篇章中,我们几乎到处可以看到他对古代文献中丰富的辞章典故、精言词语的纯熟运用,他巧妙地运用传统语言生动地、深入浅出地阐述他的理论观念,并赋予古人的语言以新的生命力。毛泽东本人国学基础深厚,对中国的历史与文化有着精湛的理解。中国文化,对于他来说,实为生命的一部分。尤其可贵的是,在民主革命时期,作为天才的政治家、理论家和军事家的毛泽东一直保持着中国文人特有的"诗性"气质。他在民主革命的各个历史时期,运用传统辞赋的格律写下的诗篇,或深沉凝重,或恢宏壮丽,或幽默诙谐,始终是中国文学宝库中的瑰宝。与一般文人不同的

---

① 《毛泽东选集》第3卷,人民出版社1991年版,第798页。
② 《毛泽东选集》第3卷,人民出版社1991年版,第837—838页。

是,他是用诗的语言来抒发自己的政治理想、革命激情和对斗争生活的体验,既激励鼓舞着自己和身边的战友,同时又在一切爱国的、进步的中国知识分子的心目中树立起富有魅力的人格形象。

当然,承继中国历史的优秀文化遗产,最根本的目的是要把马克思主义这一人类历史上最为先进的理论同中国革命的具体实际结合起来。毛泽东指出,这个结合必须通过一定的民族形式才能实现,因此必须使马克思主义在中国具体化,要使马克思主义理论真正具有"中国作风"和"中国气派":"共产党员是国际主义的马克思主义者,但是马克思主义必须和我国的具体特点相结合并通过一定的民族形式才能实现。马克思列宁主义的伟大力量,就在于它是和各个国家具体的革命实践相联系的。对于中国共产党说来,就是要学会把马克思列宁主义的理论应用于中国的具体的环境。成为伟大中华民族的一部分而和这个民族血肉相联的共产党员,离开中国特点来谈马克思主义,只是抽象的空洞的马克思主义。因此,使马克思主义在中国具体化,使之在其每一表现中带着必须有的中国的特性,即是说,按照中国的特点去应用它,成为全党亟待了解并亟须解决的问题。洋八股必须废止,空洞抽象的调头必须少唱,教条主义必须休息,而代之以新鲜活泼的、为中国老百姓所喜闻乐见的中国作风和中国气派。把国际主义的内容和民族形式分离起来,是一点也不懂国际主义的人们的做法,我们则要把二者紧密地结合起来。"①

1941 年,毛泽东在《新民主主义论》这篇文章中,更进一步强调:"必须将马克思主义的普遍真理和中国革命的具体实践完全地恰当地统一起来,就是说,和民族的特点相结合,经过一定的民族形式,才有用处,决不能主观地公式地应用它。公式的马克思主义者,只是对于马克思主义和中国革命开玩笑,在中国革命队伍中是没有他们的位置的。"②

---

① 《毛泽东选集》第 2 卷,人民出版社 1991 年版,第 534 页。
② 《毛泽东选集》第 2 卷,人民出版社 1991 年版,第 707 页。

二、创建新民主主义文化的构想

中国共产党领导的新民主主义革命,不仅是一个政治革命和经济革命的过程,同时也是一个文化革命的过程。尽管在革命战争时期,政治斗争和军事斗争占据了主要的地位,但以毛泽东为领导的中国共产党人并没有因此松懈领导中国人民进行新的文化建设的重要责任。1940年1月9日,在陕甘宁边区文化协会第一次代表大会上,毛泽东发表了题为《新民主主义的政治与新民主主义的文化》的演讲。这篇演讲后来刊登在延安出版的《解放》的98、99合刊上,题目改为《新民主主义论》。在这篇文章中,毛泽东明确指出:"我们共产党人,多年以来,不但为中国的政治革命和经济革命而奋斗,而且为中国的文化革命而奋斗;一切这些的目的,在于建设一个中华民族的新社会和新国家。在这个新社会和新国家中,不但有新政治、新经济,而且有新文化。这就是说,我们不但要把一个政治上受压迫、经济上受剥削的中国,变为一个政治上自由和经济上繁荣的中国,而且要把一个被旧文化统治因而愚昧落后的中国,变为一个被新文化统治因而文明先进的中国。一句话,我们要建立一个新中国。建立中华民族的新文化,这就是我们在文化领域中的目的。"①

毛泽东在文章中,运用唯物史观的基本观点分析了中国社会和中国文化的基本特点,描述了自"五四"以来中国文化革命的历史发展,进一步指出,与中国革命两步走的历史进程相适应,所谓中华民族的新文化既不是资产阶级的文化专制主义,也不是单纯的无产阶级的社会主义文化,而是无产阶级领导人民大众的反帝反封建的新民主主义文化。与无产阶级领导的新民主主义革命一样,这种新民主主义文化,"由于其都是无产阶级领导的缘故,就都具有社会主义的因素,并且不是普通的因素,而是起决定作用的因素"②。

基于对新民主主义文化基本性质的理解,毛泽东深入分析了新民主主义文化的基本特征,指出新民主主义文化是民族的、科学的和大众的文化。

---

① 《毛泽东选集》第2卷,人民出版社1991年版,第663页。
② 《毛泽东选集》第2卷,人民出版社1991年版,第704—705页。

在谈到新民主主义文化的民族性时,毛泽东指出:"这种新民主主义的文化是民族的。它是反对帝国主义压迫,主张中华民族的尊严和独立的。它是我们这个民族的,带有我们民族的特性。"①但是,强调文化的民族性并不意味着可以排斥外来的先进文化,相反,新民主主义文化可以同一切别的民族的社会主义文化和新民主主义文化相联合,建立互相吸收和互相发展的关系,共同形成世界的新文化。在这个问题上,毛泽东从理论上确立了新民主主义文化对外来文化的基本态度。他说:"中国应该大量吸收外国的进步文化,作为自己文化食粮的原料,这种工作过去还做得很不够。这不但是当前的社会主义文化和新民主主义文化,还有外国的古代文化,例如各资本主义国家启蒙时代的文化,凡属我们今天用得着的东西,都应该吸收。但是一切外国的东西,如同我们对于食物一样,必须经过自己的口腔咀嚼和胃肠运动,送进唾液胃液肠液,把它分解为精华和糟粕两部分,然后排泄其糟粕,吸收其精华,才能对我们的身体有益,决不能生吞活剥地毫无批判地吸收。所谓'全盘西化'的主张,乃是一种错误的观点。"②

在谈到新民主主义文化的科学性时,毛泽东指出,新民主主义文化"是反对一切封建思想和迷信思想,主张实事求是,主张客观真理,主张理论和实践一致的"。在这个问题上,毛泽东也从理论上确立了新民主主义文化对传统文化的基本态度。他说:"中国的长期封建社会中,创造了灿烂的古代文化。清理古代文化的发展过程,剔除其封建性的糟粕,吸收其民主性的精华,是发展民族新文化提高民族自信心的必要条件;但是决不能无批判地兼收并蓄。必须将古代封建统治阶级的一切腐朽的东西和古代优秀的人民文化即多少带有民主性和革命性的东西区别开来。中国现时的新政治新经济是从古代的旧政治旧经济发展而来,中国现时的新文化也是从古代的旧文化发展而来的,因此,我们必须尊重自己的历史,决不能割断历史。但是这种尊重,是给历史以一定的科学的地位,是尊重历史的辩证法的发展,而不是颂古非今,不是赞扬

① 《毛泽东选集》第 2 卷,人民出版社 1991 年版,第 706 页。
② 《毛泽东选集》第 2 卷,人民出版社 1991 年版,第 706—707 页。

任何封建的毒素。对于人民群众和青年学生,主要地不是要引导他们向后看,而是要引导他们向前看。"①

在谈到新民主主义文化的人民性时,毛泽东指出:"这种新民主主义的文化是大众的,因而即是民主的。它应为全民族中百分之九十以上的工农劳苦民众服务,并逐渐成为他们的文化。……因此,一切进步的文化工作者,在抗日战争中,应有自己的文化军队,这个军队就是人民大众。革命的文化人而不接近民众,就是'无兵司令',他的火力就打不倒敌人。为达此目的,文字必须在一定条件下加以改革,言语必须接近民众,须知民众就是革命文化的无限丰富的源泉。"②

1945年,解放战争前夕,毛泽东在《论联合政府》一书中,继续发挥了他的新民主主义文化的思想。他指出:"新民主主义的文化,同样应该是'为一般平民所共有'的,即是说,民族的、科学的、大众的文化,决不应该是'少数人所得而私'的文化",并再次重申新民主主义文化对外来文化和民族文化的基本态度。他说:"一切奴化的、封建主义的和法西斯主义的文化和教育,应当采取适当的坚决的步骤,加以扫除。……中国国民文化和国民教育的宗旨,应当是新民主主义的;就是说,中国应当建立自己的民族的、科学的、人民大众的新文化和新教育。对于外国文化,排外主义的方针是错误的,应当尽量吸收进步的外国文化,以为发展中国新文化的借镜;盲目搬用的方针也是错误的,应当以中国人民的实际需要为基础,批判地吸收外国文化。……对于中国古代文化,同样,既不是一概排斥,也不是盲目搬用,而是批判地接收它,以利于推进中国的新文化。"③毫无疑问,毛泽东的上述理论对于中国今日之文化实践,特别是对于马克思主义中国化问题的研究来说,依然是重要的指导原则。

---

① 《毛泽东选集》第2卷,人民出版社1991年版,第707—708页。
② 《毛泽东选集》第2卷,人民出版社1991年版,第708页。
③ 《毛泽东选集》第3卷,人民出版社1991年版,第1083页。

第五章　社会主义先进文化的创立与发展

社会主义先进文化主要是指与先进的社会形态即社会主义社会相适应、引导社会主义社会发展方向、作为社会主义社会的精神特质和社会主义建设事业的灵魂的新型的社会文化形态。

1949年,新中国成立,历经28年浴血奋战的中国共产党成为中国这样一个东方大国的执政党,领导中国人民进入到中国社会历史发展的一个全新的时代,即从近代以来推翻帝国主义、封建主义和官僚资本主义的资产阶级民主革命转向社会主义革命和建设的时代。从此中国社会结束了长期以来受掠夺、受侵略、受压榨的屈辱史,推翻了数千年来使劳动人民饱受剥削、压迫、奴役的社会制度,使劳动人民群众摆脱了贫困、孱弱的社会境况,开始逐步走向繁荣强盛。与这个伟大的社会变革过程相应,中国共产党领导的中国社会的文化建构,也从革命战争时期的革命文化转向以社会主义社会的发展实践为现实根基的社会主义先进文化建设。

先进文化,简言之,就是指文化发展的进步状态,可以表现在文化形态的各个方面。但是,从社会文化的总体状况上看,先进文化必然是与先进的社会形态和社会制度相联系的。或者是催生先进社会制度的文化因素,或者本身就是从先进的社会制度中或在先进的社会制度创造出的历史条件下产生的。可以从不同的角度对先进文化的先进性做出衡量和判断。例如,可以从科技文化的角度进行判断,认为越是能够有利于提升一个民族的科技水平的文化就是越具有先进性的文化;也可以从人文文化的角度进行判断,认为越是尊重人格的独立性、自由性,有助于实现人的自由而全面发展的文化越是具有先进性的文化。从这两个角度来判断一个民族国家的文化的先进性当然是有道理的，但仅从这两个角度来判断至多属于局部性判断，而非整体性的判断。因为在一个民族国家的文化体系中，科技文化和人文文化虽然是十分重要的文化因素，但也只能部分地反映这个民族国家文化先进程度，并且这两个方面的文化因素只有同一定的社会形态和社会基本制度联系起来，才是有意义的因素。因此，文化的先进性总体上是与社会形态和社会制度的先进性密切相关的。先进的社会形态和社会制度必然会为科学技术的发展和人的发展提供必要的社会条件，必然会积极主动地促进科学技术的发展和人的自由而全面的发展。先进的社会形态和社会制度必然会对先进文化起到整合作用。因此，与先进的社会形态和社会制度相吻合的文化必然是先进文化，它必然会内在地包含着科技文化和人文文化的发展。本书所讲的社会主义先进文化，就是促进社会主义社会这个先进的社会形态和社会制度的文化。

从人类历史上看，社会主义社会是迄今数千年来第一个由生产资料公有制代替生产资料私有制的社会形态，它最终的发展目标就是实现人的自由和解放。这种全新的社会形态，历史上曾是不少激进的、进步的思想家梦寐以求的理想目标。19世纪以来，马克思和恩格斯创立的科学社会主义理论探索了人类彻底摆脱剥削和奴役的社会制度现实途径，使社会主义从空想变成了科学。20世纪以来，在俄国、东欧和中国等民族国家中，无产阶级政党领导的无产阶级革命相继取得胜利，逐步建立了一批社会主义国家，使社会主义这个全新的社会形态从理想走向现实。20世纪90年代以来，社会主义国家的发展出现了巨大变化，苏联解体、东欧剧变，使国际共产主义运动遭遇重大挫折，但中国共产党领导的中国特色社会主义却克服了重重困难取得了巨大的成就，凸显了社会主义社会形态的优越性和先进性，这个优越性和先进性也体现在中国特色社会主义先进文化的发展中。根据马克思主义的社会主义—共产主义理论，以及中国特色社会主义革命和建设的经验，中国特色社会主义先进文化应当具备如下特征。

第一，社会主义社会形态的先进性首先体现在它能够合乎规律地建立较之资本主义社会更适合社会生产力发展要求的先进的生产关系,从而解放生产力,促进生产力的发展。因而社会主义先进文化首先是科学地认识和把握社会主义基本制度的性质及其发展规律,并对之做出进行阐释和论证的科学的意识形态理论。而在当今世界上,能够准确把握社会主义社会的性质和发展规律的,只有不断发展着的马克思主义理论。因此,社会主义先进文化必然是以马克思主义理论为国家意识形态的核心,并在实践中不断推动马克思主义理论的发展。

第二,在现代社会的发展中,科学技术是第一生产力,社会主义社会的先进性必然能够促进科学技术的不断进步,推动科学事业的发展,因此,反映现代科学技术发展水平的科学技术文化必然是社会主义先进文化的应有之义。抓住当今科技革命创造的机遇,发展科技创新型国家,科技是动力和支撑,因而发展中国特色社会主义必定是科技事业大发展、大繁荣的过程,不断提高科技发展对整个社会发展的贡献率。

第三,社会主义社会以公有制为主导的经济结构为国家公民的政治平等和社会平等奠定了经济基础,从而能够在代议民主的基础上实现既具有完善的制度程序,又具有完善的参与实践的实质性民主。同时社会主义国家通过宪法和法律的不断完善来尊重和维护人格独立、维护个人的自由权利和民主生活的权利,因而社会主义的政治文化和法治文化也必然是迄今为止历史上最先进的。

第四,社会主义社会形态的基本价值目标是使人摆脱受剥削、受压迫、受奴役的社会制度,实现人的解放,建立使每个人都能得到全面而自由的发展的共产主义社会。因此,走"共同富裕"的发展道路将通过民生建设工程,不断满足人民日益增长的对美好生活的需要。而且更为重要的是,通过努力合理地限制贫富差距,增加公民的财产性收入。由此逐渐实现社会成员在实质上的和法律上的自由与平等,社会主义的人文文化也必然是先进的。

科学的意识形态、先进的科学技术文化、先进的政治文化和法治文化,以及先进的人文文化,构成了社会主义先进文化的基本结构和丰富内涵。它们体现在学术研究、艺术创作、教育和文化娱乐等精神活动的各个方面,也体现在经济、政治与社会发展实践的各个领域中。

当然,社会主义先进文化本身是一个建设发展的过程。通过政治革命的方式夺取国家政权,建立起以无产阶级专政为实质特征的社会主义国家。这对于整个社会主义事业发展的历史进程来说,仅仅是走完了万里长征的第一步。在战争的废墟上建立起来的社会主义国家,应当怎样展开自身的经济建设、政治建设和思想文化建设,必然是高度复杂的理论问题和实践问题。马克思和恩格斯的理论文本没有提供现成的方案和具体的策略,也没有成功的历史经验可循,只能在实践中摸索,在摸索中前进。因此,社会主义社会的先进文化就是围绕社会主义革命和建设的实践的不断发展而逐渐形成和发展的。

第一节　中国社会主义先进文化的最初探索

在中国共产党的领导下,中国新民主主义革命最终取得了全面胜利,彻底结束了国外帝国主义势力强行干扰和扭曲中国经济政治与社会的发展过程的历史,使中国摆脱了百余年来动荡战乱的状态,并赢得了经济与社会发展所需要的和平环境和社会条件。同时,毛泽东同志也因其卓越的领导才能和令人信服的历史丰功成为党的第一代领导集体核心,作为中国革命文化精髓的毛泽东思想的发展也相应地从主要对革命战争问题的思考转向对新中国社会主义革命和建设问题的思考,亦即从革命文化转向社会主义先进文化的探索和建构。

一、对社会主义革命和建设的初步理解

同新民主主义革命时期的革命文化一样,社会主义先进文化也必然要面对一个由一系列彼此相关的基本问题所构成的问题域。这些基本问题包括:怎样理解社会主义社会的基本性质? 如何进行社会主义社会基本制度的建构? 如何确立社会主义国家的经济建设、政治建设、社会建设、思想文化建设的发展战略? 如何处理和解决社会主义社会发展时期各种社会矛盾和问题?

如何处理和解决社会主义国家与其他国家,特别是与西方资本主义国家的关系? 等等。20世纪50年代,在世界范围内,社会主义社会的发展历史不过30余年,没有成熟的经验,对于社会主义社会形成和发展规律的认识也刚刚起步。但在毛泽东领导下,中国共产党人积极探索,创造性地开辟了一条适合中国特点的社会主义改造的道路。

1952年,在经过了三年经济恢复时期之后,根据毛泽东的建议,中共中央提出了过渡时期的总路线:要在一个相当长的时期内,逐步实现国家的社会主义工业化,并逐步实现国家对农业、手工业和资本主义工商业的社会主义改造。毛泽东本人于1955年3月《在中国共产党全国代表会议上的讲话》中也明确表示,要在中国这样一个情况复杂、国民经济又很落后的大国里面建成社会主义社会,不是轻而易举的,"我们可能经过三个五年计划建成社会主义社会"。然而,从1955年下半年起,随着农业和手工业合作化运动的迅猛发展和资本主义工商业社会主义改造工作的高速推进,到了1956年,就基本完成了生产资料私有制的社会主义改造,进入发展社会主义社会的快车道。尽管农业、手工业和资本主义工商业的社会主义改造的实际过程比预想的要快得多,并且遗留下来一些难以解决的问题,但在经济建设、政治建设和文化建设等各个方面还是取得了一系列重要成就。如在经济建设方面,第一个五年计划期间,我们依靠自己的努力,加上当时苏联和其他友好国家的支援,建立了一批为国家工业化所必需而过去又非常薄弱的基础工业;在政治建设方面,建立了人民代表大会制度,并于1954年9月召开了第一次全国人民代表大会,制定和颁布了中华人民共和国宪法;在文化建设方面,1956年1月党中央召开的知识分子问题会议和随后提出的"百花齐放、百家争鸣"方针,规定了对知识分子和教育科学文化工作的正确政策,促进了文化事业的繁荣。

可以看出,在我国社会主义建设初期,毛泽东本着把马克思主义理论与中国社会具体实际相结合的原则,运用马克思主义哲学的基本观点和方法分析中国社会主义经济建设、政治建设和思想建设中的各种社会问题。1956年4月,毛泽东初步总结了我国社会主义建设的经验和教训,探索适合中国情况的社会主义建设道路,写下了《论十大关系》一文。这篇文章可以说是他在新中国成立之后,第一次从哲学的角度对中国社会主义建设过程所面临的种种矛盾和问题做出了系统的理论分析。他把这些矛盾和问题概括为"十大关系",即重工业和轻工业、农业的关系,沿海工业与内地工业的关系,经济建设和国防建设的关系,国家、生产单位和生产者个人的关系,中央和地方的关系,汉族和少数民族的关系,党和非党的关系,革命和反革命的关系,是非关系,中国和外国的关系。不难看出,这十大关系基本上涵盖了当时我国社会主义建设的方方面面。毛泽东在文章中指出:"这十种关系,都是矛盾。世界是由矛盾组成的。没有矛盾就没有世界。我们的任务,是要正确处理这些矛盾。这些矛盾在实践中是否能完全处理好,也要准备两种可能性,而且在处理这些矛盾的过程中,一定还会遇到新的矛盾,新的问题。"①《论十大关系》完全可以称作是一部深刻地体现唯物辩证法和历史唯物主义基本理论和方法的光辉篇章,体现了中国共产党对中国社会主义建设规律的初步认识,从而标志着中国社会主义先进文化在社会主义建设实践中的生成。

1956年9月,中国共产党召开了第八次全国代表大会。这次大会进一步表明,中国共产党对我国社会主义社会主要矛盾和发展规律有了比较深入和更为准确的把握。大会指出:社会主义制度在我国已经基本上建立起来,国内主要矛盾已经不再是工人阶级和资产阶级的矛盾,而是人民对于经济文化迅速发展的需要同当前经济文化不能满足人民需要的状况之间的矛盾;全国人民的主要任务是集中力量发展社会生产力,实现国家工业化,逐步满足人民日益增长的物质和文化需要;虽然还有阶级斗争,还要加强人民民主专政,但其根本任务已经是在新的生产关系下面保护和发展生产力。大会坚持了1956年5月党中央提出的既反保守又反冒进,即在综合平衡中稳步前进的经济建设方针。大会着重提出了执政党的建设问题,强调要坚持民主集中制和集体领导制度,反对个人崇拜,发展党内民主和人民民主,加强党和群众的联系。

---

① 《毛泽东文集》第7卷,人民出版社1999年版,第44页。

八大的路线是正确的,它为新时期社会主义事业的发展和党的建设指明了方向。

社会主义改造基本完成以后,中国共产党领导全国各族人民开始转入全面的大规模的社会主义建设。此后至 1966 年"文化大革命"前夕这十年中,毛泽东为代表的党中央积累了领导社会主义建设的重要经验,不断深化对社会主义基本性质、内在结构和社会矛盾的认识。随着社会发展,社会矛盾日益复杂化、多样化,迫切需要认识和把握社会矛盾的思想原则和方法。1957 年 6 月,毛泽东发表了《关于正确处理人民内部矛盾的问题》一文。在这篇文章中,毛泽东发展了唯物史观关于社会基本矛盾的理论,把生产力和生产关系的矛盾、经济基础和上层建筑的矛盾概括为社会基本矛盾,并指出,在社会主义社会中,基本矛盾仍然是生产力与生产关系的矛盾,上层建筑与经济基础的矛盾。无论是生产力和生产关系之间,还是经济基础和上层建筑之间始终存在着又相适应、又相矛盾的状况。不过在社会主义社会中,社会基本矛盾是非对抗性的,可以通过党和人民政府的调节,在社会主义制度内部加以解决。这篇文章还提出了社会主义社会存在着敌我矛盾和人民内部矛盾这两类不同性质的社会矛盾的学说,强调人民民主专政的国家使用专政的方法解决敌我矛盾,用民主的方法解决人民内部矛盾。在此基础上,把正确处理人民内部矛盾作为国家政治生活的主题。毛泽东还提出要"造成一个又有集中又有民主,又有纪律又有自由,又有统一意志、又有个人心情舒畅、生动活泼,那样一种政治局面"的要求。在这些思想理论的指导下,中国共产党在调整国民经济过程中比较系统地总结了社会主义建设的经验,分别规定了适合当时情况的各项具体政策,陆续制定了关于农业、工业、商业、教育、科学、文艺等方面的工作条例草案,为国家经济、政治和文化建设培养出大批的骨干力量。

二、社会主义先进文化的曲折发展

社会主义社会在中国的建立和发展,对于有着数千年封建主义社会历史的中国来说毕竟是一个前所未有的新鲜事物。除了马克思、恩格斯理论中有关共产主义的抽象的思想原则和当时苏联三十余年的不成熟的经验外,如何在中国这个有着自身特殊国情的国度内建立和发展社会主义,对于刚刚从革命战争年代走出来的中国共产党人来说,的确是一个全新的课题。面对中国社会主义建设这个高度复杂的社会实践工程,在认识上和实际工作中出现失误和教训总是难以避免的。

从总体上看,在1956年至1966年这全面建设社会主义的十年间,党的领导工作在取得重要历史成绩之外,在指导思想上也产生了一些严重的失误。失误的主要原因是"忽视了客观的经济规律"。从今天我们已经认识到的情况来看,所谓"忽视了客观规律"主要表现在两个方面:其一,"由于对社会主义建设经验不足,对经济发展规律和中国经济基本情况认识不足,更由于毛泽东同志、中央和地方不少领导同志在胜利面前滋长了骄傲自满情绪,急于求成,夸大了主观意志和主观努力的作用,没有经过认真的调查研究和试点,就在总路线提出后轻率地发动了'大跃进'运动和农村人民公社化运动,使得以高指标、瞎指挥、浮夸风和'共产风'为主要标志的'左'倾错误严重地泛滥开来"①。其二,由于在指导思想上对市场经济是社会经济形态发展的不可逾越的历史阶段这一客观规律缺乏正确的认识,以致把市场经济看成是与社会主义制度根本对立的资本主义经济形式,力图通过非市场经济模式,即所谓权力高度集中的计划经济体制和与之相适应的政治体制进入现代化建设的历程。基本思想理论上出现的误差,严重影响了党和人民群众对社会主义社会经济发展规律的正确把握,并在实践上给国家和人民造成了重大损失。

社会主义改造完成以后,人民群众热情高涨,毛泽东和共产党的威望也达到了历史上的制高点。在这一成就面前,毛泽东和中央以及地方上的不少党政领导者开始滋长了骄傲自满的情绪,急于求成,不切实际地提出了许多冒进的战略目标。由于把计划经济理解为社会主义社会的唯一经济形态,同时又把全民所有制或国家所有制理解为社会主义公有制的最高形态,毛泽东在理论上也

---

① 《三中全会以来重要文献选编》(下),人民出版社1982年版,第805—806页。

夸大了经济基础对生产力的反作用,片面地认为生产资料公有化程度越高,就越能促进生产力的发展。从而在实际工作中,完全不顾我国社会生产力水平低下这一基本的客观情况,限制乃至取消了多种经济成分和多种经营形式的存在,片面地发展单一的集体经济和国营经济。虽然利用国家的力量,通过超高积累建立了相对完整的工业体系,并在某些重大技术项目上取得了成功,但社会生产力的总体发展速度缓慢,人民群众的收入水平和生活质量普遍低下。

在对社会主义社会发展过程的认识上,夸大了社会主义社会中一定范围内的阶级矛盾和阶级斗争。特别是在 50 年代末 60 年代初,中苏分裂乃至对抗之后,面对美国和苏联两个超级大国的政治压力和军事压力,面对国内各种不同意见和观念,毛泽东把国内阶级矛盾和阶级斗争状况绝对化,确信美国为代表的资本主义势力和苏联为代表的修正主义思潮必然会在我国国内寻找自己的代言人,从而动摇共产党在中国的领导地位和他本人在党内的领导地位。由此进一步断言:在整个社会主义历史阶段资产阶级都将存在和企图复辟,并成为党内产生修正主义的根源。到了 60 年代中期,毛泽东甚至得出结论:一大批资产阶级的代表人物、反革命的修正主义分子,已经混进党里、政府里、军队里和文化领域的各界里,相当大的一个多数的单位的领导权已经不在马克思主义者和人民群众手里。党内走资本主义道路的当权派在中央形成了一个资产阶级司令部,它有一条修正主义的政治路线和组织路线,在各省、市、自治区和中央各部门都有代理人。在意识形态领域,也对一些文艺作品、学术观点和文艺界学术界的一些代表人物进行了错误的、过火的政治批判,在对待知识分子问题、教育科学文化问题上发生了愈来愈严重的"左"的偏差。总之,"这个期间,毛泽东同志在关于社会主义社会阶级斗争的理论和实践上的错误发展得越来越严重,他的个人专断作风逐步损害党的民主集中制,个人崇拜现象逐步发展。党中央未能及时纠正这些错误。林彪、江青、康生这些野心家又别有用心地利用和助长了这些错误。这就导致了'文化大革命'的发动"①。

---

① 《三中全会以来重要文献选编》(下),人民出版社 1982 年版,第 808 页。

总起来说,1956 年至 1966 这十年的社会主义建设时期,也是我国社会主义先进文化的形成时期。由于中国社会主义建设是前无古人的宏大事业,因而对社会主义社会发展的客观规律需要有一个艰难的探索过程,这期间出现失误、挫折和失败总是难以避免的。它表明,社会主义先进文化的形成不是少数领导者主观意志的产物,而是在反复实践的过程中逐渐生成的。在这个过程中,不仅成功的经验可以成为宝贵的精神财富,失败的教训同样是推动先进文化发展的动力。从某种意义上说,失败意味着客观规律的存在,意味着思想理论必须符合客观实际,从而推动人们更为深入、全面地认识和把握社会主义经济与社会发展的客观条件和客观规律。

1981 年 6 月 27 日,党的十一届六中全会通过了《关于建国以来党的若干历史问题的决议》。该决议从马克思主义唯物史观基本立场和观点出发,对新中国成立以来党在领导中国社会主义建设过程中所经历的重大历史事件和由此产生的经验教训做出了客观的、实事求是的总结和评价,特别是对"文化大革命",对毛泽东的功过是非和毛泽东思想的基本内容与指导意义做出了非常精辟的分析、总结和评价。《决议》指出,新中国成立以来 32 年的历史,是中国共产党在马克思列宁主义、毛泽东思想指导下,领导全国各族人民进行社会主义革命和社会主义建设并取得巨大成就的历史,所取得的成就是主要的。但是,由于中国共产党领导社会主义事业的经验不多,党的领导对形势的分析和对国情的认识有主观主义的偏差,"文化大革命"前就有过把阶级斗争扩大化和在经济建设上急躁冒进的错误。后来,又发生了"文化大革命"这样全局性的、长时间的"左"倾错误。《决议》十分明确地指出:"文化大革命"不是也不可能是任何意义上的革命或社会进步,而是一场由领导者错误发动,被反革命集团利用,给党、国家和各族人民带来严重灾难的内乱。《决议》分析了"文化大革命"所以会发生并且持续十年之久的直接原因和复杂的社会历史原因,指出,对于这一全局性的、长时间的"左"倾严重错误,毛泽东负有主要责任。

但是,毛泽东的错误终究是一个伟大的无产阶级革命家所犯的错误。就毛泽东的一生来看,他对中国革命的功绩远远大于他的过失。他的功绩是第一位的,错误是第二位的。他为中国共产党和中国人民解放军的创立和发展,为中国各族人民解放事业的胜利,为中华人民共和国的缔造和中国社会主义事业的发展,建立了永远不可磨灭的功勋。他为世界被压迫民族的解放和人类进步事业作出了重大的贡献。《决议》全面概述了毛泽东思想对于马克思列宁主义的丰富和发展,论述了毛泽东思想活的灵魂。指出,因为毛泽东同志晚年犯了错误就企图否认毛泽东思想的科学价值,这种态度是完全错误的。对毛泽东同志的言论采取教条主义的态度,甚至不愿意实事求是地承认毛泽东同志晚年犯了错误,并且企图在新的实践中坚持这些错误,这种态度也是完全错误的。《决议》认为,必须把经过长期历史考验形成为科学理论的毛泽东思想,同毛泽东晚年所犯的错误区别开来。《决议》指出,毛泽东思想是马克思列宁主义在中国的运用和发展,是被实践证明了的关于中国革命的正确理论原则和经验总结,是中国共产党集体智慧的结晶。毛泽东思想是中国共产党的宝贵精神财富,它将长期指导我们的行动。《决议》还初步总结了中国共产党第十一届中央委员会第三次全体会议以来,中国共产党已经逐步确立的一条适合中国情况的社会主义现代化建设的正确道路的十个主要之点。

可以说,这个重要的《决议》本身也是中国社会主义建设时期形成的社会主义先进文化的重要组成部分。它通过对党的领导事业和我国社会主义建设事业在最初 32 年所吸收的经验教训的科学总结,更加深刻、更全面地认识和把握了社会主义社会性质和发展规律,对于此后正确地选择中国社会主义建设的发展道路提供了科学的思想前提和理论准备。从这个意义上说,这个决议正是中国社会发展转型期先进文化的发展的辉煌成就和重要标志。2021年 8 月 26 日中宣部发布了重要文献《中国共产党的历史使命与行动价值》,该文献指出:"新民主主义革命时期,党从大革命失败和第五次反'围剿'失败的错误中汲取教训,领导中国革命走上正确的道路。社会主义革命和建设时期,党纠正'大跃进'和'文化大革命'的错误,深刻全面地总结教训,为开辟中国特色社会主义道路奠定了基础。"该文献还指出:"没有一个政党是不犯错误的,重要的是能否从错误中学习,取得教训。中国共产党是伟大、光荣、正确的党,并不是因为从来不犯错误,而是因为能够正确认识错误,从错误中学习,通过错误的教训提高对客观规律的认识,进而纠正错误,使错误成为正确的先导。坚持真理、修正错误,永远是党坚持为人民服务、坚持人民至上而恪守的态度。"①可以说,实事求是地总结教训,在修正错误中继续前进,同样是中国社会主义先进文化的不可或缺的组成部分,是执政党始终保持文化先进性的重要机制。正是由于人民至上的深厚情怀、对党的事业的高度责任感、民主集中制的根本组织原则、批评与自我批评的有力武器,使得党既有敢于面对错误的勇气,也有认识错误、修正错误的能力。

中国共产党能够在一个有着 14 亿多人口的大国承担起执政党的历史重任,就在于它是一个清正无私、胸怀坦荡的无产阶级政党,它勇于坚持真理、修正错误的基本精神保证了它能够沿着正确的轨道不断前进。这也是无产阶级政党与其他一切政党的根本区别。

第二节　中国社会主义先进文化的历史性突破

1978 年 12 月召开了党的十一届三中全会。这次会议是中国社会开始走向"改革开放"新的历史时期的标志,同时也开启了中国社会主义先进文化的新的发展阶段。

一、中国的改革开放与邓小平理论的诞生

在整个中国社会发展史上,"改革开放"历史时期是具有划时代意义的历史时期。中国共产党领导的改革开放的伟大实践,以勇于探索的精神,在坚持社会主义基本制度的前提下,推动中国社会真正进入以市场经济为基础体现工业文明的现代社会。中国社会主义先进文化的进一步发展,也正是从对市

---

①　《中国共产党的历史使命和行动价值》,载《人民日报》2021 年 8 月 27 日。

场经济即交换手段充分发达的商品经济的重新认识开始的。

从历史上看,在中国古代社会中,虽然商品经济很早就出现了,并且在封建社会的各个历史时期都曾有过相当繁荣的发展,但由于种种原因,中国古代社会的商品经济始终没有走出简单商品经济形态的范畴,始终是自然经济的补充形式,而没有发展成为发达的商品经济形态即市场经济。鸦片战争以后,国外资本主义对中国商品和资本的输出和民族工业的发展,在中国沿海一带水陆交通比较便利的城市和地区,建立了能够与资本主义世界市场接轨的近现代工业和商业。但国外资本主义并不是要在中国建立市场经济体系,而仅仅是为了满足直接的商业利益,因而这种资本主义没有从根本上触动农业的自然经济性质,相反却利用自然经济的落后性,从中获取超额利润。这样,近代中国经济的主导成分——农业被滞留在自然经济形态中,并与部分城市和地区的资本主义工商业成鲜明对照,形成了十分典型的"二元结构"模式。新中国成立以后,由于在指导思想上把市场经济看成是与社会主义制度根本对立的资本主义经济形式,力图通过非市场经济模式,即高度集中的计划经济体制和与之相适应的政治体制,进入现代化建设的历程。因此可以说,在改革开放之前,中国社会的经济形态没有经历市场经济的完整发展阶段。

马克思在《资本论》1867 年第一版序言中,把经济的社会形态的发展称为一种自然史的过程,他说:"一个社会即使探索到了本身运动的自然规律,——本书的最终目的就是揭示现代社会的经济运动规律——,它还是既不能跳过也不能用法令取消自然的发展阶段。但是它能缩短和减轻分娩的痛苦。"①在马克思看来,市场经济或发达的商品经济,正是社会经济形态的发展不可逾越的阶段。他指出:"全面发展的个人——他们的社会关系作为他们自己的共同的关系,也是服从于他们自己的共同的控制的——不是自然的产物,而是历史的产物。要使这种个性成为可能,能力的发展就要达到一定的程度和全面性,这正是以建立在交换价值基础上的生产为前提的,这种生产才在

---

① 《马克思恩格斯选集》第 2 卷,人民出版社 2012 年版,第 83 页。

产生出个人同自己和同别人的普遍异化的同时,也产生出个人关系和个人能力的普遍性和全面性。"①这里所说的"建立在交换价值基础上的生产力"就是指市场经济,也就是说,没有市场经济的发展,就不可能为新的社会形态创造出条件。此外,市场经济的发展不只是经济形态领域自身的事情,而是同时具有广泛的社会效应。对于摧毁封建宗法制度、等级制度、专制制度以及各种各样的封建文化观念来说,最有力的武器就是商品,就是交换手段充分发达的市场经济。因为,只有在市场经济中,个人才能摆脱人的依赖关系,即封建的人身依附关系,获得以物的依赖性为基础的人的独立性。同时,也只有在市场经济中,平等交换的原则才能成为普遍的社会原则,使人们在经济生活中只承认竞争的权威,而不承认任何其他的权威。中国社会没有经历市场经济的完整发展,这就意味着没有达到新的社会形态所必须具有的个人关系和个人能力的普遍性和全面性,没有,也不可能彻底地铲除封建政治制度和封建文化的残余。这就是封建主义的东西能够长期存在于中国的社会结构中和中国人的心理结构中的主要原因。

中国改革开放的伟大实践,总起来说,就是围绕市场经济这个主题展开的。20 世纪 70 年代末,党和国家通过认真反思以往革命和建设的经验教训,提出了"计划经济为主,市场调节为辅"的方针,初步确认了商品经济在社会主义经济中的重要地位,并据此开始了大规模的经济体制改革。80 年代中期,在重新认识我国现实生产力状况的基础上,党中央提出了"社会主义初级阶段"的理论,指出我国仍属于社会主义的初级阶段,必须通过发展商品经济实现生产的社会化和现代化,从而把"计划经济为主,市场调节为辅"的方针修改为"发展有计划的商品经济",这就进一步把商品经济理解为社会主义经济发展的一个必经阶段。90 年代初,党中央科学总结了十年改革开放的经验和教训,深刻地认识到市场经济是社会经济形态发展的不可逾越的阶段,最终确立了"建立和完善社会主义市场经济体制"的战略方针。由此,中国人民在

---

① 《马克思恩格斯全集》第 46 卷上册,人民出版社 1979 年版,第 108—109 页。

共产党领导下开始了自觉地从非市场经济社会向市场经济社会的过渡。

建立和完善社会主义市场经济体制,这无论在理论上还是在实践上,都是前无古人的伟大创举,也是中国历史上的一次伟大革命。既是一场深刻的社会革命,也是一场深刻的思想革命。马克思虽然强调新的社会形态必须以建立在交换价值基础上的生产力为前提,但他并没有想到在社会主义条件下发展市场经济。从整个人类历史上看,迄今为止,现代市场经济的成功的范例均是在资本主义私有制条件下产生的,以往的理论亦把市场经济与资本主义等同起来,或认为只有在资本主义私有制条件下才能建立完备的市场经济体系。因此,社会主义市场经济是否可能,是具有普遍的世界历史意义的理论问题和实践问题。它的成功,将证明资本主义市场经济并不是市场经济的唯一模式,社会主义国家同样可以通过发展市场经济而实现经济和社会的现代化,甚至在社会主义公有制条件下,有可能创造出更为有利的条件,制约或消除资本主义市场经济本身所无法克服的弊端。毫无疑问,建立市场经济是有风险的,但是,不管面临的风险有多大,中国共产党人还是在邓小平提出的"社会主义的根本任务是解放和发展生产力"、"贫穷不是社会主义"等新观念的指引下,勇敢地迈出了改革开放的步伐,并不断取得令人瞩目的成就。

二、思想解放与实事求是思想路线的确立

十年"文革"的结束,同时也意味着权力高度集中的计划经济体制和政治体制不能再继续贯彻下去了。作为执政党的中国共产党在取得粉碎"四人帮"政治斗争的胜利以后,客观上面临着总结以往的历史经验教训,为中国的现代化建设探索新的发展道路的重要任务。正如恩格斯曾经指出的那样:"伟大的阶级,正如伟大的民族一样,无论从哪方面学习都不如从自己所犯错误的后果中学习来得快。"[①]

邓小平十分清醒地意识到,要彻底改革阻碍社会生产力发展的经济体制

---

① 《马克思恩格斯文集》第 1 卷,人民出版社 2009 年版,第 379 页。

和政治体制，就必须认真反思过去的错误，必须清除对旧的体制起维护作用的种种思想观念，也就是打破禁锢，解放思想。这对于发动大规模的社会变革过程来说，是首要的、极为关键的一步，而且刻不容缓。正如他后来所说的那样："只有思想解放了，我们才能正确地以马列主义、毛泽东思想为指导，解决过去遗留的问题，解决新出现的一系列问题，正确地改革同生产力迅速发展不相适应的生产关系和上层建筑，根据我国的实际情况，确定实现四个现代化的具体道路、方针、方法和措施。"①

1978 年 5 月 11 日，《光明日报》发表了特邀评论员文章《实践是检验真理的唯一标准》。该文比较深入、比较全面、比较系统地阐述了马克思、恩格斯、列宁、毛泽东关于实践是检验真理的唯一标准的理论观点，并由此引起了有关真理标准问题的学术大讨论。从学术的角度看，实践是检验真理的唯一标准当属马克思主义哲学认识论最基本的观点。但是就是这样一个近乎常识的基本观点在当时竟然引发了激烈的思想争论，这不能不使人感受到思想禁锢的巨大压力。如邓小平本人所说的那样，"现在对这样的问题还要引起争论，可见思想僵化"②。就此而论，这场讨论的真正意义不在学术上，而在于用马克思主义哲学的基本理论打破思想僵化的坚冰，走出长期以来在"左"倾思想下形成的思维定式和认识误区，为中国社会即将到来的改革开放伟大实践过程提供精神动力和思想前提。为此，邓小平高度评价了真理标准的讨论，他在1978 年 12 月 13 日中共中央工作会议上指出："一个党，一个国家，一个民族，如果一切从本本出发，思想僵化，迷信盛行，那它就不能前进，它的生机就停止了，就要亡党亡国。这是毛泽东同志在整风运动中反复讲过的。只有解放思想，坚持实事求是，一切从实际出发，理论联系实际，我们的社会主义现代化建设才能顺利进行，从这个意义上说，关于真理标准问题的争论，的确是个思想路线问题，是个政治问题，是个关系到党和国家的前途和命运的问题。"③

---

① 《邓小平文选》第 2 卷，人民出版社 1994 年版，第 141 页。
② 《邓小平文选》第 2 卷，人民出版社 1994 年版，第 128 页。
③ 《邓小平文选》第 2 卷，人民出版社 1994 年版，第 143 页。

通过关于"实践是检验真理的唯一标准"的争论,明确地解决了党在新时期的思想路线问题,其意义主要不在于认识论问题的解决,因为在马克思主义哲学认识论上,这个问题根本就是一个常识性的问题,而恰恰在于政治思维方式上的突破,它涉及对党的政治路线的思想原则和基础问题。邓小平立足于马克思主义哲学的基本立场和观点,对这个思想路线做出了简洁、明确的理论概括:"马克思、恩格斯创立了辩证唯物主义和历史唯物主义的思想路线,毛泽东同志用中国语言概括为'实事求是'四个大字。实事求是,一切从实际出发,理论联系实际,坚持实践是检验真理的标准,这就是我们党的思想路线。"①在邓小平看来,"思想路线不是小问题,这是确定政治路线的基础。正确的政治路线能不能贯彻实行,关键是思想路线对不对头。所以,不要小看实践是检验真理的唯一标准的争论。这场争论的意义太大了,它的实质就在于是不是坚持马列主义、毛泽东思想"②。从这个意义上说,真理标准的讨论再一次使马克思主义哲学在中国社会变革实践中发挥了思想先导作用。从一定意义上说,没有这个讨论,就不能清除阻碍思想文化进步的障碍,就不能带来政治思维方式的根本性突破性和思想文化领域的自我革命和自我发展,因而这场讨论无疑是社会主义先进文化发展的重大契机。

当然,在理解和贯彻这一思想路线的过程中,必然会涉及如何看待、理解和发展马克思主义,特别是如何看待、理解和发展毛泽东思想这样一个至关重要的问题。在这个问题上,邓小平坚决反对那种不领会精神实质和思想内容而只满足于照抄、照搬马克思、列宁、毛泽东原话的本本主义或教条主义学风和态度,强调毛泽东一贯倡导的理论联系实际,坚持把马列主义普遍真理与中国革命的具体实践相结合的原则,强调要努力把马克思主义的普遍原理同我国实现四个现代化的具体实践结合起来。他指出:"马列主义、毛泽东思想的基本原则,我们任何时候都不能违背,这是毫无疑义的。但是,一定要和实际相结合,要分析研究实际情况,解决实际问题。按照实际情况决定工作方针,

---

① 《邓小平文选》第 2 卷,人民出版社 1994 年版,第 278 页。

② 《邓小平文选》第 2 卷,人民出版社 1994 年版,第 191 页。

这是一切共产党员所必须牢牢记住的最基本的思想方法、工作方法。实事求是,是毛泽东思想的出发点、根本点。这是唯物主义。"①这就是说,坚持实事求是思想路线就是从根本上坚持了马列主义、毛泽东思想的基本立场、观点和方法。邓小平的这些思想不仅激发了思想解放的活力,而且恢复并捍卫了马克思主义哲学基本理论在党的政治思维中的权威性,促进了马克思主义基本理论在中国社会实践过程中的贯彻。

三、重新诠释社会主义的本质与"有中国特色的社会主义"

思想解放运动的不断深化和实事求是思想路线的确立使人们能够打破思想禁区,反思和总结历史的经验和教训,进一步思考中国社会主义革命和建设所面临的种种问题。在这方面,邓小平冷静地分析了中国的现实,总结了以往社会主义建设过程中的经验教训,认为中国社会主义建设过程所面临的问题很多,但最根本的问题是什么是社会主义,如何建设社会主义?他说:"我们建立的社会主义制度是个好制度,必须坚持。我们马克思主义者过去闹革命,就是为社会主义、共产主义崇高理想而奋斗。现在我们搞经济改革,仍然要坚持社会主义道路,坚持共产主义理想,年轻一代尤其要懂得这一点。但问题是什么是社会主义,如何建设社会主义。我们的经验教训有许多条,最重要的一条,就是要搞清楚这个问题。"②可以说邓小平的全部理论都是围绕这个问题展开的,这个问题也是邓小平理论的根本问题或基本问题。正是这个问题,在"文革"期间被"四人帮"反党集团搞得极为混乱,因而正确地厘清这个问题,对于思想解放运动来说是极为关键的。

(一)什么是"社会主义"?

关于什么是社会主义这个问题,邓小平指出:"不解放思想不行,甚至于包括什么叫社会主义这个问题也要解放思想。经济长期处于停滞状态总不能

---

① 《邓小平文选》第2卷,人民出版社1994年版,第114页。
② 《邓小平文选》第3卷,人民出版社1993年版,第116页。

叫社会主义。人民生活长期停止在很低的水平总不能叫社会主义。"①"'四人帮'提出宁要穷的社会主义,不要富的资本主义,社会主义如果老是穷的,它就站不住。"②也就是说,如果社会主义社会总是处在发展缓慢、贫穷落后的状态中,那么这种社会主义就不是真正意义上的社会主义,或者说,这种社会主义就完全没有存在的理由。因为"社会主义要消灭贫穷"、"贫穷不是社会主义,发展太慢也不是社会主义。否则社会主义有什么优越性呢?"③邓小平的这些说法实际上也是他思考和回答"什么是社会主义"这个问题的基本思路。沿着这个思路,邓小平依据唯物史观的基本理论,从两个方面阐释了社会主义的本质。

首先,按照唯物史观的基本观点,一种生产关系是否适合生产力的发展状况,是否能够为生产力的发展开辟广阔的前景,是衡量这种生产关系是否具有先进性的基本尺度。由此推知,一种社会制度是否具有优越性以及优越性的大小,归根到底也取决于它是否能够推动生产力的发展。因此,邓小平认为,社会主义的本质特征及其优越性首先在于,它应当能够较之资本主义社会更有利于推进社会生产力的发展。他说:"我们革命的目的就是解放生产力,发展生产力。离开了生产力的发展、国家的富强、人民生活的改善,革命就是空的。……当然我们不要资本主义,但是我们也不要贫穷的社会主义,我们要发达的、生产力发展的、使国家富强的社会主义。我们相信社会主义比资本主义的制度优越。它的优越性应该表现在比资本主义有更好的条件发展社会生产力。"④社会主义制度的优越性的根本表现,就是能够允许社会生产力以旧社会所没有的速度迅速发展,使人民不断增长的物质文化生活需要能够逐步得到满足。而且,党的正确的领导,归根到底要表现在社会生产力的发展上,人民物质文化生活的改善上,"如果在一个很长的历史时期内,社会主义国家生

---

① 《邓小平文选》第 2 卷,人民出版社 1994 年版,第 312 页。
② 《邓小平文选》第 2 卷,人民出版社 1994 年版,第 191 页。
③ 《邓小平文选》第 3 卷,人民出版社 1993 年版,第 116、255 页。
④ 《邓小平文选》第 2 卷,人民出版社 1994 年版,第 231 页。

产力发展的速度比资本主义国家慢,还谈什么优越性?"①因此,"讲社会主义,首先就要使生产力发展,这是主要的。只有这样,才能表明社会主义的优越性。社会主义经济政策对不对,归根到底要看生产力是否发展,人民收入是否增加。这是压倒一切的标准。空讲社会主义不行,人民不相信"②。

其次,仅仅讲社会主义是解放生产力和发展生产力也还是不够的。就推动生产力的发展而言,资本主义生产关系不仅在历史上曾经发挥了积极的作用,而且直到今天也依然保持着很大的活力。但是,资本主义生产关系是以生产资料的私人占有制为基础的,因此在资本主义社会中,生产力的发展总是以阶级剥削的方式实现,它不能从根本上遏制和消除贫富两极分化现象,不能使经济增长的利益普及整个社会。与此相反,社会主义社会的优越性除了体现为促进生产力的发展,还应体现在它的两条基本原则上:"一条是公有制经济始终占主体地位,一条是发展经济要走共同富裕的道路,始终避免两极分化。"③邓小平相信:"只要我国经济中公有制占主体地位,就可以避免两极分化。当然,一部分地区、一部分人可以先富起来,带动和帮助其他地区、其他的人,逐步达到共同富裕。"④邓小平的这一思想指出了社会主义区别于资本主义的根本特征,阐明了社会主义的实质和终极的价值目标。如他所说:"社会主义不是少数人富起来、大多数人穷,不是那个样子。社会主义最大的优越性就是共同富裕,这是体现社会主义本质的一个东西。"⑤

综合上述两个方面,邓小平对社会主义的本质作出了一个相当简明、相当精辟的概括,他说:"社会主义的本质,是解放生产力,发展生产力,消灭剥削,消除两极分化,最终达到共同富裕。"⑥这一论断,言简意赅,不仅丰富和发展了马克思主义的科学社会主义理论,而且也丰富和发展了唯物史观的社会形

---

① 《邓小平文选》第 2 卷,人民出版社 1994 年版,第 128 页。
② 《邓小平文选》第 2 卷,人民出版社 1994 年版,第 314 页。
③ 《邓小平文选》第 3 卷,人民出版社 1993 年版,第 149 页。
④ 《邓小平文选》第 3 卷,人民出版社 1993 年版,第 149 页。
⑤ 《邓小平文选》第 3 卷,人民出版社 1993 年版,第 364 页。
⑥ 《邓小平文选》第 3 卷,人民出版社 1993 年版,第 373 页。

态理论。

（二）怎样建设社会主义

在"怎样建设社会主义"这个问题上，以往的历史经验教训同样是十分深刻的。由于抽象地、教条式地理解马克思主义经典作家关于社会主义的一般论断，无视其提出的背景和适用的条件，不加分析地将其作为中国社会主义建设的基本策略，也由于在制度建设方面受苏联经济体制和政治体制的严重影响，在很大程度上机械地模仿或照搬当时苏联的经济、政治模式和发展途径，从而使中国在改革开放之前所形成并实行的权力高度集中的计划经济体制和政治体制在总体上基本上不符合中国社会的具体国情，也不适应那个时期中国社会生产力的实际状况。这是导致社会生产力发展缓慢，人民群众物质生活水平普遍低下的主要原因。

邓小平通过总结这个历史经验教训，明确提出，中国的社会主义建设必须适合中国的国情。他说："过去搞民主革命，要适合中国情况，走毛泽东同志开辟的农村包围城市的道路。现在搞建设，也要适合中国情况，走出一条中国式的现代化道路。"①为此，他具体分析了中国社会的两个重要特点，一是底子薄，二是人口多，耕地少，指出"中国式的现代化，必须从中国的特点出发"。1982年9月1日，邓小平在中国共产党第十二次全国代表大会上，进一步提出了"建设有中国特色的社会主义"这一思想，并将其作为总结长期历史经验的基本结论。他说："我们的现代化建设，必须从中国的实际出发。无论是革命还是建设，都要注意学习和借鉴外国经验。但是，照抄照搬别国经验、别国模式，从来不能得到成功。这方面我们有过不少教训。把马克思主义的普遍真理同我国的具体实际结合起来，走自己的道路，建设有中国特色的社会主义，这就是我们总结长期历史经验得出的基本结论。"②"走自己的道路，建设有中国特色的社会主义"，这无疑为解决"怎样建设社会主义"这个问题提供了基本的思路和原则，同时也是把马克思主义普遍真理同中国社会的具体实

---

① 《邓小平文选》第2卷，人民出版社1994年版，第163页。
② 《邓小平文选》第3卷，人民出版社1993年版，第2—3页。

际相结合这一原则和传统在新的历史时期的体现。

四、社会主义改革与社会主义市场经济

邓小平关于社会主义的本质的理论和建设有中国特色的社会主义理论，为中国共产党最终扬弃计划经济体制、实施大规模的经济体制和政治体制改革提供了坚实的理论根据。正如邓小平指出的那样："社会主义优越性最终要体现在生产力能够更好地发展上。多年的经验表明，要发展生产力，靠过去的经济体制不能解决问题。"①"我们过去一直搞计划经济，但多年的实践证明，在某种意义上说，只搞计划经济会束缚生产力的发展。"②也就是说，以往的计划经济体制严重地束缚了社会生产力的发展，不符合社会主义的本质，因而必须依据中国的国情，依据中国社会生产力的实际状况和发展要求对之进行改革，把生产力从束缚它的经济体制中解放出来。

邓小平的这个思想实际上暗含着一个理论观念上的突破。在以往的马克思主义哲学教科书中，从来不认为甚至根本否认社会主义社会有可能束缚或阻碍生产力的发展，而是盲目自负地声称社会主义社会一旦建立起来，就为生产力的发展提供了广阔的前景，剩下的事就只是发展生产力，不再存在解放生产力的问题。邓小平从以往社会主义建设的历史经验教训出发反驳了这个看法。在他看来，既然单纯的计划经济体制束缚了生产力的发展，那么改革经济体制就必然包含解放生产力的含义。他指出："革命是解放生产力，改革也是解放生产力。推翻帝国主义、封建主义、官僚资本主义的反动统治，使中国人民的生产力获得解放，这是革命，所以革命是解放生产力。社会主义基本制度确立以后，还要从根本上改变束缚生产力发展的经济体制，建立起充满生机和活力的社会主义经济体制，促进生产力的发展，这是改革，所以改革也是解放生产力。"③在这个意义上，邓小平把社会主义改革视同为一场革命。他说：

---

① 《邓小平文选》第 3 卷，人民出版社 1993 年版，第 149 页。
② 《邓小平文选》第 3 卷，人民出版社 1993 年版，第 148 页。
③ 《邓小平文选》第 3 卷，人民出版社 1993 年版，第 370 页。

"改革的性质同过去的革命一样,也是为了扫除发展社会生产力的障碍,使中国摆脱贫穷落后的状态。从这个意义上说,改革也可以叫革命性的变革。"①只不过,这场革命不是一种社会制度推翻另一种社会制度的、疾风暴雨式的社会革命,而是在作为执政党的中国共产党领导下的,以巩固社会主义制度为宗旨的解放生产力的革命。这就是说,"改革是社会主义制度的自我完善,在一定的范围内也发生了某种程度的革命性变革"②。

邓小平完全意识到经济体制的改革不只是经济领域自身的事情,它必然要涉及政治体制的改革,这是经济基础对上层建筑的决定作用在改革开放过程中的体现。邓小平指出:"我们提出改革时,就包括政治体制改革。现在经济体制改革每前进一步,都深深感到政治体制改革的必要性。不改革政治体制,就不能保障经济体制改革的成果,不能使经济体制改革继续前进,就会阻碍生产力的发展,阻碍四个现代化的实现。"③此外,经济体制的改革也必然会导致社会生活各个领域的变革,"改革促进了生产力的发展,引起了经济生活、社会生活、工作方式和精神状态的一系列深刻变化"④。正是由于社会主义改革的这种全面性、深刻性,邓小平又把改革理解为"中国的第二次革命"⑤。

"改革是中国的第二次革命"这个命题的深刻含义,应当说,更突出地体现在对市场经济的认识上。从以往的历史经教训上看,新中国成立后所实施的计划经济体制之所以束缚或阻碍了中国社会生产力的发展,正是由于这种体制排斥了市场机制在配置资源和推动经济、技术进步上的重要作用。这个历史事实本身就意味着,中国社会主义经济体制改革不可避免地要以重新确认市场经济的作用为核心内容。关于这一点,邓小平在改革开放之初就已经有了明确的意识。1979 年 11 月 26 日,他在一次会见外宾的谈话中,批评了

---

① 《邓小平文选》第 3 卷,人民出版社 1993 年版,第 135 页。
② 《邓小平文选》第 3 卷,人民出版社 1993 年版,第 142 页。
③ 《邓小平文选》第 3 卷,人民出版社 1993 年版,第 176 页。
④ 《邓小平文选》第 3 卷,人民出版社 1993 年版,第 142 页。
⑤ 《邓小平文选》第 3 卷,人民出版社 1993 年版,第 113 页。

那种把市场经济归结为资本主义经济的观点,并开创性地提出了"社会主义市场经济"这个概念,他说:"说市场经济只存在于资本主义社会,只有资本主义的市场经济,这肯定是不正确的。社会主义为什么不可以搞市场经济,这个不能说是资本主义。我们是计划经济为主,也结合市场经济,但这是社会主义的市场经济。虽然方法上基本上和资本主义社会的相似,但也有不同,是全民所有制之间的关系,当然也有同集体所有制之间的关系,也有同外国资本主义的关系,但是归根到底是社会主义的,是社会主义社会的。市场经济不能说只是资本主义的。市场经济,在封建社会时期就有了萌芽。社会主义也可以搞市场经济。"①

邓小平的这一思想打破了长期以来把市场经济归结为资本主义经济的错误认识,为在社会主义基本制度前提下建立和发展市场经济体制提供了思想前提。当然,在改革开放的初期,人们在思想意识上还很难一下子突破"社会主义经济就是计划经济"这种观念的束缚,因而邓小平提出的"社会主义市场经济"这个概念的深刻内涵和实践意义也不能充分地显示出来。但邓小平关于社会主义也可以搞市场经济的思想还是在改革开放的总体策略中得到了初步的体现。1981年党的十一届六中全会通过了《关于建国以来党的若干历史问题的决议》,该决议正式提出了"以计划经济为主,市场调节为辅"的方针,并在党的十二大上得到了肯定。这个方针,依然强调计划经济为主,但初步确认了市场经济在社会主义经济建设中的作用,而不是把市场经济理解为与社会主义经济相对立的东西。

随着改革开放的不断深入,计划经济与市场调节的矛盾也不断凸显出来。把计划与市场理解为主辅关系,很快就不再适应经济体制改革不断深入的状况。这时,邓小平对计划与市场的关系进行了深入思考,他说:"计划与市场的关系问题如何解决?解决得好,对经济的发展就很有利,解决不好,就会糟。"②这个思考推动全党深化了对市场经济的认识。1984年党的十二届三

---

① 《邓小平文选》第2卷,人民出版社1994年版,第237页。
② 《邓小平文选》第3卷,人民出版社1993年版,第17页。

中全会上通过的《中共中央关于经济体制改革的决定》提出："社会主义经济是公有制基础上的有计划的商品经济。"这个提法实际上是把社会主义经济定位为市场经济,为发挥市场机制的作用扫除了许多障碍。但是,这种提法往往会引起不同的理解,有的人强调商品经济的一面,有的人强调计划的一面。面对这种情况,邓小平从发展生产力这个基本目的出发,提出计划和市场都是手段的观点,并明确建议取消"计划经济为主"这个说法。1987 年 2 月 6 日,他在一次谈话中说:"计划和市场都是方法嘛。只要对发展生产力有好处,就可以利用。它为社会主义服务,就是社会主义的;为资本主义服务,就是资本主义的。好像一谈计划就是社会主义,这也是不对的,日本就有一个企划厅嘛,美国也有计划嘛。我们以前是学苏联的,搞计划经济。后来又讲计划经济为主,现在不要再讲这个了。"①把计划和市场都理解为发展社会生产力或发展经济的手段,这个观点的提出,从根本上清除了"市场经济就是资本主义经济"这样一种错误观念,完成了社会主义市场经济理论的构建原则。20 世纪90 年代初,邓小平在南方谈话中提出:"我们必须从理论上搞懂,资本主义与社会主义的区分不在于是计划还是市场这样的问题。社会主义也有市场经济,资本主义也有计划控制。"②"计划多一点还是市场多一点,不是社会主义与资本主义的本质区别。计划经济不等于社会主义,资本主义也有计划;市场经济不等于资本主义,社会主义也有市场。计划和市场都是经济手段。"③

邓小平的这一思想彻底解除了长期以来在市场经济问题上形成的思想禁锢,划时代地首创了社会主义市场经济理论的基本构架,极大丰富和发展了马克思主义唯物史观的社会形态理论、社会革命理论和社会基本矛盾理论,使马克思主义中国化的实践版本,继毛泽东之后,再次达到一个新的高度、新的境界,同时也是社会主义先进文化的重大发展。在邓小平的推动下,1992 年 10月 12 日,在中国共产党第十四次全国代表大会上,江泽民代表党中央作了题

① 《邓小平文选》第 3 卷,人民出版社 1993 年版,第 203 页。
② 《邓小平文选》第 3 卷,人民出版社 1993 年版,第 364 页。
③ 《邓小平文选》第 3 卷,人民出版社 1993 年版,第 373 页。

为《加快改革开放和现代化建设步伐,夺取有中国特色社会主义事业的更大胜利》的报告。该报告正式宣布把建立社会主义市场经济体制作为经济体制改革的目标,并指出:我们要建立的社会主义市场经济体制,就是要使市场在社会主义国家宏观调控下对资源配置起基础性作用。自此,中国社会在发展社会主义市场经济的道路上迈开了强劲的步伐,并日益取得令世人瞩目的丰硕成果。

如前文所述,中国社会没有经历市场经济的完整发展阶段,从而也就没有发生只有通过市场经济的发展才能引起的极为深刻的社会变革。邓小平以一个真正的马克思主义者所特有的理论勇气和实践勇气,引导、推进了中国社会的变革实践,使中国社会真正走出传统社会的发展模式,进入以市场经济为基础的现代社会的发展模式。这是中国"第二次革命"的真实含义。

第三节　中国社会主义先进文化与时俱进的发展

邓小平理论作为中国改革开放实践过程的活的灵魂,一方面推动市场取向的改革不断取得新的成就,另一方面也使马克思主义哲学中国化的实践版本不断发展。在邓小平逝世以后,党中央立足于国内外形势的新变化,顺应时代发展潮流,总结中国社会主义改革和世界范围内经济与社会发展的正反两方面经验,相继提出了"三个代表"重要思想、科学发展观和构建社会主义和谐社会的政治理念。这些理论上的成就是新的历史时期,马克思主义哲学与中国社会主义革命和建设的具体实际相结合的产物,显示出中国共产党人永不衰竭的理论创造能力。

一、"三个代表"重要思想的理论内涵

20 世纪 90 年代以来,世界局势发生了深刻的变化。从政治格局上看,90年代初,东欧的剧变和苏联的解体结束了资本主义和社会主义两极对峙的冷战局面,世界政治朝着多极化的方向发展。一方面,在世界范围内,要求和平

与安全、谋求合作与交流、期待稳定与发展的政治主张已成为现时代的主导潮流；另一方面，世界经济、政治、科学技术和军事能力的发展极不平衡，以英美为代表的西方发达国家凭借强大的经济、科技和军事实力在世界政治格局中居于超强地位，并由此衍生出新的霸权主义、单边主义，使和平与发展的主题面临严峻的挑战。整个世界格局正在发生剧烈的变化。

（一）世界格局的剧烈变动

首先，从经济格局上看，经济全球化的进程不断加快。随着跨国经济和现代交通、通信技术的加速度发展，各种生产要素在全球范围内的流动日益加强，世界经济已经在以往资本主义世界市场的基础上构成了一个全面相互依赖又相互制约的全球化体系。在这个过程中，科学技术的迅速发展扮演着十分重要的角色。事实上，在以微电子技术为核心的新技术革命的推动下，各国之间经济实力的对比已经成为科学技术水平的较量。经济全球化的过程和趋势客观上有利于各国各地区之间的经济技术交流与合作，使包括中国在内的相对落后的发展中国家有可能通过学习、掌握和创新科学技术，提高和加强在国际经济体系中的竞争能力。但从总体上看，经济技术实力雄厚的西方发达国家依然在世界经济体系中占据优势地位，并力图主导经济全球化的进程，而发展中国家则普遍处于弱势地位，"如果没有正确的对策就会落入更加不利的地位"[1]。

其次，从文化格局上看，政治多极化和经济全球化也使世界文化的发展出现错综复杂的状态。一方面随着经济、政治和技术交流的日益密切和深化，各个民族国家之间的文化交流也不断加强。这有利于各个国家在文化上相互学习、相互借鉴，相互吸收文化发展的积极成果，从而推进先进文化的发展。另一方面，在国际争端中，国与国之间、地区与地区之间在利益上的冲突也伴随着各种文化冲突表现出来，不同民族国家之间在文化价值观念、宗教意识和政治意识形态方面的差异往往会强化经济、政治和军事上的相互对抗。同时，各

---

[1]　江泽民：《论"三个代表"》，中央文献出版社 2001 年版，第 28 页。

种陈腐、落后的思想文化意识也会在文化冲突的缝隙中生存,并借助经济、技术和文化交流浸染各个民族国家的文化领域。

（二）"三个代表"重要思想的提出

20世纪90年代,自我国提出建立和完善社会主义市场经济体制的战略目标以来,我国市场取向的改革突飞猛进。到了90年代后半期,我国的社会主义市场经济体制事实上已见雏形。由于比较充分地发挥了市场机制的作用,我国的社会生产力获得了前所未有的发展速度,国家的综合实力大大增强,人民群众的生活水平也不同程度地得到了很大的改善。但是就在社会主义公有制条件下能否建立完善的市场经济体制而言,仍然有一些根本性的、全局性的问题尚未得到真正的解决,而且这些问题随着改革的不断深入而愈益尖锐突出。

首先,从经济结构上看,全国范围内经济、技术发展还很不平衡,城乡二元结构的问题尚未得到根本的解决,地区之间,特别是东西部之间,经济与社会的发展水平存在着相当大的距离。在市场经济的快速发展中,市场机制本身所具有的导致贫富分化的自然趋势没有得到有效的抑制,贫富差距依然呈不断扩大的趋势,相当一部分社会成员在收入水平、生活水平、就业机会和利用社会资源等方面属于社会中的弱势群体,它们的利益要求已是社会矛盾的主要根源之一。

其次,从政治上看,我国的社会主义市场经济本身就是包容多种经济成分、多种经营方式乃至多种所有制形式的综合性经济形态,因此市场经济的发展必然使社会生活日益异质化和多元化。不同的利益群体为维护自身的基本权利和合法权益,也必然会以各种方式提出自己的政治要求,这在客观上也必然要求加快政治生活民主化和社会生活法制化的进程。此外,市场经济又是交换手段十分发达的经济形态,它在推动经济高效率发展的同时,也易于衍生"金钱拜物教"倾向,这使得党和政府内一些党员干部,甚至高级领导干部,经不起金钱的诱惑,产生以权谋私的腐败现象。这种腐败的蔓延和扩大,不仅极大地破坏了经济秩序,造成极大的经济损失,而且降低了执政党在人民群众中的威信,使党的领导的权威性与合法性受到怀疑。

最后,从思想文化上看,社会生活的异质性和多元化,也必然推进思想文化的多元化发展,必然使人们的文化价值观念处于剧烈的变动之中。然而在过去一段时期里,由于在发展策略的具体实施上比较偏重于经济和技术的发展,从而使健康的符合社会进步趋势的文化建设由于缺乏足够的社会支持和资金支持而相对薄弱。在这种情况下,各种腐朽的、没落的,甚至愚昧的、迷信的文化现象沉渣泛起。这表明,在建立和完善社会主义市场经济体制的过程中,不可避免地存在着先进文化与落后文化的斗争。

国际和国内经济与社会发展的新态势,各种社会矛盾和社会问题的综合发生,使作为执政党的中国共产党在世纪之交面临着重大的考验。我国的社会主义改革是在中国共产党领导下的一场自觉的社会变革过程。能否经得住这种考验,直接关系到我国改革开放事业的成败。要确保社会变革过程的健康发展,执政党就必须能够根据新的情况、新的问题,建构具有高度统摄性的思想理论和指导方针。这种新的思想理论必须能够科学地总结以往变革实践的经验教训,能够推导出正确的发展策略,更能够把握社会变革的未来趋向。"三个代表"重要思想,就是顺应这一时代要求而产生的。

2000 年 2 月,中共中央总书记、国家主席江泽民在广东视察工作时,在总结党的建设经验的基础上明确提出:"要把中国的事情办好,关键取决于我们党,取决于党的思想、作风、组织、纪律状况和战斗力、领导水平。"[1]这是"三个代表"重要思想的最初表达。以后,江泽民又在不同场合对这个思想进行了进一步阐述,逐步形成了一个完整的思想体系。2001 年 7 月 1 日,江泽民在庆祝中国共产党成立 80 周年大会上,全面阐述了"三个代表"重要思想的理论内涵,他指出:"总结八十年的奋斗历程和基本经验,展望新世纪的艰巨任务和光明前途,我们党要继续站在时代前列,带领人民胜利前进,归结起来,就是必须始终代表中国先进生产力的发展要求,代表中国先进文化的前进方向,

---

[1]　江泽民:《论"三个代表"》,中央文献出版社 2001 年版,第 1 页。

代表中国最广大人民的根本利益。"①

（三）"三个代表"重要思想的理论内涵

"三个代表"重要思想同样是马克思主义基本理论与中国具体实际相结合的产物，有着丰富的、完整的思想内涵。它实际上是从社会发展的客观机制、社会发展的文化价值导向和社会发展的终极目的三个方面，重新阐释唯物史观的基本论点、实质精神和逻辑建构，指出这三个基本方面有机地统一于人类实践活动之中，既构成了社会历史发展的动态过程，同时又是考察和把握社会历史过程的最基本的理论原则、思维形式和方法，从而体现了马克思关于"社会生活在本质上是实践的"这一论断的基本精神。

1. 始终代表中国先进生产力的发展要求

始终代表中国先进社会生产力的发展要求，这是中国共产党人依据唯物史观的基本理论在社会主义建设实践中对社会发展的客观机制的自觉把握。江泽民指出："生产力是最活跃最革命的因素，是社会发展的最终决定力量。生产力和生产关系、经济基础和上层建筑的矛盾，构成社会的基本矛盾。这个基本矛盾的运动，决定着社会性质的变化和社会经济政治文化的发展方向。社会主义与资本主义的根本区别，就在于它们的生产关系和上层建筑是不同的。社会主义制度的建立和不断完善，为我国社会生产力的解放和发展打开了广阔的道路。无论什么样的生产关系和上层建筑，都要随着生产力的发展而发展。如果它们不能适应生产力发展的要求，而成为生产力发展和社会进步的障碍，那就必然要发生调整和变革。"②因此，"代表中国先进生产力的发展要求"，就是要自觉把握推进生产力发展的社会机制，积极推进经济体制、政治体制和思想文化体制的改革，克服来自社会经济、政治和文化领域中一切阻碍生产力发展的因素。"在社会主义社会的各个历史阶段，都需要根据经济社会发展的要求，适时地通过改革不断推进社会主义制度自我完善和发展，

---

① 《江泽民文选》第 3 卷，人民出版社 2006 年版，第 272 页。
② 《江泽民文选》第 3 卷，人民出版社 2006 年版，第 273 页。

这样才能使社会主义制度充满生机和活力。全党同志必须牢固树立社会主义改革和发展的基本观点和自觉性。"①

当然,首先要弄清"中国先进生产力"的内涵。这个概念不是一个抽象的名词,也不是仅仅同生产活动相关的经济条件,而是指在中国社会自身的资源环境、经济环境、政治环境和文化环境中不断发展着的生产力,是在我国最广大人民群众广泛的社会交往活动中形成的社会力量。要代表中国先进生产力的发展要求,就必须发挥人民的积极性、主动性和创造性。"人是生产力中最具有决定性的力量。包括知识分子在内的我国工人阶级,是推动我国先进生产力发展的基本力量。我国农民阶级和其他劳动群众,同工人阶级紧密团结,是推动我国社会生产力发展的重要力量。不断提高工人、农民、知识分子和其他劳动群众以及全体人民的思想道德素质和科学文化素质,不断提高他们的劳动技能和创造才能,充分发挥他们的积极性主动性创造性,始终是我们党代表中国先进生产力发展要求必须履行的第一要务。"②

"代表中国先进生产力的发展要求",必然要掌握、运用和发展先进的科学技术。"先进生产力"的先进性就体现在科学技术的发展水平上。"科学技术是第一生产力,而且是先进生产力的集中体现和主要标志。科学技术的突飞猛进,给世界生产力和人类经济社会的发展带来了极大的推动。未来的科技发展还将产生新的重大飞跃。我们必须敏锐地把握这个客观趋势,始终注意把发挥我国社会主义制度的优越性,同掌握、运用和发展先进的科学技术紧密地结合起来,大力推动科技进步和创新,不断用先进科技改造和提高国民经济,努力实现我国生产力发展的跨越。这是我们党代表中国先进生产力发展要求必须履行的重要职责。"③根据上述三个方面的要求,江泽民指出,解放和发展生产力是"我们长期的中心任务"。他说:"我国社会主义现代化建设取得了巨大成就,但我国还处在社会主义初级阶段,人口多、底子薄,经济文化发

---

① 《江泽民文选》第 3 卷,人民出版社 2006 年版,第 274 页。
② 《江泽民文选》第 3 卷,人民出版社 2006 年版,第 274—275 页。
③ 《江泽民文选》第 3 卷,人民出版社 2006 年版,第 275 页。

展很不平衡,生产力不发达的情况总体上还没有改变。不断解放和发展生产力,依然是我们长期的中心任务。我们必须坚持不懈地发展先进的生产力。对于仍然存在的不适应先进生产力和时代发展要求的一些落后的生产方式,既不能脱离实际地简单化地加以排斥,也不能采取安于现状、保护落后的态度,而要立足实际,创造条件加以改造、改进和提高,通过长期努力,逐步使它们向先进适用的生产方式转变。"①

2. 始终代表中国先进文化的前进方向

"始终代表中国先进文化的前进方向",这是中国共产党人自觉把握中国社会发展方向或命运的关键。社会生活是一个活的有机体,在经济生活、政治生活和文化生活之间,存在着密切的相互制约、相互作用的关系。任何一个生活领域都不可能脱离其他领域而孤立地发展。社会主义社会的发展更应当自觉地把握发展的全面性,如江泽民所说:"社会主义社会是全面发展、全面进步的社会。社会主义现代化事业是物质文明和精神文明相辅相成、协调发展的事业。"②更为重要的是,人类社会本身是由多方面因素构成的非线性复杂系统,社会发展的客观机制和客观规律并不决定社会演化的必然趋向,而是客观地决定了社会演化的多种可能性趋势,其中哪一种可能的趋势能够转化为现实,取决于社会历史主体的价值选择。因此文化精神,特别是其中的文化价值观念的引导,可以说是社会进步的灵魂。为此,江泽民强调:"我们党要始终代表中国先进文化的前进方向,就是党的理论、路线、纲领、方针、政策和各项工作,必须努力体现发展面向现代化、面向世界、面向未来的,民族的科学的大众的社会主义文化的要求,促进全民族思想道德素质和科学文化素质的不断提高,为我国经济发展和社会进步提供精神动力和智力支持。"③

"中国先进文化"本身是一个复杂的文化集成体。"代表中国先进文化的发展方向",就是既要善于发掘我国文化遗产的精华,改造其传统形态使之适

---

① 《江泽民文选》第3卷,人民出版社2006年版,第275页。
② 《江泽民文选》第3卷,人民出版社2006年版,第276页。
③ 《江泽民文选》第3卷,人民出版社2006年版,第276页。

应我国现代化建设的需要,又要弄清我国文化系统消化和吸收外来文化的机制,使世界范围内文化发展的积极成果能够及时有效地同化到我国文化的机体中,既要推进研究自然和社会的科学文化的发展,又要注重体现人的道德、信仰和价值观念的人文文化的建设,塑造出与我国社会主义市场经济发展要求相适应并与我党最终纲领完全一致的民族文化精神,使社会发展的客观机制、物质力量真正能够服从于社会文明进步的方向。

3. 始终代表中国最广大人民群众的根本利益

"始终代表中国最广大人民群众的根本利益",这是中国共产党人对社会发展的终极目标和终极价值的自觉追求。唯物史观始终把人的自由自觉的活动即实践活动作为考察人的本质的出发点,并把人的解放和人的发展作为推动社会发展的终极目的。在资本主义社会发展时期,无产阶级的解放是人类解放的标志,而在社会主义社会发展时期,人的解放和人的发展就集中地体现为最广大人民群众的根本利益能否得到满足和实现。因此,江泽民十分明确地把代表中国人民的根本利益视为党的理论、路线、纲领、方针、政策和各项工作的"出发点"和"归宿点"。他说:"我们党要始终代表中国最广大人民的根本利益,就是党的理论、路线、纲领、方针、政策和各项工作,必须坚持把人民的根本利益作为出发点和归宿,充分发挥人民群众的积极性主动性创造性,在社会不断发展进步的基础上,使人民群众不断获得切实的经济、政治、文化利益。"①他还指出:"人民群众的整体利益总是由各方面的具体利益构成的。我们所有的政策措施和工作,都应该正确反映并有利于妥善处理各种利益关系,都应认真考虑和兼顾不同阶层、不同方面群众的利益。但是,最重要的是必须首先考虑并满足最大多数人的利益要求,这始终关系党的执政的全局,关系国家经济政治文化发展的全局,关系全国各族人民的团结和社会安定的全局。最大多数人的利益是最紧要和最具有决定性的因素。这是马克思主义的基本观点,各级领导机关和领导干部必须充分认识和认真实践。"②这个观点,应当

① 《江泽民文选》第3卷,人民出版社2006年版,第279页。
② 《江泽民文选》第3卷,人民出版社2006年版,第279—280页。

说充分体现了中国共产党自民主革命以来始终不渝的目标,体现了社会主义革命和建设事业的基本宗旨,同时也体现了社会主义与资本主义的基本区别。因此,代表中国最广大人民群众的根本利益,是中国共产党作为执政党的合法性依据。

"始终代表中国最广大人民群众的根本利益"不仅是中国共产党执政的合法性依据,同时也是巩固、发展和扩大中国共产党执政的社会基础。社会主义社会基本制度建立以后,随着社会生产力的发展,特别是随着我国经济政治体制改革的发展,剥削阶级作为阶级已经消失了,社会的经济结构日益具有多元性、多样性,与此同时,社会结构也越来越趋向于多元化和多样化,在这种情况下,中国共产党在保持工人阶级先锋队的基本政治性质不变的情况下,必须能够代表全中国各阶层、各个社会团体的共同利益和根本利益。也就是说,中国共产党作为执政党不是代表哪一个特殊阶级的政党,而是要忠实地代表全体人民的政党。如同工人阶级或无产阶级的解放不是某个特殊阶级的解放而是人类解放一样。只有这样,中国共产党在中国社会的发展中才具有稳定的、更为广泛的社会基础。

总之,江泽民概括"三个代表"重要思想之间的关系,指出:"代表中国先进生产力的发展要求,代表中国先进文化的前进方向,代表中国最广大人民的根本利益,是统一的整体,相互联系,相互促进。发展先进的生产力,是发展先进文化、实现最广大人民根本利益的基础条件。人民群众是先进生产力和先进文化的创造主体,也是实现自身利益的根本力量。不断发展先进生产力和先进文化,归根到底都是为了满足人民群众日益增长的物质文化生活需要,不断实现最广大人民的根本利益。"①江泽民的这一概括,显示出"三个代表"重要思想的完整性或系统性。

二、科学发展观的确立及其在政治思维方式上的突破

"三个代表"重要思想的提出,使中国共产党对于社会发展的动力、规律

---

① 《江泽民文选》第3卷,人民出版社2006年版,第280—281页。

和目的的认识和把握在理论上更加成熟。这主要体现为"科学发展观"的确立和"建构社会主义和谐社会"政治理念的提出。

（一）科学发展观的提出

在党的十六届三中全会上，胡锦涛代表党中央作了《中共中央关于完善社会主义市场经济体制若干问题的决定》的报告。他在报告中指出："十一届三中全会开始改革开放、十四大确定社会主义市场经济体制改革目标以及十四届三中全会作出相关决定以来，我国经济体制改革在理论和实践上取得重大进展。社会主义市场经济体制初步建立，公有制为主体、多种所有制经济共同发展的基本经济制度已经确立，全方位、宽领域、多层次的对外开放格局基本形成。"在分析了我国经济体制改革所面临的形势和任务之后，该报告提出了深化经济体制改革的指导思想和原则，这就是："以邓小平理论和'三个代表'重要思想为指导，贯彻党的基本路线、基本纲领、基本经验，全面落实十六大精神，解放思想、实事求是、与时俱进。坚持社会主义市场经济的改革方向，注重制度建设和体制创新。坚持尊重群众的首创精神，充分发挥中央和地方两个积极性。坚持正确处理改革发展稳定的关系，有重点、有步骤地推进改革。坚持统筹兼顾，协调好改革进程中的各种利益关系。坚持以人为本，树立全面、协调、可持续的发展观，促进经济社会和人的全面发展。"①

这一指导思想和原则同时也就是中国共产党面向新世纪确立的科学发展观，其中"坚持以人为本，树立全面、协调、可持续的发展观，促进经济社会和人的全面发展"，是这一发展观的核心内容。正如当时在任的国务院总理温家宝在省部级主要领导干部"树立和落实科学发展观"专题研究班结业式上的讲话所指出的那样："发展观是关于发展的本质、目的、内涵和要求的总体看法和根本观点。有什么样的发展观，就会有什么样的发展道路、发展模式和发展战略，就会对发展的实践产生根本性、全局性的重大影响。我们党提出的科学发展观，根据马克思主义辩证唯物主义和历史唯物主义的基本原理，总结

---

① 《十六大以来重要文献选编》（上），中央文献出版社 2005 年版，第 464—465 页。

了国内外在发展问题上的经验教训,吸收人类文明进步的新成果,站在历史和时代的高度,进一步明确了新世纪新阶段我国要发展、为什么发展和怎样发展的重大问题。"①

(二)"发展观"本身的发展

在当代社会发展理论中,"发展观"无疑是发展理论和发展问题研究的核心观念。概括起来说,自 20 世纪 50 年代以来,体现在各种社会发展理论中的社会发展观念经历了一个从"以物为本"到"以人为本"的演变过程。在 20 世纪 50—60 年代,发展中国家普遍面临人口增长率高、失业率高、生产率低和收入分配不均等严重问题。为此,发展中国家几乎无一例外地把追求经济增长作为发展策略的首选目标。表现在发展观上,就是把发展归结为经济增长,用国民生产的总值和生产率的高低来衡量发展的程度。然而,20 世纪 70 年代以后,发展中国家普遍陷入了"有增长而无发展"的状态,也就是大多数发展中国家在促进经济发展方面普遍采取的策略,就是通过不断加大有形资产的投入来扩大经济规模,这样做固然可以带来经济增长的短期效应,但这种经济增长并不意味着社会经济结构的变革和经济增长方式的更新,结果就出现了大量的经济资源实际上依然是用在落后的经济增长方式中,导致了资源的浪费和污染的急剧扩大。

这种情况的出现就使人们对把发展归结为经济增长的观点产生怀疑。许多发展理论家开始对"发展"与"增长"重新做出分析。认为经济增长不等于"经济发展",经济发展则除了人均收入提高以外,还包括经济结构的变化以及国民自主参与经济发展过程和经济结构变迁过程。随着社会发展问题的不断暴露以及对发展问题研究的不断深入和扩展,发展理论家们日益注意到,经济发展并不是一个可以脱离社会系统而孤立的过程,应当从社会进步的历史进程和社会生活各个领域的相互作用关系中确定发展的概念。从而使发展观超出了经济领域的局限,侧重于强调社会的全面、协调的发展,认为新型的可

① 《十六大以来重要文献选编》(上),中央文献出版社 2005 年版,第 755—766 页。

取的发展应当是"整体的"、"综合的"和"内生的"。

　　然而,无论是经济增长,还是经济结构的变革,还是社会的协调发展,显然都不是社会发展的终极目标和根本意义。在发展中国家的发展实践中,普遍存在的问题是,由于片面追求市场效率和经济增长的速度与规模,而在很大程度上忽视了经济利益分配的合理性,由此导致市场经济本身导致贫富分化的自发倾向得不到有效的遏制,从而使经济增长的利益不能普及到整个社会。针对这些普遍问题,当代发展理论家们认为有必要对发展的目标重新审核,其要点是关注人的发展和人的基本需要的满足,即注重社会成员的物质生活质量、精神文化素质的提高以及人的潜在能力的发挥和发展。与此同时,随着现代社会的发展,环境问题、资源问题、安全问题等日趋严重,这些问题不仅使当代社会的发展面临巨大的挑战,更使人类未来的生存与发展受到严重的威胁。对此,1992 年,在巴西里约热内卢举行的世界环境与发展大会上通过了《21 世纪议程》,与会各国一致承诺把走可持续发展的道路作为共同发展的战略,并正式把可持续发展定义为:在不损害未来时代满足其发展需要的资源的前提下的发展,从而标志着可持续发展观的形成。无论是关注人的基本需要的满足和人的全面发展,还是关注社会的可持续发展,都体现出十分鲜明的"以人为本"的精神,因此当代社会发展观强调人的因素的主导地位,把一切人的最大化的全面发展视为社会发展的核心价值和终极目标。

　　我国几十年的社会变革实践,也是我党社会发展观念不断成熟和完善的过程。1987 年党的十三大以社会主义初级阶段理论为依据,正式制定了党在社会主义初级阶段的基本路线,即"领导和团结全国各族人民,以经济建设为中心,坚持四项基本原则,坚持改革开放,自力更生,艰苦创业,为把我国建设成富强、民主、文明的社会主义现代化国家而奋斗"。很明显,这个基本路线也可以说是我国改革开放时期社会发展观念的系统表达。在这个基本路线的指引下,我国经济与社会的发展取得了令世人瞩目的成就。然而,随着我国市场取向的改革的不断深入和扩展,新的社会问题和社会矛盾也不断地涌现出来。"以经济建设为中心"固然是我们必须始终坚持的发展战略,但作为发展观,则不能全面地反映我国发展社会主义市场经济的总体目标和终极价值。从这个意义上说,党中央在十六届三中全会上明确提出的科学发展观,要求坚持以人为本,树立全面、协调、可持续的发展观,促进经济社会和人的全面发展,形成了有关发展的本质、目的、内涵和要求的总体看法和根本观点,体现出中国共产党对中国社会发展现实和未来走向的成熟思考。

（三）"以人为本"是科学发展观的核心

科学发展观强调"以人为本",这在我国马克思主义哲学的理论研究上是一个重大突破,也是我国党和广大人民群众在有关社会发展总体理念问题上政治思维方式的重大突破。马克思主义哲学,特别是它的历史唯物主义学说,归根到底就是关注人的生存和人的解放的学说,其基本精神,就是要把人从受奴役、受屈辱、受压迫的社会关系中解放出来,实现人的全面、自由的发展。1843年,马克思在《黑格尔法哲学批判导言》一文中用激昂的文字表达了这一理论的基本精神。他认为,人的解放有待于"实现有原则高度的实践",即实现一个"人的高度的革命"[1],这一革命的实现又有赖于一种彻底的、能够抓住事物的根本的理论,而"人的根本就是人本身"。因此,人的解放就是"以宣布人是人的最高本质这个理论为立足点的解放。……这个解放的头脑是哲学,它的心脏是无产阶级"[2]。这些论述表明,马克思所创立的理论就是一种"宣布人本身是人的最高本质"的理论,这使马克思主义学说,特别是其中的历史唯物主义学说,从始至终贯彻着彻底的"以人为本"的基本精神。但是,长期以来,我国哲学界受苏联哲学教科书的深重影响,把以"现实的人"为出发点同以物质生产活动为出发点对立起来,错误地认为历史唯物主义作为马克思主义的历史观不是以"人"为出发点的,而是以"物"即人们的物质生产活动或物质的生产关系为出发点的,因此,历史唯物主义不是以人为本的哲学,而是以物为本的哲学。直到20世纪90年代,还有学者认为,唯物史观在历史观领域所实现的"哲学革命"就在于它不仅推翻了各种"以神为本"的哲学,而且推

---

① 《马克思恩格斯选集》第1卷,人民出版社2012年版,第9页。
② 《马克思恩格斯选集》第1卷,人民出版社2012年版,第16页。

翻了各种"以人为本的"哲学。当然,在改革开放的历史进程中,我国哲学理论工作者本着解放思想、正本清源、返本开新的精神,突破"左"倾思潮和教条主义学风对哲学学术研究的束缚,通过对马克思、恩格斯理论著作的深入研究并吸收现代哲学发展的积极成果,从理论上阐释和论证了"以人为本"是马克思主义唯物史观的实质精神以及这个实质精神在当代的价值。

党中央新的领导集体吸收了学术界研究的成果,确认"以人为本"是科学发展观的实质和核心,并依据我国社会主义建设的实际,丰富和发展了这个观念的理论内涵。时任国务院总理的温家宝在省部级主要领导干部树立和落实科学发展观专题研究班结业式上的讲话中指出:"坚持以人为本。这是科学发展观的本质和核心。以人为本,就是要把人民的利益作为一切工作的出发点和落脚点,不断满足人们的多方面需求和促进人的全面发展。具体地说,就是在经济发展的基础上,不断提高人民群众物质文化生活水平和健康水平;就是要尊重和保障人权,包括公民的政治、经济、文化权利;就是要不断提高人们的思想道德素质、科学文化素质和健康素质;就是要创造人们平等发展、充分发挥聪明才智的社会环境。以人为本,体现了马克思主义的基本观点。马克思说过,未来的新社会是'以每个人的全面而自由的发展为基本原则的社会形式'。我们从事的是建设中国特色社会主义的伟大事业,理所当然地必须坚持以人为本,一切为了人民,一切依靠人民。坚持以人为本是贯彻'三个代表'重要思想,坚持立党为公、执政为民的本质要求,也是进一步发扬党的优良传统和作风的具体体现。"①

(四)"建构社会主义和谐社会"的政治理念

"以人为本"的科学发展观必然面临一个有关社会发展的总体性问题,即如何面对和处理在社会发展中不断涌现出来的社会矛盾和社会问题,如何通过合理地解决这些矛盾和问题,为人的生活和工作创造出一个安定和谐秩序良好的社会环境。

---

① 《十六大以来重要文献选编》(上),中央文献出版社2005年版,第768页。

如前所述,随着我国社会主义市场经济体制的发展,社会结构日趋分化和异质化,社会阶层日益复杂化。不同的阶层或不同的利益群体在经济、政治和文化等各个方面的利益要求不尽相同,甚至相互矛盾,在一定条件下还有可能导致社会摩擦甚至爆发社会冲突。在这种情况下,能否合理地协调社会各阶层的利益关系,有效地整合各种社会资源,最大限度地保证社会合作、效率和稳定,形成全体人民各尽所能、各得其所而又和谐相处的社会局面,可以说,是执政党的执政能力在新的历史时期所面临的新的重大考验。新的发展观的确立,为中国共产党人准确把握社会发展的动态过程,正确地处理复杂的社会矛盾和问题,提供了新的思路和指导原则。这主要表现为"构建社会主义和谐社会"这一新的政治主张的提出。

2004年9月19日,在中国共产党第十六届中央委员会第四次全体会议上,胡锦涛作了《中共中央关于加强党的执政能力建设的决定》的报告。胡锦涛在报告中阐述了提高和加强党的执政能力的重要性和紧迫性,根据我国社会的现实状况和发展要求,提出了我党在现时期必须提高的五种执政能力,其中包括"坚持最广泛最充分地调动一切积极因素,不断提高构建社会主义和谐社会的能力",并指出:"形成全体人民各尽其能、各得其所而又和谐相处的社会,是巩固党执政的社会基础、实现党执政的历史任务的必然要求。要适应我国社会的深刻变化,把和谐社会建设摆在重要位置,注重激发社会活力,促进社会公平和正义,增强全社会的法律意识和诚信意识,维护社会安定团结。"①

从我国社会主义革命和建设的历史过程上看,"构建社会主义和谐社会"是党中央适应中国改革发展进入关键时期的客观要求而提出的新的政治理念。实现社会和谐,建设美好社会,这是自古以来人类孜孜以求的社会理想,也是"以人为本"科学发展观的应有之义。尽管在人类社会发展的不同历史阶段上,在不同的社会形态中,人们对社会和谐的理解,有着不同的哲学内涵

---

① 《十六大以来重要文献选编》(中),中央文献出版社2006年版,第286页。

和政治内涵,但实现社会和谐却始终是人们最基本的政治要求。20世纪50年代末,也就是我国社会主义建设的起步时期,毛泽东也曾提出:"我们的目标,是想造成一个又有集中又有民主,又有纪律又有自由,又有统一意志、又有个人心情舒畅、生动活泼,那样一种政治局面,以利于社会主义革命和社会主义建设,较易于克服困难,较快地建设我国的现代工业和现代农业,党和国家较为巩固,较为能够经受风险。"①但是,毛泽东提出的这一政治目标事实上并没有真正成为社会主义建设的指导原则。1958年以后,特别是中苏公开分裂以后,毛泽东过高地估计了国内外阶级斗争的局势,错误地认为在社会主义社会这个相当长的历史时期内,始终存在着阶级、阶级矛盾和阶级斗争,并要求人们对于阶级斗争要"年年讲"、"月月讲"、"日日讲",这实际上就是把进行无歇止的阶级斗争视为社会主义建设时期的主要任务,不是追求社会和谐,而是把阶级斗争扩大到社会生活的各个领域。此后,在"以阶级斗争为纲"、"阶级斗争一抓就灵"、"共产党的哲学就是斗争哲学"等一系列错误思想和口号的引导下,最终造成了"文化大革命"十年动乱。

自70年代末80年代初,中国社会进入改革开放历史时期以后,随着经济体制改革和政治体制改革的不断深入,中国的社会主义经济持续地保持较高的增长速度,综合国力日益增强,人民群众的物质生活水平在很大程度上得到了改善,中国在国际社会中的地位也不断提高。但是,与此同时,新的社会矛盾和社会问题也伴随着市场取向的改革而层出不穷地涌现出来。不同的社会阶层、不同的利益群体有着不同的利益要求;市场经济本身所具有的导致贫富分化的自发倾向,也使不同阶层的社会成员之间在收入水平、生活水平、生活质量和生活方式等诸多方面产生越来越大的差距;社会转型时期各种价值观念、各种文化思潮、政治思潮在思想文化领域相互交织、碰撞,直接影响着人们的社会心理和社会行为。这些问题和矛盾的综合发生造成了社会内部的动荡不安,并在一定条件下还以外部冲突的形式表现出来。在这种情况下,党中央

---

① 《毛泽东年谱(1949—1976)》第3卷,中央文献出版社2013年版,第192页。

在促进改革开放的同时,也为维护社会稳定付出了巨大的努力和很大的代价。"维护安定团结的政治局面"、"稳定压倒一切"等指导思想和相应的政治策略,在控制社会局势、缓和矛盾冲突、建立和维护基本的社会秩序方面取得了积极的效果,为改革开放事业的不断发展建立了良好的社会环境。但总起来说,这些指导思想和政治策略属于对社会秩序的外在控制,它可以缓和矛盾冲突,或者可以降低矛盾冲突的剧烈程度,避免社会矛盾以外部冲突的形式出现,但不能从根本上消除矛盾冲突的根源,因而依然存在着各种矛盾经过量的积累再次通过外部冲突的形式表现出来的可能性。社会稳定、安定团结的政治局面只有体现社会的内在和谐时,才有可能是长期的、牢固的。"构建社会主义和谐社会"的政治理念的重要意义,就在于把"和谐"作为基本的政治目标和处理社会矛盾、社会问题的价值原则,以此推进社会稳定有序的发展。

2005 年 2 月 19 日,胡锦涛在中共中央举办的省部级主要领导干部"提高构建社会主义和谐社会能力专题研讨班"开班式发表讲话,指出构建社会主义和谐社会,是中国共产党从全面建设小康社会、开创中国特色社会主义事业新局面的全局出发提出的一项重大任务,适应了中国改革发展进入关键时期的客观要求,体现了广大人民群众的根本利益和共同愿望。他说:"根据马克思主义基本原理和我国社会主义建设实践经验,根据新世纪新阶段我国经济社会发展的新要求和我国社会出现的新趋势新特点,我们所要建设的社会主义和谐社会,应该是民主法治、公平正义、诚信友爱、充满活力、安定有序、人与自然和谐相处的社会。"①

在讲话中,胡锦涛强调,构建社会主义和谐社会,同建设社会主义物质文明、政治文明、精神文明是有机统一的。要通过发展社会主义社会的生产力来不断增强和谐社会建设的物质基础,通过发展社会主义民主政治来不断加强和谐社会建设的政治保障,通过发展社会主义先进文化来不断巩固和谐社会建设的精神支撑,同时又通过和谐社会建设来为社会主义物质文明、政治文

---

① 《胡锦涛文选》第 2 卷,人民出版社 2016 年版,第 285 页。

明、精神文明建设创造有利的社会条件。

胡锦涛的上述思想表明,"构建社会主义和谐社会"这一政治理念既是指向未来的社会理想,又是指导中国社会变革过程的现实策略;既包含着中国共产党人对社会有机系统结构关系、内在矛盾日益深刻、日益全面的科学把握,又体现出中国共产党对社会发展过程的价值追求。

随着我国市场取向改革的不断发展,在不断取得新的成就的同时,也不断衍生着新的社会问题。与此相应,"构建社会主义和谐社会"这一政治理念也在不断地向纵深发展。2006 年 10 月,党的十六届六中全会通过了《中共中央关于构建社会主义和谐社会若干重大问题的决定》,决定更为明确地阐述了构建社会主义和谐社会的指导思想、目标、任务和原则。到 2020 年,构建社会主义和谐社会的目标和主要任务是:社会主义民主法制更加完善,依法治国基本方略得到全面落实,人民的权益得到切实尊重和保障;城乡、区域发展差距扩大的趋势逐步扭转,合理有序的收入分配格局基本形成,家庭财产普遍增加,人民过上更加富足的生活;社会就业比较充分,覆盖城乡居民的社会保障体系基本建立;基本公共服务体系更加完备,政府管理和服务水平有较大提高;全民族的思想道德素质、科学文化素质和健康素质明显提高,良好道德风尚、和谐人际关系进一步形成;全社会创造活力显著增强,创新型国家基本建成;社会管理体系更加完善,社会秩序良好;资源利用效率显著提高,生态环境明显好转;实现全面建设惠及十几亿人口的更高水平的小康社会的目标,努力形成全体人民各尽其能、各得其所而又和谐相处的局面。

关于构建社会主义和谐社会的原则,该决定强调六个"必须坚持",即必须坚持以人为本、必须坚持科学发展、必须坚持改革开放、必须坚持民主法治、必须坚持正确处理改革发展稳定的关系、必须坚持在党的领导下全社会共同建设。

这些论述清楚地表明,中国共产党领导核心所提出和创立的"构建社会主义和谐社会"的政治理念在理论上已经基本成熟,如果能够在政治实践和整个社会实践中有效地贯彻这些目标和原则,就能够引领中国的现代化建设取得更为重大的积极成果,而且证明社会主义市场经济有可能具有较之资本主义市场经济更大的优越性。

第四节　新时代中国先进文化的新篇章

党的十一届三中全会以来,随着改革开放实践在深度和广度上的快速拓展,我国经济与社会的发展相继取得了一系列令世人瞩目的辉煌成就。在经济建设方面,我国改革开放数十年来国民生产总值一直保持高速增长的态势,并于2010年一举超过日本成为世界第二大经济体;在科学技术方面,虽然我国在许多尖端科技方面与发达国家还有不小的距离,但这个距离正在迅速缩短,并且在许多高科技领域,如航空航天、超级计算机、通信技术、人工智能等等,不断实现重大突破,逐渐向科技强国迈进;随着改革开放的不断深化和经济技术的不断进步,我国人民物质生活水平显著提高。改善民生的力度不断加大,城乡就业持续扩大,居民收入较快增长,家庭财产稳定增加,衣食住行用条件明显改善,城乡最低生活保障标准和农村扶贫标准大幅提升,企业退休人员基本养老金持续提高。同时,国家的民主法治建设、文化建设、社会建设、国防和军队建设等各个方面都取得了重大的成就。至2017年中国共产党第十九次代表大会的召开,中国40年改革开放实践的发展,使我国在社会主义改造基本完成以后社会发展所面对的主要矛盾,即"人民日益增长的物质文化需要同落后的社会生产之间的矛盾"转化为"人民日益增长的美好生活需要和不平衡不充分的发展之间的矛盾"。主要矛盾的转化标志着中国特色社会主义初级阶段的发展呈现出新的阶段性特征,标志着中国特色社会主义进入新时代。相应地,中国特色的社会主义先进文化展开了一个新的历史篇章,这就"习近平新时代中国特色社会主义思想"。

一、深刻的社会发展理念

新时代社会主义先进文化的发展具有一个显著的特征,就是明确确立

"以人民为中心的发展思想"，这是新时代中国特色社会主义发展的总纲领，也是新时代中国社会主义先进文化的思想精髓。2015 年 10 月，党的十八届五中全会通过的《中共中央关于制定国民经济和社会发展第十三个五年规划的建议》，明确提出：必须坚持以人民为中心的发展思想，把增进人民福祉、促进人的全面发展作为发展的出发点和落脚点，发展人民民主，维护社会公平正义，保障人民平等参与、平等发展权利，充分调动人民积极性、主动性、创造性。① 同年 11 月 23 日，习近平总书记在主持中央政治局第二十八次集体学习时进一步指出，坚持以人民为中心的发展思想，这是马克思主义政治经济学的根本立场。习近平总书记指出："人民立场是马克思主义政党的根本政治立场，人民是历史进步的真正动力，群众是真正的英雄，人民利益是我们党一切工作的根本出发点和落脚点。"②

确立以人民为中心的发展思想，可以说是对此前提出的"以人为本"科学发展观的一个重大发展，更为鲜明地体现出社会主义社会的本质特征。社会主义社会作为迄今为止人类历史上最为先进的社会制度或社会形态，其先进性并不仅仅体现在它能够解放和发展生产力，建立与社会生产力发展水平和状况相适应的生产关系或经济体制，更体现在它的基本制度本身所具有的人民性上。社会主义社会的基本制度不是维护少数有产者阶级在经济关系中的统治地位的制度，而是确立无产阶级和广大劳动人民群众在政治上的统治地位的制度，社会主义革命和建设的根本目的也就是要使广大劳动人民群众彻底摆脱受剥削、受压迫的社会地位，消灭一切形式的奴役制度。因此，社会主义社会的发展理念必然是"以人为本"，而这个"人"并不是自由主义思想家所设想的那种仅仅追求自身特殊利益的抽象的个人，而是占人口绝大多数的广大劳动人民群众，因为只有劳动人民群众的自由和解放才具有人类解放的终极意义。在这个意义上，人民群众就是社会主义革命和建设乃至整个共产主义运动的出发点和归宿，也是马克思主义理论的核心和立脚点。

---

① 参见《十八大以来重要文献选编》（中），中央文献出版社 2016 年版，第 789 页。
② 《习近平谈治国理政》第 2 卷，外文出版社 2017 年版，第 189 页。

习近平总书记在纪念马克思诞辰 200 周年大会上发表讲话,明确指出:"马克思主义是人民的理论"、"学习马克思,就要学习和实践马克思主义关于坚守人民立场的思想"。党的十八大以来,以习近平同志为核心的党中央根据新时代中国社会发展呈现出来的新的矛盾和新的特征,在理论上和实践上创新发展了马克思主义和我们党对于"人民群众"的认知,提出了一系列新的论断,体现出马克思主义中国化最新成果的理论光辉和中国特色社会主义本质的内在规定性。因此可以说,"以人民为中心的发展思想"就是新时代先进文化发展的最基本的理念。

以人民为中心的发展思想贯穿于习近平新时代中国特色社会主义思想的各个方面,具有十分丰富、十分深刻的思想内涵。这个发展思想的重要性首先在于确立了"人民至上"的基本观念,突出了人民群众在社会历史发展中主体地位,强调人民群众是社会历史的创造者和社会历史发展的真正推动者。关于这一点,习近平总书记反复强调,"人民是历史的创造者,是真正的英雄","人民是创造历史的动力,我们共产党人任何时候都不要忘记这个历史唯物主义最基本的道理","人民是历史的创造者,是决定党和国家前途命运的根本力量"。[1] 只有依靠人民,才能创造历史伟业。因而党的根基在人民、党的力量在人民。中国共产党作为执政党并不是与人民群众相分离的特殊利益团体,是人民群众的社会历史主体地位决定了中国共产党在社会主义中国的执政地位。只有深深扎根人民、紧紧依靠人民,才能获得无穷的永不衰竭的力量。对此,习近平总书记深情地说:"党的根基在人民、血脉在人民、力量在人民。谋划发展,最了解实际情况的,是人民群众;推动改革,最大的依靠力量,也是人民群众。"他还说,"我们党来自人民、植根人民、服务人民,一旦脱离群众,就会失去生命力","人民群众反对什么、痛恨什么,我们就要坚决防范和纠正什么"。[2] 这些朴实无华的语言表达出中国共产党与中国人民群众血肉相连的密切关系。

---

① 《习近平谈治国理政》第 3 卷,外文出版社 2020 年版,第 16 页。
② 《习近平谈治国理政》第 3 卷,外文出版社 2020 年版,第 48 页。

"人民至上"归根到底也就是"人民利益至上"。这就是要把能否实现全体人民的基本利益作为衡量社会发展,衡量党和政府一切工作的基本尺度。正是人民群众对切身利益的追求、对美好生活的向往,推动着社会历史的发展和进步。要实现中华民族伟大复兴的中国梦,就是要实现国家富强、民族振兴、人民幸福,这就必须要维护好、发展好、实现好人民的切身利益,不断提高人民生活水平,满足人民群众不断增长的对美好生活的要求。中国共产党作为无产阶级和广大劳动人民的政党,除了人民的共同利益、普遍利益外,没有属于自身的特殊利益,因而党的全部奋斗就是要完整地实现全体人民的根本利益。为此,习近平总书记在 2018 年 3 月 20 日十三届全国人民代表大会第一次会议闭幕式上发表讲话,敦促全党"必须牢记我们的共和国是中华人民共和国,始终要把人民放在心中最高的位置,始终全心全意为人民服务,始终为人民利益和幸福而努力工作"①。

以人民为中心的发展思想在突出人民群众的社会历史主体地位前提下,强调尊重人民群众的首创精神,最大限度地激发人民群众的创造热情和创造力。"中国人民在长期奋斗中培育、继承、发展起来的伟大民族精神,为中国发展和人类文明进步提供了强大精神动力。"中国共产党的事业就是人民群众的事业。我们党发展壮大的一条重要经验,就是始终把群众作为智慧和力量的源泉,始终把政治智慧的增长、执政本领的增强深深扎根于人民的创造性实践中。面对新时代的新形势新任务,必须把人民群众的实践创造作为源头活水,推动党和国家事业不断向前发展。

以人民为中心的思想把中国共产党始终坚持的"为人民服务"的宗旨贯彻到新时代满足人民日益增长的美好生活要求的社会实践中。人民群众既是社会物质财富和精神财富的创造者,同时也是社会物质财富和精神财富的享用者,而人民群众所能分享的社会财富就是人民群众自己创造的。中国共产党作为执政党所做的一切,就是要"不断把为人民造福事业推向

---

① 《习近平谈治国理政》第 3 卷,外文出版社 2020 年版,第 139 页。

前进"。正如习近平总书记在党的十九大报告中指出的那样："带领人民创造美好生活，是我们党始终不渝的奋斗目标。必须始终把人民利益摆在至高无上的地位，让改革发展成果更多更公平惠及全体人民，朝着实现全体人民共同富裕不断迈进。"①明确目标宗旨，我们的奋斗、我们的事业才会有明确的方向。

以人民为中心的思想不是一个空洞的口号或抽象的思想原则，而是作为指导思想全面地贯彻到经济与社会发展的全过程中。在经济建设方面：要把这个新的发展理念落实到经济发展的各个环节之中，把人民群众所关心、所期盼的事情作为党和政府工作的要点，通过不断深化经济体制改革和增强政府宏观控制能力不断增进人民群众的财产性收入，全面实现小康社会建设的目标，切实走向共同富裕的发展道路。在政治建设方面，坚持中国特色社会主义政治发展道路，把"坚持党的领导、人民当家作主和依法治国"的民主政治纲领现实化到国家政治生活和社会生活过程之中，发展全过程民主，一方面不断完善我国社会主义民主的制度程序；另一方面加强公民的民主参与实践，巩固和发展生动活泼、安定团结的政治局面。在文化建设方面，坚持社会主义文化建设为人民服务、为社会主义服务的基本目标，坚持百花齐放、百家争鸣的基本方针，坚持创造性转化、创新性发展的基本策略，为人民群众提供丰富的精神食粮，努力满足人民群众不断增长的精神文化需求。在社会建设方面，确立社会治理理念，提高社会治理能力，加强民生建设，抓住人民最关心最直接最现实的利益问题，从人民群众关心的事情做起，从让人民群众满意的事情做起，使人民获得感、幸福感、安全感更加充实、更有保障、更可持续。在生态文明建设方面，高度注重人民群众对生态质量的强烈呼声，坚定不移地走生产发展、生活富裕、生态良好的文明发展道路，建设人与自然和谐共生的现代化，为人民群众提供更多优质生态产品。

总之，如习近平总书记所说："人民立场是中国共产党的根本政治立场，

---

① 《习近平谈治国理政》第3卷，外文出版社2020年版，第35页。

是马克思主义政党区别于其他政党的显著标志。"①始终坚持人民立场,坚信党的根基和力量在人民,体现出中国共产党人的治国理念和执政实践。习近平总书记在 2021 年 2 月 20 日党史学习教育动员大会上颇具震撼力地说道:江山就是人民,人民就是江山,人心向背关系党的生死存亡。这句话道出了中国共产党人崇高的境界和博大胸怀,道出了执政党的全部使命、责任和担当,是以人民为中心的发展思想凝聚出的思想精华。

二、实现共同富裕的发展目标

如前所述,社会主义国家之所以是人类历史上迄今为止最为进步、最为先进的社会形态,不仅在于它能够为解放和发展社会生产力提供先进的生产关系和社会制度,从而较之其他社会形态具有更为强大的财富创造能力,而且在于它能够通过制度的建构使全体人民,特别是占人口绝大多数的创造社会财富的劳动人民群众,平等地共同分享社会财富。这是社会主义社会与资本主义社会根本不同之处。以私有制为基础的资本主义社会,生产力的发展和财富的增长主要是以追逐资本利润为基本目的,并且这种增长必然是以阶级剥削即雇佣劳动制的方式实现的,因而它不可避免地使社会财富越来越多地集中在少数人手中,使广大劳动人民群众始终处于被剥削、被压迫、被奴役的地位,从而导致贫富两极分化现象的持续存在且不可遏制。与资本主义社会相比较,以公有制为基础的社会主义社会的优越性和先进性则不仅在于通过解放和发展生产力创造出更多的社会财富,更在于把广大劳动人民群众从受剥削、受压迫、受奴役的地位中解放出来,摆脱贫困,有保障地享受自己创造的社会财富。社会主义社会的这个优越性和先进性就集中地体现在"共同富裕"这个发展目标上。对此,邓小平在中国改革开放之初就十分明确地把公有制经济和共同富裕的发展道路确定为社会主义优越性的集中体现,其中,公有制是实现共同富裕的前提,只要我国经济中公有制占主导地位,就可以避免两极

---

① 《习近平谈治国理政》第 2 卷,外文出版社 2017 年版,第 40 页。

分化。"共同富裕"并不仅仅是使老百姓摆脱贫困过上好日子,而是"体现社会主义本质的一个东西"①。

党的十八大以后,以习近平同志为核心的中央领导集体继承了邓小平同志关于"共同富裕"是社会主义本质特征的思想,并根据中国经济与社会的发展状况,将这一思想逐步付诸实施。2012 年 11 月 15 日,习近平在十八届中央政治局常委同中外记者见面时强调:"我们的责任,就是要团结带领全党全国各族人民,继续解放思想,坚持改革开放,不断解放和发展社会生产力,努力解决群众的生产生活困难,坚定不移走共同富裕的道路。"②以人民为中心的发展观也必然包含"共同富裕"这个应有之义,"我们始终坚定人民立场,强调消除贫困、改善民生、实现共同富裕是社会主义的本质要求,是我们党坚持全心全意为人民服务根本宗旨的重要体现,是党和政府的重大责任"③。社会主义社会的基本特征就在于"坚持发展为了人民、发展依靠人民、发展成果由人民共享"。通过更有效的制度安排"使全体人民朝着共同富裕方向稳步前进,绝不能出现'富者累巨万,而贫者食糟糠'的现象"④。

实现共同富裕始终是中国共产党领导的改革开放伟大实践追求的基本目标。在当今世界,没有一个资本主义国家能够把类似"共同富裕"这样的观念真正纳入到自身的发展策略中,西方极端的自由主义甚至直截了当地反对政府对穷人的照顾。因此从更根本的意义上说,只有社会主义国家才能把共同富裕写到自己的治国理政的纲领中,也只有社会主义国家才能让共同富裕真正成为现实。

共同富裕作为体现社会主义本质要求的发展目标,与马克思主义的共产主义理论在本质上也是高度一致的。2016 年 1 月 18 日,习近平总书记在省部级主要领导干部学习贯彻党的十八届五中全会精神专题研讨班上的讲话指

---

① 《邓小平文选》第 3 卷,人民出版社 1993 年版,第 364 页。
② 《习近平谈治国理政》,外文出版社 2014 年版,第 4 页。
③ 习近平:《在全国脱贫攻坚总结表彰大会上的讲话》,人民出版社 2021 年版,第 13 页。
④ 《习近平谈治国理政》第 2 卷,外文出版社 2017 年版,第 200 页。

出,共同富裕的发展理念与马克思主义的共产主义理论在根本上是一致的,同时也是我国人民自古以来的一个基本理想。马克思、恩格斯构想的共产主义社会,消灭阶级差别、消灭三大差别,各尽所能,按需分配,真正实现社会共享,实现每个人自由而全面的发展。从这个意义上说,共产主义也是一种共同富裕的理论,是"共同富裕"的最高发展阶段。

坚持共同富裕的发展道路的另一个重要方面,就是实现共同富裕并不仅仅是一个经济领域中的问题,而且还是一个事关执政党的执政基础和执政能力的政治问题。在政党发展史上,共产党与其他政党的根本区别就在于,它不是代表社会中某个阶级、阶层或利益集团的党派组织,而是自觉代表无产阶级和广大劳动人民群众的根本利益,共同富裕这个发展目标体现的就是无产阶级政党的这一根本性质,也是共产党执政的合法性根据,而能否实现共同富裕也就是对共产党执政能力的检验。"实现共同富裕不仅是经济问题,而且是关系党的执政基础的重大政治问题。要统筹考虑需要和可能,按照经济社会发展规律循序渐进。要自觉主动解决地区差距、城乡差距、收入差距等问题,不断增强人民群众获得感、幸福感、安全感"①。

综上所述,共同富裕这个发展目标具有经济的、政治的、民生的等各个方面的思想内涵和实践要求,因而习近平总书记要求,"在全面建设社会主义现代化国家新征程中,我们必须把促进全体人民共同富裕摆在更加重要的位置,脚踏实地、久久为功,向着这个目标更加积极有为地进行努力,促进人的全面发展和社会全面进步,让广大人民群众获得感、幸福感、安全感更加充实、更有保障、更可持续"②。2021 年 1 月 28 日,习近平总书记在十九届中央政治局第二十七次集体学习时进一步强调,共同富裕本身就是社会主义现代化的一个重要目标,因而我们要始终把满足人民对美好生活的新期待作为发展的出发

①　习近平:《论把握新发展阶段、贯彻新发展理念、构建新发展格局》,中央文献出版社 2021 年版,第 480 页。

②　习近平:《在全国脱贫攻坚总结表彰大会上的讲话》,人民出版社 2021 年版,第 21—22 页。

点和落脚点,促进社会公平正义,让发展成果更多更公平惠及全体人民。

当然,实现"共同富裕"的发展目标是一个复杂的社会工程。它需要社会生产力的充分发展、综合国力的不断增强,也需要国家和政府根据我国经济发展的状况不断调整国家的经济发展战略和分配政策,因此,自邓小平同志于20世纪80年代初提出建设"小康社会"的战略目标以后,历届党中央都始终不渝地做出努力推进这一目标的实现。20世纪末,我国基本实现了建设小康社会的最初目标,到2002年11月,党的十六大进一步提出,从新世纪开始,我国进入了全面建设小康社会,加快推进社会主义现代化的新的发展阶段,并采取了一系列有效策略,展开脱贫攻坚战,消除贫困、改善民生。经过40年改革开放的积累,在进入新时代之际,中国已有比较雄厚的经济实力来从根本上解决贫富差距过大的问题,也就是具备了实现共同富裕的国家能力。至2020年底,通过振兴乡村、精准扶贫等一系列战略性举措,脱贫攻坚战取得了全面胜利,使我国自2014年年底7000万剩余的农村贫困人口摆脱了贫困,与全国人民一道迈入全面小康社会。当然,这些成就的取得并不意味着我国人民已经完全实现了共同富裕的目标,而仅仅是万里长征走出的第一步,但我们相信在中国共产党的正确领导下,必然会把实现共同富裕的目标不断向前推进。正如2021年2月20日,习近平总书记在党史学习教育动员大会上发表讲话指出的那样,中国共产党的性质和宗旨就在于:"坚持一切为了人民、一切依靠人民,始终把人民放在心中最高位置、把人民对美好生活的向往作为奋斗目标,推动改革发展成果更多更公平惠及全体人民,推动共同富裕取得更为明显的实质性进展,把14亿中国人民凝聚成推动中华民族伟大复兴的磅礴力量。"[①]

三、全面的社会发展策略和目标

党的十九大报告把我国新时代主要矛盾界定为"人民日益增长的美好生

---

① 习近平:《在党史学习教育动员大会上的讲话》,人民出版社2021年版,第26页。

活需要和不平衡不充分的发展之间的矛盾"。从政治思维方式的角度看,关于社会主要矛盾的这个界定突破了以往相对偏重生产或经济建设的单一视角,而把社会发展的内涵扩展到社会生活的各个方面,由此提出更为全面、更富有综合性的发展战略思想。正如习近平总书记在报告中所指出的那样:"人民美好生活需要日益广泛,不仅对物质文化生活提出了更高要求,而且在民主、法治、公平、正义、安全、环境等方面的要求日益增长。"这同时也意味着,以人民为中心的发展思想不是一个空洞的口号或抽象的思想原则,而是同新时代经济与社会各个方面发展的新要求紧密结合,形成关于内容丰富、全面的能够满足人民美好生活的多方面发展需要的新时代经济与社会发展策略和目标。这些战略思想是新时代政治思维的最基本的内容,当然也是新时代我国社会主义先进文化的主要内容。

（一）新时代经济发展策略和目标

经济发展战略思想的核心内容就是贯彻新发展理念,建设现代化经济体系。进入新时代,我国经济已由高速增长阶段转向高质量发展阶段,正处在转变发展方式、优化经济结构、转换增长动力的攻关期,建设现代化经济体系是跨越关口的迫切要求和我国发展的战略目标。为此,党中央提出了一系列新时代经济发展重要举措。这些举措突出了经济发展策略和目标的若干重要意识:如"经济质量意识",即深化供给侧结构性改革,重点发展实体经济,增强我国经济质量优势;"创新型国家意识",即加快建设创新型国家,将创新视为引领发展的第一动力和建设现代化经济体系的战略支撑;"乡村振兴意识",即实施乡村振兴战略,始终把解决好"三农"问题作为全党工作重中之重,坚持农业农村优先发展,构建现代农业产业体系、生产体系、经营体系;"区域协调发展意识",实施区域协调发展战略,以城市群为主体构建大中小城市和小城镇协调发展的城镇格局,加快农业转移人口市民化。

经济发展策略和目标进一步强调要加快完善社会主义市场经济体制,明确提出了市场配置资源的决定性作用,同时更好发挥政府作用这样一个重大命题,以完善产权制度和要素市场化配置为重点,实现产权有效激励、要素自由流动、价格反应灵活、竞争公平有序、企业优胜劣汰。同时,一方面深化国有企业改革,培育具有全球竞争力的世界一流企业;另一方面清理废除妨碍统一市场和公平竞争的各种规定和做法,支持民营企业发展,激发各类市场主体活力。特别提出要推动形成全面开放新格局,强调开放带来进步,封闭必然落后,中国开放的大门不会关闭,只会越开越大。要以"一带一路"建设为重点,坚持引进来和走出去并重,遵循共商共建共享原则,加强创新能力开放合作,形成陆海内外联动、东西双向互济的开放格局。

对于满足"人民美好生活需要"来说,最重要的方面就是从根本上解决经济方面发展不充分、不平衡的问题,不断提高国家经济发展水平,不断增强国家的综合国力,使人民的经济收入不断增长、生活质量不断提升。这可以说是我国社会发展的最为基础的刚性要求。亦即"必须坚定不移把发展作为党执政兴国的第一要务,坚持解放和发展社会生产力,坚持社会主义市场经济改革方向,推动经济持续健康发展"。"解放和发展社会生产力,是社会主义的本质要求。我们要激发全社会创造力和发展活力,努力实现更高质量、更有效率、更加公平、更可持续的发展!"

(二)新时代科技发展策略和目标

建设现代化经济体系离不开科学技术的发展,科学技术发展也是先进文化的最为显著的标志之一。新时代科技发展策略和目标的一个显著特征就是把科技发展纳入建设创新型国家的发展蓝图中,强调创新是引领发展的第一动力,是建设现代化经济体系的战略支撑。要瞄准世界科技前沿,强化基础研究,实现前瞻性基础研究、引领性原创成果重大突破。加强应用基础研究,拓展实施国家重大科技项目,突出关键共性技术、前沿引领技术、现代工程技术、颠覆性技术创新,为建设科技强国、质量强国、航天强国、网络强国、交通强国、数字中国、智慧社会提供有力支撑。加强国家创新体系建设,强化战略科技力量。

科学技术的发展离不开科技体制的改革与不断完善,离不开科技人才的培养,因此要深化科技体制改革,建立以企业为主体、市场为导向、产学研深度融合的技术创新体系,加强对中小企业创新的支持,促进科技成果转化。倡导创新文化,强化知识产权创造、保护、运用。培养造就一大批具有国际水平的战略科技人才、科技领军人才、青年科技人才和高水平创新团队。

(三)新时代政治发展策略和目标

新时代政治发展策略和目标的基本原则就是,坚持中国特色社会主义政治发展道路,健全人民当家作主制度体系,发展社会主义民主政治。其核心内容就是坚持"党的领导、人民当家作主、依法治国有机统一"的基本框架,根据我国特定的社会政治条件和历史文化传统,积极稳妥地推进政治体制改革,推进社会主义民主政治制度化、规范化、法治化、程序化,保证人民依法通过各种途径和形式管理国家事务,管理经济文化事业,管理社会事务,巩固和发展生动活泼、安定团结的政治局面,发挥社会主义协商民主重要作用,推动协商民主广泛、多层、制度化发展,加强协商民主制度建设,使社会主义民主政治既有完整的制度程序,又有完整的参与实践,保证人民在日常政治生活中有广泛持续深入参与的平等权利。2019年11月,习近平总书记在考察上海长宁区虹桥街道古北市民中心时进一步提出,中国特色社会主义政治发展道路坚持的人民民主是一种全过程的民主,所有的重大立法决策都是依照程序、经过民主酝酿,通过科学决策、民主决策产生的。2021年3月,在提请十三届全国人大四次会议审议的全国人大组织法和全国人大议事规则修正案,把"全过程民主"作为规定增加了进去:全国人大及其常委会坚持全过程民主,同人民保持密切联系,倾听人民的意见和建议,始终坚持体现人民意志,保障人民权益。在2021年7月1日,习近平总书记在中国共产党成立100周年庆祝大会上再次强调:"践行以人民为中心的发展思想,发展全过程民主。"

政治发展战略的另一个重要方面,就是要深化依法治国实践。全面依法治国是国家治理的一场深刻革命,必须坚持厉行法治,推进科学立法、严格执法、公正司法、全民守法。加强宪法实施和监督,维护宪法权威,建设法治政府,推进依法行政,严格规范公正文明执法。深化司法体制综合配套改革,要让人民群众在每一个司法案件中感受到公平正义。建设社会主义法治文化,树立宪法法律至上、法律面前人人平等的法治理念。

习近平总书记指出："中国特色社会主义政治制度是中国共产党和中国人民的伟大创造。我们完全有信心、有能力把我国社会主义民主政治的优势和特点充分发挥出来，为人类政治文明进步作出充满中国智慧的贡献！"①

（四）新时代文化发展策略和目标

新时代文化发展策略和目标的基本原则是坚定文化自信，推动社会主义文化繁荣兴盛。

文化是一个国家、一个民族的灵魂，是一个民族的尊严和自信之所在。没有高度的文化自信，没有文化的繁荣兴盛，就谈不上中华民族伟大复兴；没有文化的自我更新和发展，就没有一个民族国家的进步。因此，新时代中国文化发展战略思想的基本要求，就是要坚持中国特色社会主义文化发展道路，激发全民族文化创新创造活力，建设社会主义文化强国。中国特色社会主义文化，源自中华民族五千多年文明历史所孕育的中华优秀传统文化，熔铸于党领导人民在革命、建设、改革中创造的革命文化和社会主义先进文化，植根于中国特色社会主义伟大实践。发展中国特色社会主义文化，就是以马克思主义为指导，坚守中华文化立场，立足当代中国现实，结合当今时代条件，发展面向现代化、面向世界、面向未来的民族的科学的大众的社会主义文化，推动社会主义精神文明和物质文明协调发展。要坚持为人民服务、为社会主义服务，坚持百花齐放、百家争鸣，坚持创造性转化、创新性发展，不断铸就中华文化新辉煌。

新时代文化建设首先要牢牢掌握意识形态工作领导权，维护意识形态安全，推进马克思主义中国化时代化大众化，建设具有强大凝聚力和引领力的社会主义意识形态，使全体人民在理想信念、价值理念、道德观念上紧紧团结在一起。其次，要培育和践行社会主义核心价值观，发挥社会主义核心价值观对国民教育、精神文明创建、精神文化产品创作生产传播的引领作用，把社会主

---

① 《习近平谈治国理政》第 3 卷，外文出版社 2020 年版，第 31—32 页。

义核心价值观融入社会发展各个方面,使之成为人们的情感认同和行为习惯。再次,深入挖掘中华优秀传统文化蕴含的思想观念、人文精神、道德规范,结合时代要求继承创新,让中华文化展现出永久魅力和时代风采。复次,加强思想道德建设,提高人民思想觉悟、道德水准、文明素养,提高全社会文明程度,广泛开展理想信念教育,弘扬民族精神和时代精神,加强爱国主义、集体主义、社会主义教育,引导人们树立正确的历史观、民族观、国家观、文化观。又次,深入实施公民道德建设工程,推进社会公德、职业道德、家庭美德、个人品德建设,激励人们向上向善、孝老爱亲,忠于祖国、忠于人民。加强和改进思想政治工作,深化群众性精神文明创建活动。最后,要弘扬科学精神,普及科学知识,开展移风易俗、弘扬时代新风行动,抵制腐朽落后文化侵蚀。推进诚信建设和志愿服务制度化,强化社会责任意识、规则意识、奉献意识。

在发展文化事业方面,要繁荣发展社会主义文艺,必须坚持以人民为中心的创作导向,在深入生活、扎根人民中进行无愧于时代的文艺创造。要繁荣文艺创作,坚持思想精深、艺术精湛、制作精良相统一,加强现实题材创作,不断推出讴歌党、讴歌祖国、讴歌人民、讴歌英雄的精品力作。发扬学术民主、艺术民主,提升文艺原创力,推动文艺创新,加强文艺队伍建设,培育高水平创作人才。同时,推动文化事业和文化产业发展,深化文化体制改革,完善文化管理体制,加快构建把社会效益放在首位、社会效益和经济效益相统一的体制机制。完善公共文化服务体系,深入实施文化惠民工程,丰富群众性文化活动。加强文物保护利用和文化遗产保护传承。健全现代文化产业体系和市场体系,创新生产经营机制,完善文化经济政策,培育新型文化业态。加强中外人文交流,推进国际传播能力建设,讲好中国故事,展现真实、立体、全面的中国,提高国家文化软实力。

中国共产党从成立之日起,既是中国先进文化的积极引领者和践行者,又是中华优秀传统文化的忠实传承者和弘扬者。当代中国共产党人和中国人民应该而且一定能够担负起新的文化使命,在实践创造中进行文化创造,在历史进步中实现文化进步!

（五）新时代社会建设发展策略和目标

社会建设发展策略和目标的基本原则是提高保障和改善民生水平，加强和创新社会治理。带领人民创造美好生活，是中国共产党始终不渝的奋斗目标。从经济发展角度看，社会建设的发展战略始终把人民利益摆在至高无上的地位，让改革发展成果更多更公平惠及全体人民，不断满足人民日益增长的美好生活需要，不断促进社会公平正义，逐渐实现共同富裕；从社会治理的角度看，不断提高社会治理的水平和能力，形成良好的社会秩序，使人民获得感、幸福感、安全感更加充实、更有保障、更可持续。

优先发展教育事业，加快教育现代化，办好人民满意的教育；提高就业质量和人民收入水平，视就业为最大的民生，坚持就业优先战略和积极就业政策，实现更高质量和更充分就业；加强社会保障体系建设，全面建成覆盖全民、城乡统筹、权责清晰、保障适度、可持续的多层次社会保障体系；实施健康中国战略，把人民健康理解为民族昌盛和国家富强的重要标志，因而要完善国民健康政策，深化医药卫生体制改革，全面建立中国特色基本医疗卫生制度、医疗保障制度和优质高效的医疗卫生服务体系，健全现代医院管理制度；有效维护国家安全，强调国家安全是安邦定国的重要基石，因而要健全国家安全体系，加强国家安全法治保障，提高防范和抵御安全风险能力。

从实现共同富裕的发展目标来看，中国共产党的一个庄严承诺就是，通过社会建设坚决打赢脱贫攻坚战，让贫困人口和贫困地区同全国一道进入全面小康社会。坚持大扶贫格局，注重扶贫同扶志、扶智相结合，深入实施东西部扶贫协作，重点攻克深度贫困地区脱贫任务。

在社会建设的发展策略和目标中，最为重要的就是改变以往单一的自上而下的社会管理模式，打造共建共治共享的社会治理格局。加强社会治理制度建设，完善党委领导、政府负责、社会协同、公众参与、法治保障的社会治理体制，提高社会治理社会化、法治化、智能化、专业化水平。

（六）新时代生态文明建设发展策略和目标

在现代社会发展中，生态问题已是国内外政府和民众高度关注的全球性社会问题。生态问题不仅关系到生态平衡的破坏导致的环境污染和资源短缺极大地威胁到人类的生存和可持续发展,而且能否和如何治理生态问题也成为考量社会制度的优越性的重大政治问题。生态治理客观上必然要求政府的有效管控,而在这方面,中国特色社会主义市场经济恰恰以能够发挥政府的积极作用为基本特征,因而中国特色社会主义是能为从根本上解决生态问题提供制度上的保证的。

在新时代,生态文明建设发展策略和目标的基本思想原则是加快生态文明体制改革,建设美丽中国,树立人与自然是生命共同体的理念,强化尊重自然、顺应自然、保护自然的意识。我们要建设的现代化是人与自然和谐共生的现代化,既要创造更多物质财富和精神财富以满足人民日益增长的美好生活需要,也要提供更多优质生态产品以满足人民日益增长的优美生态环境需要。

推进绿色发展。加快建立绿色生产和消费的法律制度和政策导向,建立健全绿色低碳循环发展的经济体系。着力解决突出的环境问题。坚持全民共治、源头防治,持续实施大气污染防治行动,打赢蓝天保卫战。构建政府为主导、企业为主体、社会组织和公众共同参与的环境治理体系。积极参与全球环境治理,落实减排承诺。加大生态系统保护力度。实施重要生态系统保护和修复重大工程,优化生态安全屏障体系,构建生态廊道和生物多样性保护网络,提升生态系统质量和稳定性。总之,要牢固树立社会主义生态文明观,推动形成人与自然和谐发展的现代化建设新格局,为保护生态环境作出我们这代人的努力。

(七)新时代国防和军队建设的发展策略和目标

国防和军队建设无疑是维护国家主权、领土完整和国家安全的基本保障,拥有现代化的强大的国防力量,也是国民美好生活的重要组成部分。国防和军队建设发展策略和目标的基本思想原则是,坚持走中国特色强军之路,全面推进国防和军队现代化。全面贯彻新时代党的强军思想,贯彻新形势下军事战略方针,建设强大的现代化陆军、海军、空军、火箭军和战略支援部队,打造坚强高效的战区联合作战指挥机构,构建中国特色现代作战体系。

适应世界新军事革命发展趋势和国家安全需求,提高建设质量和效益,确保到 2020 年基本实现机械化,信息化建设取得重大进展,战略能力有大的提升,到 2035 年基本实现国防和军队现代化,到本世纪中叶把人民军队全面建成世界一流军队。加强军队党的建设,开展"传承红色基因、担当强军重任"主题教育,推进军人荣誉体系建设,培养有灵魂、有本事、有血性、有品德的新时代革命军人,永葆人民军队性质、宗旨、本色。继续深化国防和军队改革,深化军官职业化制度、文职人员制度等重大政策制度改革,推进军事管理革命,完善和发展中国特色社会主义军事制度。树立科技是核心战斗力的思想,推进重大技术创新、自主创新,加强军事人才培养体系建设,建设创新型人民军队。全面从严治军,推动治军方式根本性转变,提高国防和军队建设法治化水平。

军队是要准备打仗的,一切工作都必须坚持战斗力标准,向能打仗、打胜仗聚焦。坚持富国和强军相统一,强化统一领导、顶层设计、改革创新和重大项目落实,深化国防科技工业改革,形成军民融合深度发展格局,构建一体化的国家战略体系和能力。完善国防动员体系,建设强大稳固的现代边海空防。

（八）新时代国家统一的策略和目标

坚持"一国两制",推进祖国统一。香港、澳门回归祖国以来,"一国两制"实践取得举世公认的成功。保持香港、澳门长期繁荣稳定,必须全面准确贯彻"一国两制"、"港人治港"、"澳人治澳"、高度自治的方针,严格依照宪法和基本法办事,完善与基本法实施相关的制度和机制。要支持特别行政区政府和行政长官依法施政、积极作为,团结带领香港、澳门各界人士齐心协力谋发展、促和谐,保障和改善民生,有序推进民主,维护社会稳定,履行维护国家主权、安全、发展利益的宪制责任。坚持爱国者为主体的"港人治港"、"澳人治澳",发展壮大爱国爱港爱澳力量,增强香港、澳门同胞的国家意识和爱国精神,让香港、澳门同胞同祖国人民共担民族复兴的历史责任、共享祖国繁荣富强的伟大荣光。

解决台湾问题、实现祖国完全统一,是全体中华儿女共同愿望,是中华民族根本利益所在。必须继续坚持"和平统一、一国两制"方针，推动两岸关系和平发展，推进祖国和平统一进程。一个中国原则是两岸关系的政治基础。体现一个中国原则的"九二共识"明确界定了两岸关系的根本性质，是确保两岸关系和平发展的关键。

秉持"两岸一家亲"理念，尊重台湾现有的社会制度和台湾同胞生活方式，愿意率先同台湾同胞分享大陆发展的机遇。我们将扩大两岸经济文化交流合作，实现互利互惠，逐步为台湾同胞在大陆学习、创业、就业、生活提供与大陆同胞同等的待遇，增进台湾同胞福祉。我们将推动两岸同胞共同弘扬中华文化，促进心灵契合。

在事关国家统一的问题上，我们始终坚持的基本信念就是坚决维护国家主权和领土完整，绝不容忍国家分裂的历史悲剧重演。一切分裂祖国的活动都必将遭到全体中国人坚决反对。我们有坚定的意志、充分的信心、足够的能力挫败任何形式的"台独"分裂图谋。我们绝不允许任何人、任何组织、任何政党、在任何时候、以任何形式、把任何一块中国领土从中国分裂出去！

实现中华民族伟大复兴，是全体中国人共同的梦想。我们坚信，只要包括港澳台同胞在内的全体中华儿女顺应历史大势、共担民族大义，把民族命运牢牢掌握在自己手中，就一定能够共创中华民族伟大复兴的美好未来！

（九）新时代外交策略和目标

坚持和平发展道路，推动构建人类命运共同体。中国共产党是为中国人民谋幸福的政党，也是为人类进步事业而奋斗的政党。中国共产党始终把为人类作出新的更大的贡献作为自己的使命。中国将高举和平、发展、合作、共赢的旗帜，恪守维护世界和平、促进共同发展的外交政策宗旨，坚定不移在和平共处五项原则基础上发展同各国的友好合作，推动建设相互尊重、公平正义、合作共赢的新型国际关系。

我国外交的基本策略就是呼吁各国人民同心协力，构建人类命运共同体，建设持久和平、普遍安全、共同繁荣、开放包容、清洁美丽的世界。要相互尊重、平等协商，坚决摒弃冷战思维和强权政治，走对话而不对抗、结伴而不结盟的国与国交往新路。要坚持以对话解决争端、以协商化解分歧,统筹应对传统和非传统安全威胁,反对一切形式的恐怖主义。要同舟共济,促进贸易和投资自由化便利化,推动经济全球化朝着更加开放、包容、普惠、平衡、共赢的方向发展。要尊重世界文明多样性,以文明交流超越文明隔阂、文明互鉴超越文明冲突、文明共存超越文明优越。要坚持环境友好,合作应对气候变化,保护好人类赖以生存的地球家园。

中国坚定奉行独立自主的和平外交政策,尊重各国人民自主选择发展道路的权利,维护国际公平正义,反对把自己的意志强加于人,反对干涉别国内政,反对以强凌弱。中国决不会以牺牲别国利益为代价来发展自己,也决不放弃自己的正当权益,任何人不要幻想让中国吞下损害自身利益的苦果。

中国积极发展全球伙伴关系,扩大同各国的利益交汇点,推进大国协调和合作,构建总体稳定、均衡发展的大国关系框架,按照亲诚惠容理念和与邻为善、以邻为伴周边外交方针深化同周边国家关系,秉持正确义利观和真实亲诚理念加强同发展中国家团结合作,秉持共商共建共享的全球治理观,倡导国际关系民主化,坚持国家不分大小、强弱、贫富一律平等,支持联合国发挥积极作用,支持扩大发展中国家在国际事务中的代表性和发言权。中国将继续发挥负责任大国作用,积极参与全球治理体系改革和建设,不断贡献中国智慧和力量。我们坚信,世界命运握在各国人民手中,人类前途系于各国人民的抉择。中国人民愿同各国人民一道,推动人类命运共同体建设,共同创造人类的美好未来。

四、新时代加强党的建设的基本理念和策略

在中国社会主义先进文化的构成与发展中始终有一个至关重要的部分,这就是中国共产党关于党的建设的思想理论,这是由社会主义基本制度、无产阶级政党的基本性质和中国共产党作为执政党的政治地位决定的政党文化。它既是社会主义先进文化的不可或缺的一部分,更是政治思维方式的最为重要的一部分。如前所述,社会主义社会的终极目标是人类解放,也就是说,社

会主义绝不像资本主义那样在实质上或事实上仅仅维护少数资产者的利益，而是要维护和增进全体人民特别是占人口多数的劳动人民群众的基本利益，追求属于全体人民的实质性的自由与平等。而要能够做到这一点，并且始终保持这一点，客观上就必然要求无产阶级和广大劳动人民群众能够在政治上取得统治地位，从而使国家机器的政治运作能够始终不渝地成为全体人民群众实现其基本利益、共同利益和长远利益的工具。

在现代政治形态中，无产阶级和劳动人民群众在政治上的统治地位同样必须通过政党制加以实现，而无产阶级的政党即共产党正是无产阶级在政治上的代表，因而它一经产生就与资产阶级政党有着完全不同的性质。在资本主义制度下，资产阶级政党尽管可以以多元化的方式存在，但就维护资本主义基本制度而言，所谓多党不过是资产阶级政党的不同派别，因而无论哪个党执政，在事实上和实质上所维护的只能是资产阶级在政治上的统治地位。在这种情况下，真正代表无产阶级和劳动人民群众的无产阶级政党很难有存身的余地。这也说明了，无产阶级政治统治地位的获得，从而无产阶级政党的执政地位的获得，通常都要通过浴血奋斗的历程才能实现。

因此，从理论原则上说，无产阶级政党执政的依据不仅在于这种执政地位来之不易，更在于它是能够忠实地代表无产阶级和广大人民群众的根本利益、共同利益的政党，它的执政不是为了社会的某一特殊阶级或阶层的特殊利益，而是为了能够实现全体社会成员的基本利益、共同利益和长远利益，能够以人民的共同幸福为根本目的。这也就是说，能否尊重社会发展的客观规律、忠实地贯彻人的解放的价值目标，能否确保无产阶级和广大劳动人民群众在政治上的统治地位，能否始终不渝地代表全体人民的基本利益、共同利益和长远利益，直接决定了共产党执政地位的合法性及其在当代中国社会主义民主政治中的优先地位。

当然，共产党的不可动摇的执政地位也必然会使其执政的政治品质面临严峻的考验。在这个问题上，我们必须足够清醒地认识到这样一个问题，即"阶级统治"和"政治统治"是两个不同的概念。前者是指在经济上占统治地位的阶级客观上必然会制约国家的政治统治,使之能够维护和表达它们的利益和意志。后者则表现为一定的公共活动,即一定的公共权力机构运用公共权力,建立和维护公共秩序的活动。因此,在任何社会中,统治阶级无论是其个人还是整体都不可能直接掌管或行使公共权力,这种公共权力必然是掌握在恩格斯所说的"第三种力量"手中,即由官吏组成的公共机构或国家手中,具有相对独立性和自主性。政治统治的这种相对独立性和自主性很有可能产生一种负面的政治后果,即由官吏组成的政治统治集团有可能使政治统治脱离其阶级基础,异化为与社会,甚至与统治阶级相对立的特殊利益群体,使公共权力的运用既不是为大众服务,甚至也不为统治阶级服务,而是为这个狭隘的统治集团的私利服务。理解这一点,无疑对保持共产党执政在政治品质上的纯洁性提出了更高的要求。社会主义国家的执政党若要使自身始终成为社会公共利益和人民群众根本利益的发展者和保护者,就必须通过法律手段和道德约束保持政治体系的政治自律和道德自律,有效地防止政治腐败,防止政治统治脱离其阶级基础或群众基础。否则,一旦堕落为谋取私利的特殊利益集团,就会使自身的合法性依据丧失殆尽。

中国共产党的党的建设思想理论是中国共产党对自身的性质、特征、责任、使命和能力的自觉认识,也包括对自身存在的各种问题的清醒认识。自改革开放以来,中国共产党历届领导集体都高度注重党的建设,通过思想理论建设保持中国共产党先进性、纯洁性,不断提高党的执政水平和执政能力。党的十九大以来,以习近平同志为核心的党中央根据新时代社会主要矛盾的转化和经济与社会发展的新特点,对党的建设提出了更高的要求,确立了党的建设的基本思想原则,即坚定不移全面从严治党,不断提高党的执政能力和领导水平。领导十几亿人的社会主义大国,我们党作为执政党既要政治过硬,也要本领高强。增强政治领导本领、增强改革创新本领、增强依法执政本领、增强群众工作本领、增强驾驭风险本领,使社会主义中国在整个社会主义历史发展时期拥有一个坚定、廉洁、清正、富有执政智慧的领导核心,这是完成社会主义建设事业并向共产主义过渡的根本保证。

（一）树立"全面从严治党永远在路上"的意识

"从严治党"是中国共产党为在复杂的国内和国际环境下保持自身的纯洁性、先进性和提高自身执政能力而给自身立下的绝对命令。因而党中央要求全党要清醒认识到，我们党面临的执政环境是复杂的，党正面临着执政考验、改革开放考验、市场经济考验、外部环境考验的长期性和复杂性，深刻认识党面临的精神懈怠危险、能力不足危险、脱离群众危险、消极腐败危险的尖锐性和严峻性，坚持问题导向，保持战略定力，推动全面从严治党向纵深发展。

随着我国经济与社会的不断发展以及国际环境的不断变化，作为执政党的中国共产党将会面临越来越多的新的问题和挑战，因此"全面从严治党"不是一时的举措，而是永远持续的任务，没有休止符，"永远在路上"。因而新时代党的建设基本要求就是：坚持和加强党的全面领导，坚持党要管党、全面从严治党，以加强党的长期执政能力建设、先进性和纯洁性建设为主线，以党的政治建设为统领，以坚定理想信念宗旨为根基，以调动全党积极性、主动性、创造性为着力点，全面推进党的政治建设、思想建设、组织建设、作风建设、纪律建设，把制度建设贯穿其中，深入推进反腐败斗争，不断提高党的建设质量，把党建设成为始终走在时代前列、人民衷心拥护、勇于自我革命、经得起各种风浪考验、朝气蓬勃的马克思主义执政党。

（二）抓好党的政治建设和思想建设

中国共产党是马克思主义政党，它的根本要求就是旗帜鲜明讲政治，把党的政治建设摆在首位是马克思主义政党的根本要求。党的政治建设是党的根本性建设，决定党的建设方向和效果。保证全党服从中央，坚持党中央权威和集中统一领导，是党的政治建设的首要任务。全党要坚定执行党的政治路线，严格遵守政治纪律和政治规矩，在政治立场、政治方向、政治原则、政治道路上同党中央保持高度一致。全党同志特别是高级干部要加强党性锻炼，不断提高政治觉悟和政治能力，把对党忠诚、为党分忧、为党尽职、为民造福作为根本政治担当，永葆共产党人政治本色。

思想建设是党的基础性建设，其根本要求就是用习近平新时代中国特色社会主义思想武装全党,共产主义远大理想和中国特色社会主义共同理想是中国共产党人的精神支柱和政治灵魂,也是保持党的团结统一的思想基础。要把坚定理想信念作为党的思想建设的首要任务,教育引导全党牢记党的宗旨,挺起共产党人的精神脊梁,解决好世界观、人生观、价值观这个"总开关"问题,自觉做共产主义远大理想和中国特色社会主义共同理想的坚定信仰者和忠实实践者。

(三)加强党风党纪建设,健全党和国家监督体系

执政党的党风党纪是执政党党性原则在政党及其党员的行动中的表现。中国共产党的党风是马克思主义世界观在党的实践活动的表现,具体体现在党的组织和党员的思想作风、工作作风、生活作风、学风上。党纪就是根据党的性质和宗旨按照民主集中制原则确定的党的组织和党员必须遵守的行为准则。显然,没有严格的党纪,就不会有良好的党风,也就不可能始终保持党的基本性质不变。因此,党风党纪建设关系到执政党的党性是否高尚、纯正,是否能够始终赢得广大人民群众的信任和支持。只有持之以恒地正风肃纪,才能保持党与人民群众的血肉联系,才能增强群众观念和群众感情,不断厚植党执政的群众基础。

在党风党纪的建设实践中,最为重要的任务就是要加大防腐、反腐的力度,夺取反腐败斗争压倒性胜利。人民群众最痛恨腐败现象,腐败是我们党面临的最大威胁。只有以反腐败永远在路上的坚韧和执着,深化标本兼治,保证干部清正、政府清廉、政治清明,才能跳出历史周期率,确保党和国家长治久安。推进反腐败国家立法,建设覆盖纪检监察系统的检举举报平台,强化不敢腐的震慑,扎牢不能腐的笼子,增强不想腐的自觉,通过不懈努力换来海晏河清、朗朗乾坤。

保持执政党的清正廉洁,最根本的要求就是要健全党和国家监督体系,增强党自我净化能力,根本靠强化党的自我监督和群众监督。要加强对权力运行的制约和监督,让人民监督权力,让权力在阳光下运行,把权力关进制度的笼子。强化自上而下的组织监督,改进自下而上的民主监督,发挥同级相互监

督作用,加强对党员领导干部的日常管理监督。构建党统一指挥、全面覆盖、权威高效的监督体系,把党内监督同国家机关监督、民主监督、司法监督、群众监督、舆论监督贯通起来,增强监督合力。

　　总之,伟大的事业必须有坚强的党来领导。只要我们党把自身建设好、建设强,确保党始终同人民想在一起、干在一起,就一定能够引领承载着中国人民伟大梦想的航船破浪前进,胜利驶向光辉的彼岸!

第六章 面向现代、面向世界、面向未来的文化自信

2016 年 7 月 1 日，习近平总书记在庆祝中国共产党成立 95 周年大会上发表讲话指出："文化自信，是更基础、更广泛、更深厚的自信。在五千年文明发展中孕育的中华优秀传统文化，在党和人民伟大斗争中孕育的革命文化和社会主义先进文化，积淀着中华民族最深层的精神追求，代表着中华民族独特的精神标识。"从五千年文明发展中孕育出来的中华优秀传统文化到中国共产党领导中国人民在新民主主义革命斗争中锤炼出来的革命文化，再到中国共产党领导全国人民在中国特色社会主义革命和建设过程中锻造出来的并且不断发展着的社会主义先进文化，中国文化带着深厚的文化底蕴、顽强拼搏的精神和与时俱进的发展态势，随着新时代中国社会实践的发展，克服重重困难，奔向自己的目标：中华民族的伟大复兴。它伴随着中国社会漫长的历经坎坷、历经磨难但又百折不挠、砥砺前行的发展过程，经过千百年来难以数计的社会动荡、灾难和社会变革的锤炼，中国文化成为这个世界最具顽强生命力的文明形态之一，它不仅拥有历史的辉煌，更拥有创造性地解决现代社会和现代世界在文化建构方面遇到的各种困难问题的卓越智慧。这也是中国人的文化自信的最为重要、最为根本的体现。

第一节 应对现代社会文化建构的困境

所谓现代社会是与传统社会相对应的社会形态。如果说传统社会是指以

自然经济为基础体现农业文明的社会形态,那么现代社会就是以市场经济为基础体现工业文明和科技文明的社会形态。现代社会最初是随着分工和商品经济的发展而逐渐孕育成熟,并随着资本主义生产方式的产生和发展而形成的。在现代资本主义社会中,随着社会分工和交换手段的日益发展,社会结构日益具有异质性,即在社会成员中划分出不同的阶级、阶层和社会群体,这些阶级、阶层和社会群体各自具有属于自身的社会地位、利益诉求和价值观念,这就使相互冲突的利益角逐和多样化的生活方式如何形成统一的、普遍的、共享的文化精神成为困扰现代社会的重大问题。这个问题在经过几个世纪发展在现代资本主义社会中不断蓄积,持续地在社会生活的各个领域中诱发难以克服的文化矛盾,使现代社会的文化建构陷入矛盾重重的境地,也使整体社会生活的内在协调难以实现。对此,西方学者不乏深切的感受和清醒的认识。以下,我们可以借助西方学者的研究来分析现代社会的发展在文化建构方面面临的困境和问题。

一、现代社会文化建构中的矛盾和问题

现代社会自诞生的那一时起,其内在的矛盾就开始逐渐暴露出来,西方很多敏感的知识分子在研究现代社会的同时,也就开始了对现代社会的批判。其中,马克思、恩格斯无疑是现代性批判的思想先驱,他们对现代资本主义经济关系、政治制度和意识形态的批判,直到今天依然具有重大的理论价值。不过,马克思、恩格斯的现代性批判主要侧重的是政治经济学角度,较少对现代社会文化建构中的矛盾和问题做出专门的批判。其他一些社会理论家如法国社会学家涂尔干、德国社会学家马克斯·韦伯、美国社会学家丹尼尔·贝尔等,20世纪70年代兴起的后现代主义思潮,均从不同的角度对现代社会的文化矛盾做出了比较系统深入的考察和研究,揭示了现代社会在其文化建构方面所面临的主要问题。

(一)涂尔干:社会分化与文化价值观的裂变

对于率先进入现代社会的西方发达国家的民众来说,最强烈的感受恐怕

就是在欧洲统治了一千多年的基督教神学在市场经济和工业文明的强烈冲击下迅速衰落,随之而来的则是精神生活本身日益缺乏凝聚的力量,人的生存的意义感正在丧失。法国社会学家涂尔干抓住了这个问题,把这个问题归结为"集体意识"的淡化或边缘化。涂尔干在1893年出版了《社会分工论》一书,在这本书中,他对传统社会和现代社会的"团结类型"进行了比较,初步揭示了现代资本主义社会所面临的精神困境。所谓"团结类型"主要就是指通过一定的社会机制将社会成员的活动或生活整合到一定的社会共同体中,使社会成员能够相互合作以达到共同体的目标。涂尔干认为,在传统社会中,由于社会分工不发达,社会分化程度比较低,社会成员的生活或活动缺乏有机的功能性的相互依赖关系,社会生活的整合,从政治机制上看,主要是依靠国家的外在强制力量的统治和管理,从文化机制上看,主要是基于一种强烈的共同的"集体意识",即"社会成员平均具有的信仰和感情的总和"[①]。在中世纪的欧洲,基督教神学就是借助人们对超自然神灵的信仰把封建王权神圣化,把封建等级制度天理化,使之成为体现"集体意识"的普遍物,并用一套"原罪论"、"救赎论"和"天国论"的说教劝服人们禁绝欲望、忍受痛苦,放弃抗争、施人以爱,用"来世幸福"的幻觉消解现实的苦难。这些神学说教对于欧洲各国广大教民起到了有效的约束作用。涂尔干把这种凭借集体意识所形成的团结类型称为"机械团结"。在他看来,这种具有机械团结特性的社会结构,就是由彼此相似的同质性环节共同构成的一个体系。而这种结构的相似性或同质性又是通过社会成员的共同信仰、共同情感和共同的道德意识表现出来。

在现代社会中,随着分工的发展和社会分化程度的提高,社会成员因其活动的专门化而不断强化彼此间功能性的相互依赖关系,从而形成了以分工为基础的"有机团结"。这种有机团结占主导地位的社会结构不同于机械团结的社会结构,"这些社会并不是由某些同质的和相似的要素复合而成的,它们

---

① [法]涂尔干:《社会分工论》,渠东译,生活·读书·新知三联书店2000年版,第42页。

是各种不同机构组成的系统,其中,每个机构都有自己独特的职能,而且它们本身也都是由各种不同的部分组成的"①,也就是说,社会分工的发展带来了社会的高度分化和社会结构的高度异质性。同时,这种异质性的社会结构是在每个人对自身利益的追逐中自然而然地形成的,因而它使崇尚个人独立和追逐个人私利的个人主义发展起来,每个人越来越倾向于只同自己所属的有限的专门化的群体(如职业群体、阶层、阶级)认同,而不是同整个社会认同。这些专门化的群体往往为了追求他们的特殊利益而不惜牺牲社会的共同利益,这就不可避免地降低了"集体意识"或"共同意识"在社会整合中的重要性。

然而,在涂尔干看来,分工的发展和社会结构异质性增强并不意味着泯灭了共同的集体意识,它只是降低了集体意识在日常生活微观层次上的调节作用,从而为个人的独立性、自由和社会结构的异质性留下了充分的空间,但这并不必然导致人们逐渐与基于共同信仰和道德一致的社会联系相脱离。这是因为,个人是依赖于社会的,共同的信仰和文化价值观念给予生活以意义和目的,而以共同信仰和价值观念为根基的各种社会规范则引导和调整行为,使社会成员和社会组织的行为在整体上保持一定的协调性。同时,整个社会层次上的整合也要求利益群体之间必须在更高层次上达到意见一致,这种一致则必然基于各种利益群体所共有的基本价值。就拿现代社会中的契约关系来说,涂尔干认为,历史上不存在任何根源于契约的社会,"契约关系本来是不存在的,只有到了社会劳动开始分化的时候,它们才逐渐发展起来"②。这就是说,契约关系的建立必然有其非契约的社会基础,即全社会共有的道德规则、共同情感和有关公平正义的共同信念等等。这些东西就是作为集体意识而在契约关系之外并对契约关系起支配作用的社会力量,它们规定了契约的合法性和契约得以实行的条件。因此,"凡是契约存在的地方,都必须服从一

---

① [法]涂尔干:《社会分工论》,渠东译,生活·读书·新知三联书店2000年版,第142页。
② [法]涂尔干:《社会分工论》,渠东译,生活·读书·新知三联书店2000年版,第165页。

种支配力量,这种力量只能属于社会,绝不属于个人:它越来越变得强大而又繁杂"①。集体意识的重要性就在于,它为契约关系提供了非契约性的道德基础,亦即"集体的角色不仅仅在于在人们相互契约的普遍性中确立一种绝对命令,还在于它主动积极地涉入了每一规范的形成过程。首先,它是被指定的仲裁人,负责解决人们的利益纠纷,划定人们应该遵守的界限。其次,它最主要的职责就是要维护秩序与和平"②。

据此,涂尔干批评了当时以斯宾塞为代表的那种忽视现代社会潜在的集体意识的社会理论。他认为,集体意识特别是其中共同信仰的淡漠、基本价值共识和共同道德规则的丧失,最终会侵犯社会的规范性结构,导致个人行为的"失范",或者使个人行为陷入一种无意义、无规范的状态。在主观层面上,个人可能会由于经验到不确定或不安全的状态而茫然不知所措,或者由于个人的愿望超出了所有能实现其愿望的现实机会而产生失望感。在更深的层面上,失范表现为普遍无意义的感觉,亦即使人们对现代社会的生活目的和意义产生令人痛苦的怀疑。对此,涂尔干指出:"如果说失范是一种罪恶的话,那是因为它使社会遭尽了磨难,社会没有凝聚力和调节力,就无法存在下去。因此,道德规范和法律制度在本质上表达了自我同一性的要求。社会置身于舆论的氛围里,而所有舆论又都是一种集体形式,都是集体产生的结果。要想治愈失范状态,就必须首先建立一个群体,然后建立一套我们现在所缺乏的规范体系。"③

(二)韦伯:工具合理性与价值合理性的冲突

德国社会学家马克斯·韦伯对资本主义社会内在文化矛盾的分析,显示出现代文明本身所蕴含的这种紧张和对立。韦伯在其对社会行动类型的分析中,把社会行动分为合理性和非理性的两大类,进而又把合理性行动分为价值合理性行动和工具合理性行动。他认为,这两种合理性在人们的实际行动中

---

① [法]涂尔干:《社会分工论》,渠东译,生活·读书·新知三联书店2000年版,第169页。
② [法]涂尔干:《社会分工论》,渠东译,生活·读书·新知三联书店2000年版,第17页。
③ [法]涂尔干:《社会分工论》,渠东译,生活·读书·新知三联书店2000年版,第17页。

并不是分立的,任何实际行动既包含工具合理性成分,又有价值合理性成分。然而,这两种合理性毕竟又存在着相互矛盾的一面,这种矛盾并非能够在实际行动中自然地得到协调或消解。韦伯把上述观点用于分析社会结构,从总体上把人们的社会行动做出了形式合理性和实质合理性的区分。形式合理性具有事实的性质,可归结为手段和程序的可计算性,即基于工具的合理性,谋求最大限度地降低成本提高产出。实质的合理性具有价值的性质,属于对目的和后果的价值考量,即基于价值的合理性,从某种特殊的实质目的上看行动后果是否具有意义合理性,是否符合信仰或价值承诺。韦伯认为,在资本主义世界中,这两种合理性之间存在着一种永远无法消解的紧张对立关系。

韦伯把现代资本主义看成是工具或形式合理性最为成功的典型,因为只有在这种合理性的行为方式和思维方式的支配下,才会产生出经过推理证明的数学和通过理性实验的实证科学,才会相应地产生出合理性的法律、社会行政管理体制以及合理性的社会劳动组织形式。但也正是因为形式合理性与实质合理性的对立,资本主义社会又不可避免地陷入进退两难的窘境。从经济上说,追求利润或高效率使市场经济中的生产和资本主义经济制度从根本上具有了形式合理性,但那些银行巨头和金融寡头以及大大小小的投资者或投资商为了获得额外的商业利益,往往不顾社会的公共利益。他们利用市场行情见机取利的行为,往往是导致经济危机亦即现代资本主义实质非理性的重要根源。

资本主义社会国家管理体系表现为不断加强的科层化,从纯技术的观点上看,纯科层制类型的行政管理即独断的科层制分工明确、权责明晰、纪律严格,可以获得最高程度的效率,因而无疑最具有工具的或形式上的合理性。然而,在科层制中,个人按照自己的信仰、理想的价值而行动的自由受到极大的压制,合理性的计算把每个人变成了这架庞大机器上的一个零件,促使人们形成十分冷漠的公务态度或产生追逐权力向上爬的发迹思想,并最终导致不考虑行为的合理性而只是僵硬地执行制度的非理性后果。

在精神生活中,工具的合理性使人们摆脱了传统宗教信仰和保守的伦理道德的束缚,但又使人们陷入一种新的异化境地:人成了机器的奴隶、商品的奴隶、官僚制度的奴隶,从而使崇拜效率、崇拜金钱、崇拜商品成为一种新的拜物教。它窒息了人们的灵性,降低了文化的水准,剥夺了人的自由,使现实变为实质上的非理性了。总之,资本主义社会依靠工具的合理性使自身获得了巨大的物质进步,但它无法达到实质的合理性。

(三)贝尔:文化价值观的结构性矛盾

资本主义社会的文化矛盾不仅是精神生活领域内的紧张,而且是各层次社会结构之间的相互对立和冲突。美国社会学家丹尼尔·贝尔在1976年发表的《资本主义文化矛盾》一书中,通过分析资本主义社会经济、政治和文化结构之间的关系,揭示了文化矛盾的更为深刻的内涵。

贝尔认为资本主义是这样一个社会经济系统,它同建立在成本核算基础上的商品生产挂钩,依靠资本的持续积累来扩大投资。这种独特的经济运转模式牵涉着一整套独特的文化精神和品格构造。其文化精神的基本特征是"自我实现",即把个人从传统束缚和归属纽带中解脱出来,以便按照主观意愿"造就"自我。在品格构造上,它确立了自我控制规范和延期报偿原则,培养出为追求既定目的所需的严肃意向行为方式。正是这种经济系统与文化、品格构造的交融关系组成了资本主义文明。但是,资本主义历经二百余年的发展和演变,逐渐使经济、政治与文化领域之间发生根本性对立和冲突。

经济——技术领域是资本主义发展过程中起决定性推动作用的基础部门。它的轴心原则是追求效率,"即为了获取效益,尽量把工作分解成按成本核算的最小单位。这种围绕专业和科层组织建立的轴心结构本身是一个官僚合作体系。其中的个人也必然被当作'物',而不是人来对待(用社会学术语说,此处人的行为受'角色要求'的调解),成为最大限度谋求利润的工具。一句话,个人已消失在他的功能之中"[①]。"政治领域是调节冲突的部门。其中起轴心支配作用的是平等原则:法律平等,公民权利平等,以及最近提出的社

[①] [美]丹尼尔·贝尔:《资本主义文化矛盾》,赵一凡等译,生活·读书·新知三联书店1989年版,第26页。

会与经济权利平等。"①文化领域是由文学、艺术、宗教和思想组成的负责诠释人生意义的部门。其轴心原则是不断再现并再造"自我",以达到自我实现和自我满足。其"特征是自我表现和自我满足。它是反体制的,独立无羁的,以个人兴趣为衡量尺度。在这里,个人的感觉、情绪和判断压倒了质量与价值的客观标准,决定着文艺作品的贵贱"②。文化领域追求"个性化"、"独创性"和"反制度化"精神会促使每个人去实现自己的潜力,因此也会造成"自我"同技术——经济秩序所需要的"角色要求"不断发生冲撞。丹尼尔·贝尔认为,经济、政治和文化三个领域各自拥有相互矛盾的轴心原则,彼此按照不同节奏变化,并且由不同的、甚至相反方向的轴心原则加以调节。它们各有自己的独特模式,并依此形成大相径庭的行为方式。"由此产生的机制断裂就形成了一百五十年来西方社会的紧张冲突。"③

　　从贝尔的上述观点中,我们能够很好地体会或领悟出现代资本主义社会自身中既无法避免又无法克服的内在矛盾及其所导致的精神生活的紊乱。恰如贝尔所言:"每个社会都设法建立一个意义系统,人们通过它们来显示自己与世界的联系。这些意义规定了一套目的,它们或像神话和仪式那样,解释了共同经验的特点,或通过人的魔法或技术力量来改造自然。这些意义体现在宗教、文化或工作中。在这些领域里丧失了意义就造成一种茫然困惑的局面。"④只有当一种能够统摄意义世界的文化精神成为社会生活的心理基础时,由社会分工的发展所划分出来的各个特殊的生活领域以及每个个人的活动或生活才能彼此协调,并使有组织的社会生活自觉地遵从有计划的发展策

　　① ［美］丹尼尔·贝尔:《资本主义文化矛盾》,赵一凡等译,生活·读书·新知三联书店1989年版,第26页。

　　② ［美］丹尼尔·贝尔:《资本主义文化矛盾》,赵一凡等译,生活·读书·新知三联书店1989年版,第26页。

　　③ ［美］丹尼尔·贝尔:《资本主义文化矛盾》,赵一凡等译,生活·读书·新知三联书店1989年版,第41页。

　　④ ［美］丹尼尔·贝尔:《资本主义文化矛盾》,赵一凡等译,生活·读书·新知三联书店1989年版,第197页。

略,从而尽可能地避免相互冲突的意志导致盲目的"合力"效应。

(四)后现代主义:理性主义传统的颠覆

当丹尼尔·贝尔这样的多少具有文化保守主义倾向的思想家对现代社会的文化冲突和价值分裂备感忧虑的时候,兴起于20世纪五六十年代的后现代理论则力图把多元性、异质性、差异性、分裂性、片断化理解为解构、颠覆现代社会的积极力量,从而贬低乃至否定建立或重塑共同的、统一的、共享的文化精神的努力。

法国哲学家福柯对于黑格尔和马克思所代表的那种总体化的、统一的历史发展理论表示不满,认为这种理论实际上是通过抽象概念体系而达到了其叙事的总体化,充其量不过是一种现代理性主义的神话。福柯认为,在现代社会的权力体系中,权力无所不在,以相互交错的网络形式遍及社会的每一个角落、每一个毛孔,其中"规训性权力"是最细微、最精致的权力技术,它通过层级监视和规范化的检查来训练个人,使人变成按一定的行为规范行动的肉体。对"规训性权力"的分析,使福柯看到,支撑规训性权力的现代理性是一种压迫性的力量,它使多种形态的权力技术以脱离主体的结构方式渗透到社会生活的各个方面,并通过社会制度、话语和实践等方式实施对个人的统治。现代理性是这种统治的根源,它把知识和真理视为权力和统治的基本成分,用真理的统一性遮蔽了社会领域内的差异性和多元性,同时在政治上导致了对多元性、多样性和个体性的压抑,助长了顺从性和同质性。为此,福柯提出一个"一般历史概念"用以反对现代的总体历史概念。他把这两种历史概念之间的差别概括为:"一种总体历史叙事将所有现象都聚拢到一个单一的中心———一种原则、一种意义、一种精神、一种世界观、一个包容一切的范型———之下;与之相反,一般历史叙事展现的则是一个离散的空间。"①福柯确信这种非总体化的后现代历史学方法能打破那些巨大的统一体,使"一个完整的领域被解放了"。这种历史学方法"不会产生某种单一的后果,而是带来多种多

① Foucault,Michel,*The Archaeology of Knowledge*,Trans.A.M.Sheridan Smith,New York:Pantheon Books,1972,10.

样的后果"①,它能够使历史学家在知识领域内发现话语的多样性。

如果说福柯对现代性的批判是立足于对现代理性的剖析,那么后现代思想家德勒兹、加塔利则把对欲望的压抑看成是现代性,特别是现代资本主义社会的一切弊端的总根源。德勒兹和加塔利认为,欲望是无意识以各种类型的"综合"而引发的情感与力比多能量的持续生产。欲望本身是一种自由的生理能量,它在本性上具有包容性,可以同物质流及局部客体建立随机的、片断性的、多样化的联系。而各种社会体制就是通过疏导和控制欲望的方式,或者说通过驯服和限制欲望的生产能量的过程造成欲望的"辖域化",从而导致对欲望的压抑。因此,要使欲望所具有的生产能量依其本性发挥作用,就必须经过"解辖域化"过程,将物质生产和欲望从社会限制力量的枷锁下解放出来。德勒兹和加塔利认为,现代资本主义在对欲望的辖域化和解域化过程中,处于自我矛盾的状态。一方面,资本主义将市场关系扩展到每一个角落,带来了日益复杂的分工、具有自我/超我结构的私人个体以及社会和精神的片断化;另一方面,它同时又以抽象的等价交换逻辑将欲望再辖域化到国家、家庭、法律、商品逻辑、银行系统、消费主义等规范化制度中,使欲望和需要重新被导入限制性的心理与社会空间,从而使它们受到了比原始社会和专制社会更为有效的控制。

在德勒兹与加塔利看来,现代资本主义的所谓"解辖域化"和"再辖域化",在人们的精神生活领域所导致的最为明显的后果是精神分裂的产生。不过,这里所说的精神分裂并不是一种疾病或一种生理状态,而是一种在资本主义社会状况下产生的具有潜在的解放力量的精神状态,是一种彻底解码的产物。作为一种精神的非中心化过程,精神分裂使主体逃脱了资产阶级的现实原则,逃脱其压抑性的自我与超我束缚以及俄狄甫斯陷阱,从而从根本上对资本主义的稳定和再生产构成了威胁。为此,他们主张用一种"分裂分析"对

---

① Foucault, Michel, *The Archaeology of Knowledge*, Trans. A. M. Sheridan Smith, New York: Pantheon Books, 1972, 160.

一切社会领域内的个体与群体欲望的无意识投资进行一种非中心化的、片断的分析。当然，他们所说的"精神分裂"并非是指个体的或实体的"精神分裂症"，而是同欲望流相关的"非中心化过程"。

对于非连续性、非中心化、片断、分裂和异质性的肯定，使大多数后理论家对建立普遍的、统一的文化精神采取否定的、贬抑的态度。利奥塔否认普遍原则和信仰绝对标准的合法性。例如，他在《公正游戏》一书中，把"公正"理解为只能是局部的、多元的、暂时的，"每一种公正都是按照同它相关联的某种游戏的具体规则来界定的"，不存在凌驾于其他一切游戏之上的语言游戏，没有特权话语，也没有普遍性的公正理论可供我们去解决不同游戏之间的斗争。在每一种情况下，公正都是一种暂时性的判断，它不承认普遍原则或原则的普遍化。在利奥塔看来，现代话语为了使其观点合法化而诉诸进步与解放、历史或精神的辩证法，或者意义与真理的铭刻（inscription）等元叙事。例如，现代科学就是通过宣称它能将人们从愚昧和迷信中解放出来，并且能够带来真理、财富和进步而使自身合法化的。而后现代知识则是反元叙事和反基础主义的；它回避了宏大的合法化图式；拥护异质性、多元性和不断革新。为此，利奥塔置分歧和异议于一致和共识之上，置异质性和不可通约性于普遍性之上，反对任何意义上的建立共识的努力。他还告诫人们：我们必须不以普遍规则作判断，我们应当寻求差异，倾听那些代表着差异的沉默各方的声音；然后，我们应当允许缄默的声音去讲话，说出与多数话语相反的原则或观点。这样一来，我们就能够突出容忍差异，并且可以走向多元理性而非一元理性。

就描述、分析、批判资本主义社会本身的文化矛盾而言，迪尔凯姆、韦伯和贝尔以及后现代思想家们的上述观点可以说是入木三分的。然而，这些学者对资本主义文化问题的批判性研究存在着一个共同的倾向，即有意或无意地回避对资本主义私有制的剖析。在他们的心目中，私有制似乎是一个不可触动的前提，这就使他们要么像韦伯那样最终陷入"二难选择"的忧虑，或者像贝尔那样提出一些虚幻的修复方略（如回归宗教、建立"公众家庭"等）聊以自慰。像许多后现代思想家那样干脆地把分裂、多元、异质性、非连续性、非总体化等视作高于一切的文化原则,从而彻底放弃追求共同利益、普遍原则和价值共识的努力,这本身所颠覆的不是资本主义,而是社会的文化整合机制。因为没有对共同利益、普遍精神和价值共识的追求,任凭社会文化精神处于分崩离析、支离破碎的状态,那么文化领域必将被相对主义、虚无主义甚至是神秘主义所笼罩,其最终结果是导致生活准则和意义的丧失。

二、中国特色社会主义文化建构中的核心价值

无论是涂尔干的"集体意识问题",或是韦伯的"合理性问题",还是贝尔的文化价值观的结构性冲突问题,以及后现代主义对传统理性主义的颠覆等等,都是以市场经济为基础的现代社会在其文化建构方面所面临的普遍性问题,并且这些问题是在资本主义基本社会制度框架内难以解决的深层问题,它们隐藏在文化繁荣的表象之下,构成了资本主义社会内在的文化困境。我国在社会主义初级阶段的发展过程中正致力于建立和完善社会主义市场经济体制,而随着社会主义市场经济体制的发展,客观上也会面对现代社会在其发展中自发地衍生出来的各种文化问题。但是,作为社会主义国家,我国必然要在中国共产党的领导下通过自觉的文化建设实践合理地解决文化建构中的矛盾和问题,最大限度地形成有关中国特色社会主义发展道路的文化共识,形成能够对整个社会生活起到整合作用的文化精神,以确保我国的社会主义现代化建设能够在社会主义先进文化的引领下沿着健康的轨道不断发展。

(一)社会主义核心价值观的形成

"集体意识"可以说是社会整合的文化机制,而在现代社会中,集体意识的衰落,是与导致社会结构不断分化和异质化的市场经济的内在机制密切相关的。随着我国社会主义市场经济体制的不断完善和发展,我国社会结构也必然会朝着分化和异质化的方向发展,最典型的特征就是在社会成员中形成不同的社会阶层和利益群体,这些社会阶层和利益群体有着不同的利益诉求和价值观念,因而对社会变革过程也会产生不同的理解和不同的甚至相互对立的态度。在这种情况下,如果缺乏能够为广大社会成员普遍接受的共同价

值观念,社会成员在价值观上就会处于一种众说纷纭、莫衷一是的混乱状态,使社会变革过程缺乏凝聚力,社会变革措施缺乏社会调节力,并由此导致社会制度的建构、改革策略的实施以及社会治理方案的出台都缺乏合理性的价值认同。因此,要合理地解决现代社会文化建构中的矛盾和问题,首先必须充分认识普遍的、共享的文化价值观念在社会整合中的重要作用。

在社会生活中,制度、法律、道德等社会规范都是以一定的社会文化价值观为基底的,这种文化价值观赋予社会规范以"合理性"的意义。要使社会成员能够自觉遵从社会规范,就必须在文化价值观上保持基本的一致性。在市场经济的发展中,市场主体对特殊利益的无止境追求,往往会使人们在人的生存价值和生活意义等问题上产生极大的心理矛盾和困惑。如果没有体现人生的终极价值和意义的集体意志作为社会生活的精神依托,人们的行为就会变得日益浅近,其精神生活也会因失去对生活意义的准确理解而变得空虚、迷惘。在这种情况下,即便物质极大丰裕,人们也不会感到幸福。因此,社会体系的高度整合、社会生活的正常运转,必然要求我们自觉地确立与社会主义市场经济相适应的集体意志或普遍的文化价值。

市场经济的发展必然会在客观上带来特殊利益与公共利益的分离乃至对立。因为市场主体就是一个追逐自身特殊利益的主体,而且在正常的经济秩序中,没有任何力量可以强制性地要求市场主体放弃自身的特殊利益而去追求公共利益。在这种情况下,必然要求国家成为公共利益的实际主体,代表全社会维护和促进公共利益的发展。如果说推动公共利益的实现必然是基于理性的考量,那么在这个意义上,国家也必然是文化理性的代表。特别是在中国共产党确立的"以人民为中心"的发展思想中,更是应当把人民的福祉作为发展公共利益的核心原则,自觉地确立既与社会主义市场经济相适应,又符合社会主义社会基本价值取向的集体意志或普遍的文化价值。这种集体意志当然不是用普遍利益来压抑特殊利益,而是一种关注人的基本权利,关注人的发展,关注人生的终极价值的文化精神。它不排斥人们对特殊利益的合法追求,但可以引导人们在自身的社会活动中超越浅近的利益要求,把特殊利益的实现同个人潜能的发挥、人格的完善联系在一起,使之具有更为普遍的文化价值;它不压抑人的自主性和自由性,但可以使人们从共同生活的必要性上,从人的发展对社会条件的依赖性上,重新确立个人与社会的内在关系,把社会生活的进步和个人发展理解为互为前提、互为条件的过程,从而树立关注共同生活的社会责任感和道德意识,把个人生活的特殊性同社会进步的普遍价值融为一体。

注重经济、政治和思想文化三个领域的协调发展,也是我国社会主义文化建构的社会基础。市场经济的发展不可避免地会导致经济、政治和文化获得各自的相对独立性,并相应地产生各自的价值轴心。但这并不意味着,三个领域各自追求自身价值的活动必然会发生逆向摩擦。相反,在这三个领域相互作用的动态过程中,经济生活对效率的追求,政治生活对民主、公正与合法性的追求,文化领域对人的自由、自我实现和生存意义的追求,恰恰应当能够产生互补作用,以保证社会生活在整体上协调、健康地运转。例如,经济领域追求效率,从而为人们各方面的社会生活提供必要的物质条件和手段。然而,市场效率的持续增长和充分发挥,则必然要求依靠国家的政治体系来建立公正的市场制度,以形成稳定、公平的市场秩序。因此政治领域对公正、民主与合法性的追求以及由此而发生的政治行为,正是经济领域产生和发挥效率所必需的政治条件。同样地,思想文化的发展也正是为经济发展提供必要的科学文化条件,并满足人们对健康充实的精神生活的追求,使社会生活的发展成为人的自主性、自由性不断深化和扩展的历史过程。因此,三个领域各自追求自身基本价值的活动,在其互动过程中,恰恰是每个领域都从其他领域吸收自身发展所需的但自身又不能创造的社会条件,唯其如此,才能保证社会生活体系协调健康地发展。在资本主义社会所产生的所谓三个领域的"逆向摩擦",实际上是私有制经济的客观本性决定了资本主义社会无法克服市场经济本身所固有的自发倾向的结果,是以金钱为媒介的经济体系和以权力为媒介的政治体系严重泛化的结果。建立以公有制为主体多种经济成分共同发展的社会主义市场经济,应当能够利用公有制的优势,成功地协调三个领域之间的矛盾,并通过确立与社会主义市场经济相适应的文化精神,使三个领域的基本价值在更高的层次上达到统一。

总之,社会主义社会是以追求人的解放、追求人的自由而全面的发展为其终极价值目标的。这个终极价值目标也必然是内在于社会主义现代社会文化建构的核心内容。只不过在社会主义初级阶段上,由于社会结构的高度分化和异质化,这个终极价值目标必须具有与社会主义市场经济发展要求相吻合的特殊历史内容,必须既能够充分吸收现代社会文化价值观念的积极因素,反映社会生活的层次性和丰富性,同时又能够有助于在社会制度的建构方面自觉地克服现代资本主义社会在其发展中所不能解决的问题,形成具有广泛的精神凝聚力并对社会生活起到强有力的整合作用的社会主义社会的"集体意志"。为此,2006 年 10 月,中国共产党十六届六中全会通过了《构建社会主义和谐社会若干重大问题决定》,首次提出"建设社会主义核心价值体系"的任务。进而在 2012 年,中国共产党第十八次全国代表大会在社会主义核心价值体系的基础上,针对社会生活的不同层次,提出了"社会主义核心价值观",即在国家层面上倡导富强、民主、文明、和谐,在社会层面上倡导自由、平等、公正、法治,在公民个人层面上倡导爱国、敬业、诚信、友善。可以说,我国社会主义核心价值观所包含的 12 个概念凝聚了人类文明的最重要的价值,体现了人类文明发展的共同价值取向。正如 2015 年 9 月 28 日习近平主席在纽约联合国总部出席第七十届联合国大会一般性辩论时,在题为《携手构建合作共赢新伙伴同心打造人类命运共同体》的讲话中所指出的那样:"和平、发展、公平、正义、民主、自由,是全人类的共同价值,也是联合国的崇高目标。"

(二)社会主义核心价值观的现实化

要使我国的社会主义核心价值观真正成为凝聚社会力量、整合社会生活的"集体意志",更为关键的问题是把核心价值观作为一种"集体意识"现实化为我国社会主义社会的规范结构,使其能够对社会生活产生规范调节力。因此,在我国社会主义初级阶段上,如何根据我国现实发展阶段的基本特征和诸种现实条件理解这些价值观念的具体内涵,如何能够使它们现实化为社会的规范系统,对于形成社会的规范性结构,充分发挥核心价值观对整个社会生活的规范调节力是至关重要的。如果不理解或忽视核心价值观的现实化意义,就会把核心价值观滞留在抽象、空泛的议论中,而不可能真正深入人心并成为人们社会行为的普遍准则。

社会主义核心价值观涉及国家建设、社会治理和公民德性三个基本的方面,尽管这三个方面的价值理念是互相渗透的,但也有各自的侧重。以下,我们就三个层次的核心价值观如何现实化为我国社会主义社会的规范性结构,做一初步的探讨。

1.国家建设的基本价值理念

"富强、民主、文明、和谐"主要是指国家建设方面的基本价值理念,亦即国家建设和国家发展所要追求的基本价值目标。

富强是任何一个国家在国家建设方面必然要追求的价值目标,社会主义国家更是如此。"贫穷不是社会主义"这个朴实的真理,道出了建设中国特色社会主义的基本目标。社会主义就是要使广大劳动人民群众彻底摆脱贫困、孱弱的境况,逐步实现美好生活的愿望。问题在于,我国作为社会主义国家应当怎样根据我国社会生产力的发展状况,根据我国社会发展的现实条件和具体国情,做出能够切实促进国家富强的发展战略和制度安排。促进国家富强的价值目标主要体现在两个方面。首先,在我国社会主义初级阶段上,要实现国家的富强,就必须通过市场化改革建立和完善交换手段充分发达的社会主义市场经济体制。我国改革开放以来所取得的巨大经济成就已经证明,市场经济作为高效率的经济形态是现代经济发展不可逾越的历史阶段,是实现国家富强的唯一经济手段。而要维护市场经济健康、稳定、持续的发展,就必须建立能够最大限度保障市场效率的经济制度,建立能够有效维护市场秩序的规则体系并通过行政和司法管理体制,确保市场主体的经济行为符合市场体系的规范要求。其次,富强也不仅仅是指"国富",更重要的是指"民富",也就是必须保证经济增长的利益能够普遍地惠及全体社会成员。与无视贫富分化的自由主义价值理念不同,社会主义国家在社会财富的分配上是以"共同富裕"为基本价值目标。这就需要有一整套制度体系,如分配制度、财政制度、税收制度、社会保障制度等等,来合理地限制贫富差别,防止贫富两极分化,不断增加公民个人的财产性收入,逐步实现"共同富裕"的价值目标。由此看来,富强作为我国社会主义核心价值观既体现了社会主义市场经济的内在逻辑和现实要求,又体现了社会主义制度的基本性质和未来趋势,因而它必然能够使中国特色社会主义发展道路成为凝聚各种社会力量的共同理想。任何抵制和反对市场化改革,任何片面地强调市场效率而忽视国家在公平分配方面所做的努力,都是与国家富强的价值目标背道而驰的。

民主是社会主义国家最基本的政治理念。我国改革开放实践已经摸索出中国特色社会主义政治发展道路,形成了发展社会主义民主政治的基本政治框架,即"坚持党的领导、人民当家作主、依法治国的有机统一"。依照这个政治框架,我国社会主义民主政治建设的实质就是"人民当家作主",即确认国家的一切权力属于人民,确认人民群众享有平等参与国家事务管理和制约、监督国家公共权力的政治权利,确保人民群众在其社会生活中依法平等享有的个人自由权利不受侵犯。因此,要建立和完善社会主义民主政治,就需要通过一整套宪法和法律来有效地维护公民的基本政治权利和个人自由权利,如选举权和被选举权,人身自由权、财产权、工作或劳动权、思想言论自由权等等;需要有严格的制度和法规来限制、制约和监督国家公共权力的行使,防止公权腐败侵犯国家的公共利益和公民的自由权利。同时,社会主义民主要忠实地体现民主政治的实质内容,而不流于"形式化",还必须超越现代代议民主的局限,拓宽民主渠道,发展多种民主形式。如建立和健全广泛多层的协商民主制度等,使人民群众能够就国家经济社会发展重大问题和涉及群众切身利益的实际问题充分发表自己的意见和见解,提出自己的利益诉求,做到建议有地方提,委屈有地方说,从而真正参与到国家和社会的公共决策过程中来。习近平总书记提出的"全过程人民民主",更是体现了社会主义民主政治建设的最高境界。而要使全过程人民民主成为现实,更需要一系列制度作保障,既能有完整的制度程序,又能有完整的参与实践。

　　文明是从社会文化发展的意义上统合社会进步状态的价值理念。这里所说的文化不是单指纯粹的精神文化,而是与"自然"相区别的、作为人类实践活动的过程和结果的广义文化。在这个意义上,社会文明就内在地包含了物质文明、政治文明、精神文明、生态文明等各个方面。文明同样不是抽象的东西,而恰恰是以社会规范系统为其现实的存在形态。事实上,人类文明就是从社会规范系统的形成开始的,并且社会文明的任何进步都必然要在社会制度的建构中显现出来。因此,体现社会主义社会基本性质并符合社会主义市场经济和民主政治发展要求的宪法法律制度及其所包含的以社会主义市场经济为核心的经济制度、体现人民当家作主的民主政治制度、保持文化的先进性和引导文化生活健康发展并维护文化生活良好秩序的文化制度、保护资源与环境的生态制度等等,以及与现代社会发展的内在逻辑相吻合的习俗、习惯和道德规范,都是通过社会规范系统来凝结现代文明的因素,使文明体现在对社会成员的社会行为的规范调节中。

　　和谐是指协调、友好、稳定、持续的关系,既包括人与自然的关系,也包括人与人之间的社会关系。就人和自然的和谐关系而言,概括地说,就是要合理开发和利用自然资源,保护生态环境。显然,要达到这个目的,就需要建立一整套保护资源和生态的法律法规,将资源的开发与利用和生态环境的保护置于法律法规的有效监控之下,防止无节制地滥用资源导致生态环境的破坏。同时,我们还需要倡导和确立有利于环境保护的道德意识和道德规范,从而使生态环境的保护成为社会成员的道德自律和社会生活的良好风尚。就人与人的社会关系而言,我们同样需要一系列法律、法规和道德准则来协调和规范个人与社会之间、政府与民众之间、社会成员之间的关系,用理性的、合乎规范的制度化方式合理解决个人利益与公共利益之间的矛盾,正确处理政府与民众之间的矛盾和社会成员之间的利益纠纷,并在人们的日常生活中借助良好的习俗、习惯、礼仪、道德的形式和力量形成人们之间相互尊重、相互理解、相互包容、相互体谅、重诚信、讲友爱的和谐关系。

2. 社会治理的基本价值理念

现代社会的形成之所以是一个巨大的历史进步,就在于现代社会的建构彻底地终结了传统封建社会的等级制、宗法制和封建专制制度,用宪法和法律的形式确认并维护社会成员在人格上的平等,确认和维护社会成员平等享有的政治生活中的公民权利和社会生活中的个人自由权利,因此自由与平等是现代社会发展中人们普遍追求的基本价值理念。然而,就现代社会的发展过程来看,人类的自由与平等似乎必然要经历从形式上的自由与平等逐步向实质上的自由与平等的过渡。形式上的自由与平等主要就是人格意义上的和权利意义上的自由与平等。这种形式上的自由与平等是在市场经济的发展中逐步实现的,是市场经济体系得以确立的基本前提。资本主义社会所能实现的自由与平等,总体上说,就是这种形式上的自由与平等。我国目前正处在社会主义初级阶段,必须通过发展社会主义市场经济实现现代化的建设目标。这在客观上必然要求我们首先要实现这种形式上的自由与平等,也就是必须通过宪法和法律来确认和维护公民在人格上的和权利上的自由与平等,甚至可以说,我们必须较之资本主义社会更好地、更完整地实现这种形式上的自由与平等。当然,社会主义核心价值体系的立足点不是市民社会而是"人类社会和社会的人类",它固然要全面地实现人在形式上的和法律上的自由和平等,尊重和维护个人的自由权利,但它所关注的不是少数个人的自由和权利,而是"人民群众"的普遍利益和他们在事实上和实质上的自由和平等,它应当旗帜鲜明地以全体人民的共同富裕为基本价值目标。在这里,走"共同富裕"的发展道路,其意义不仅在于增进公民的财产性收入和提高公民的物质生活水平,更在于普遍增强公民实质性自由能力,逐步实现形式上的自由与平等同实质性的自由与平等的统一,最终为人的全面而自由的发展创造出充分的社会条件。

自由与平等本质上也就是社会公正这个基本价值观念的核心内容。在这个意义上,社会公正首先意味着国家必须通过宪法和法律制度确保公民个人平等享有的政治权利和个人自由权利不受侵犯,使政府与民众之间、群体与群体之间、群体与个人之间和个人与个人之间的矛盾和纠纷都能在宪法法律的框架内得到合理的解决。其次,考虑到我国正处在以市场经济为基础的社会主义初级阶段上,完整地实现人格意义上的和权利意义上的自由与平等即形式上的自由与平等,这就意味着,社会公正必然要承认公民个人之间由于体力、智力、教养、资本、市场机遇等诸方面原因而在财富分配、权力地位、社会声望等不可能平等分配的社会资源上存在着实际差别,而不能用抽象的"平等"观念或"平均主义"观念来否认这种差别的合理性和必要性。在这个方面,社会公正就是要通过一系列制度安排保证劳动、工作、职务、地位等获取社会资源的机会平等地向所有人开放,以便使社会成员能够通过公平竞争、诚实劳动来增强自己的自由能力,实现自己的生活目标。最后,作为社会主义国家,我们也应当把"共同富裕"纳入到社会公正的基本内涵中,并将其作为社会主义社会公正理念的实质精神。虽然在我国社会现实的发展阶段上,共同富裕并不是同等富裕,也不是同时富裕,但社会主义国家有责任本着社会公正的价值目标,通过积极的制度建设,自觉地遏制市场经济导致贫富分化的自发倾向,使全体社会成员能够通过各种有效的、制度化的渠道普遍地分享经济增长的利益和社会发展的成果。

　　法治是现代社会发展的普遍要求,是现代社会治国理政的基本方式,是现代社会制度的集中体现。无论是社会主义市场经济体制的自我完善,还是社会主义民主政治的建构,无论是维护公民的基本权利,还是维护社会公正和社会的文明与和谐,都必须通过法治予以实现。社会主义国家的任何制度建设,都应当以完备的法治为自身的存在方式。因此,法治作为核心价值观,它的第一要求就是要树立和维护我国宪法和法律的最高权威性,"建立健全全社会忠于、遵守、维护、运用宪法法律的制度。坚持法律面前人人平等,任何组织或者个人都不得有超越宪法法律的特权,一切违反宪法法律的行为都必须予以追究"①。在现代社会中,宪法法律对人们的社会活动方式和人们之间的社会

──────────

① 《十八大以来重要文献汇编》(上),中央文献出版社2014年版,第529页。

关系具有最强的规范调节力,因此,要确立宪法的最高权威性关键在于宪法的实施。正如习近平总书记指出的那样,全面贯彻实施宪法,是建设社会主义法治国家的首要任务和基础性工作。宪法的生命在于实施,宪法的权威也在于实施。必须通过有效的社会动员,强化法治的权威性和普遍性,使依法治理成为党政工作的基本原则,使依法办事成为公民的行为准则。总之,中国特色社会主义社会的规范性结构在其现实内容上就是要建立和完善普遍法治的公民社会,在国家治理和社会治理过程中全面贯彻法治原则,由此形成既与社会主义市场经济发展要求相吻合,又能忠实地体现社会主义社会基本价值取向的社会规范性结构。

3. 公民德性的基本价值理念

所谓"公民德性"是指作为一个国家公民对自己所属的民族国家所应履行的最基本的道德责任,而不是指一个人的道德修养的全部内容。古希腊哲学家亚里士多德谈到公民德性时称:"公民们尽管彼此不尽一致,但整个共同体的安全则是所有公民合力谋求的目标。它们的共同体就是他们的政体,因而公民的德性与它们所属的政体有关。"①也就是说,在一个国家中,公民个人的道德素养可能是很不相同的,但可以要求所有公民能够具有维护和发展国家的政治生活和社会生活的共同德性。我国的社会主义核心价值观提出的"爱国、敬业、诚信、友善",就是作为国家公民的个人应当具备的最基本的公民德性。

爱国作为核心价值观基于公民对自己的祖国的深厚情感,它不仅表现为在国家危难之际为国家领土完整、主权独立而献身的民族精神,也表现在国家和平建设时期为促进国家富强、社会和谐而努力的民族责任感。因此,爱国精神存在于公民个人与国家的关系中,它同样需要在社会规范系统中获得现实的存在形态。这其中,最基本的关系就是公民与国家之间的权利义务关系。在现代社会中,权利和义务是互为前提的。它一方面要求国家通过一系列制

---

① [古希腊]亚里士多德:《政治学》,颜一、秦典华译,中国人民大学出版社 2003 年版,第113 页。

度安排确保权利和义务在社会成员中的公平分配,使公民能够在履行国家义务的同时找到自己的权利,并从中体验到国家兴亡与个人生存息息相关;另一方面,它要求公民具有健全的、理性的权利义务观念,既要明确知晓自己依法享有的基本权利,也要明确知晓自己依法必须履行的义务。从这个意义上说,健全的、理性的权利义务观念本身就构成了爱国精神的最为具体、最为现实的内容。它使公民个人的爱国精神有着明确的道德内涵和制度要求,包括遵守法纪和公共道德的义务、维护公共利益和公共秩序的义务、积极支持和参与国家公共事业发展的义务、为民族国家的繁荣强盛而勤奋工作的义务、维护民族团结和国家安全的义务、抵制任何有害公共利益、出卖国家利益、危害国家安全、损害国家形象、有辱国格和人格的思想和行为的义务。那些分裂国家、破坏民族团结、出卖国家利益的行为,不仅要受到公共舆论的谴责,而且必然要受到国家法律的严厉制裁。所有这些都表明,尽管爱国精神是人们的一种对祖国的深厚情感,但只有现实化为社会的规范体系,才有可能成为公民的道德自律并体现出社会制度的刚性要求。

敬业是公民职业行为的基本道德要求。国家不是一个抽象概念,而是一个实体性的存在。国家的这种实体性就表现为在社会分工的各个领域形成了各种各样的职业部门,每一个社会成员都会被分配到各个职业部门中,从这个意义上说,敬业本质上就是爱国的一种延伸。就最基本的道德素质而言,敬业表现为公民良好的职业操守,如勤奋工作、恪尽职守、遵守规章制度和工作纪律、具备良好的职业技能等等;在更高的意义上,敬业表现为公民不仅仅把自己所从事的职业理解为谋生的手段,而是理解为自我实现的方式,从而在工作中显示出自己的积极性、主动性和创造性;在最高的层次上,敬业则表现为公民能够把自己从事的职业同国家发展、社会进步和人类文明的进步事业联系起来,从中获得重大的意义感和责任感。敬业精神虽然在很大程度上取决于从业者对职业或事业的理解和道德自律,但同样需要得到制度性的保护、扶植和激励。无论是基层的企业、事业单位,还是政府或国家,都要面向从业人员制定、颁布和实施公平合理的奖惩制度和激励措施,使工作勤奋且业绩突出的敬业者得到鼓励、重用或获得相应的工作回报,使他们能够因敬业而产生自豪感和荣誉感,并对其他从业人员产生积极的影响力。对于缺乏敬业精神的从业人员,则有必要进行善意的批评、教育和引导,使他们能够有信心自觉地加入敬业者的行列中来。对于少数有意消极怠工、违反工作纪律和职业道德并造成损失的从业人员,则应依法依规对之实施必要的惩处。对敬业精神的制度性保护是培育和扶植敬业精神的现实机制,没有这种制度性保护,或虽有制度却得不到公平合理的施行,就必然会使敬业精神受到严重挫伤,甚至出现用懒散懈怠的工作态度淘汰敬业精神的恶劣现象。

诚信即诚实守信、履诺践约,由此建立人们之间相互信任的关系,并通过这种互信而达到相互结合、共存共生。诚信可以说是人类社会交往行动的普遍原则,是维系人类共同生活的根本原则,也是社会系统运行的生命线。它不仅关涉经济、政治和各项社会事业能否繁荣,而且也关涉这一社会中人们的生活是否和谐、幸福。正因为如此,诚信在世界上各个民族的文化传统中都具有崇高的道德价值。例如在我国传统文化中,诚信自古以来就是备受推崇的道德原则。然而在以市场经济为基础的现代社会中,仅仅依靠内在的道德要求来维护社会诚信又是远远不够的。市场经济就是以市场主体无止境地追求自身的特殊利益或私利为内在驱动力的,而不择手段地追求私利往往会导致诚信缺失现象的易发、多发。因而有必要在全社会范围内构建维护诚信的规范系统,特别是构建有强制力的法规体系,使公民能够通过法律的明确界定辨识某种行为诚信与否,能够明了失信行为所必然要承担的法律后果。

友善主要是指在人际交往活动和交往关系中值得推崇的基本道德规范。友善作为人们之间相互交往的态度和行为,本身包含着丰富的内涵,如对交往者的独立人格、平等地位、权利要求和个人尊严的相互尊重;交往者之间的相互关心、相互爱护、相互支持、相互体谅和相互帮助等等。友善的丰富内涵同样也要通过人们社会交往的行为方式和行为规则表现出来,在这方面,人们在长期的共同生活中形成的优良的习俗、习惯、礼仪、道德依然能够发挥重要的作用。尤其应当注意的是,在现代社会中,友善应当成为一种不依亲疏远近而转移的公德精神。这就更需要人们在公共生活中遵守公共规则、维护公共秩序、讲究公共礼仪。当然,友善并不意味着掩饰或回避交往者之间的矛盾和分歧,而是要求交往者之间能够展开平等的、理性的、友好的对话协商,相互听取对方的观点、意见和利益诉求,随时准备修正自身的价值偏好,在相互理解的基础上,通过相互妥协达成共识。而要达到这个目的,当然就更需要形成协商对话的制度和行为规范。

总而言之,社会主义核心价值观必然要以社会主义社会的规范性结构为其实体性存在和现实依托。只有在这种规范性结构中,人们才能真正理解和体验到社会主义核心价值观所能提供的精神凝聚力和规范调节力。如果社会主义核心价值观不能有助于形成和支撑社会主义社会的规范性结构,那就势必会成为脱离现实生活基础的空洞说教,甚至有可能对之做出扭曲的理解。

第二节　面向世界的文化自信——
构建人类命运共同体

中国作为社会主义国家,其文化自信不仅表现为立足于社会主义基本制度的优越性,利用自身充分的文化资源,通过文化创新合理地解决现代社会在其发展中所衍生出来的各种文化矛盾,以推动中国现代化建设的健康发展;更表现为能够面向世界,为解决几个世纪以来经济全球化的发展在世界范围内造成的各种复杂矛盾和激烈冲突,提供富有建设性的中国方案,致力于构建合作共赢、和平发展,充分体现国际公平正义的新的世界格局。这就是中国共产党在 21 世纪提出的"构建人类命运共同体"的基本理念,它同时也是中国共产党、中国政府和中国人民面对世界各国人民做出的庄严承诺。

一、经济全球化与"世界历史"

自 15 世纪末 16 世纪以来,举世闻名的"地理大发现"及其在欧洲社会引发的殖民主义运动和"商业革命",推动了资本主义生产方式在封建社会母体中的逐渐成熟。特别是在 17—18 世纪英国工业革命之后，当时发达的资本主义国家加速扩大了资本主义世界市场的开拓，由此开启了经济全球化的历史进程。

可以从不同角度对经济全球化做出描述，但从根本上说，经济全球化有一个核心，那就是资本主义市场经济突破民族国家的界限在世界范围内的拓展。既然是市场经济的全球拓展，那么经济全球化本质上就是资本逻辑的全球拓展，也就是资本在全球范围内流动。马克思和恩格斯在《德意志意识形态》一书中，将这个过程称为历史向"世界历史"的过渡。由于资本主义世界贸易和世界市场的发展，世界各国原有的各自独立的、自发的发展过程被终止，逐渐被卷入由发达国家创构的世界经济体系中。这就是经济全球化的过程。在这个过程中，经济全球化会自然形成一个固有的模式，本书将之称为"竞争博弈"模式。这是由资本追求价值增殖的本性所决定的。这种竞争博弈模式，使世界经济体系本身充满了矛盾、竞争和对抗。总起来说，市场经济成熟、完备的西方资本主义国家在世界体系中占有绝对的优势地位，从而必然主导经济全球化的进程。而绝大多数落后国家或发展中国家在世界体系中处于不利地位，虽然世界体系的形成给发展中国家也带来了许多新的发展机遇，但在总体上无法同发达国家竞争，无法阻止资本创造的剩余价值向发达国家流动。

美国纽约州立大学沃勒斯坦和霍布金斯于 1974 年发表的《现代世界体系》一书，提出了著名的"世界体系"理论。该理论认为，现代世界体系约在 500 年前就在欧洲出现，它以资本主义贸易体系为基础，超越了国家的界限，成为资本主义世界经济。资本主义生产商之间为争夺劳动力、原料和市场进行着日趋复杂、激烈的竞争，将世界划分出贫困地区和富有地区，把世界各国纳入不平衡发展着的世界经济之中。这种不平衡的发展最终将世界分为三种相互联系的社会，即"中心社会"、"边缘社会"和"半边缘社会"。每个西方国家和非西方国家都是这个世界体系的结构性要素。各个国家之间的经济活动关系就是世界体系内部的资本积累过程。资本积累的特征和结果就是，资本运转所创造的"经济剩余"不断从边陲国家和半边陲国家转移到西方中心国家,以致后者越来越发达,前者与发达国家相比越来越落后。沃勒斯坦认为这是世界体系的总体规律,并把资本创造的经济剩余从落后边缘国家向发达国家流动这种态势称为"铁律",导致落后国家或发展中国家不断地为发达国家的发达付出代价。

当然,经济全球化的发展客观上也给经济技术相对落后的民族国家(第三世界)提供了新的发展机遇和条件。首先,在经济全球化过程中,随着世界市场的拓展、多边贸易和跨国公司的发展,使西方国家大量的产业和技术转移到第三世界国家,尽管这些产业和技术多为中低端水平,但对于相对落后的国家来说仍然具有一定的先进性,因而在客观上起到了改造这些国家产业结构和技术结构的作用,使其民族工业能够以较快的速度逐渐与现代工业和贸易接轨。其次,20世纪90年代以来,蓬勃兴起的以微电子技术为核心的高科技产业或知识经济的发展,导致传统产业逐渐衰落和新兴产业迅速崛起,这就为第三世界国家提供了跨阶段发展的机会。发展中国家如果能够抓住机遇,找到正确的发展道路和发展模式,充分吸收现代社会经济、技术、贸易发展的积极成果,就有可能实现快速赶超。在这方面,中国的发展堪称世界的表率。从20世纪70年代末开始,在中国共产党的领导下,中国开启了改革开放的实践历程,开辟出中国特色社会主义发展道路。经过40多年的改革开放,中国在社会主义市场经济体制的发展中充分吸收了世界范围内经济技术的发展成果,不仅迅速提升了我国经济技术的发展水平和我国产业结构的现代化水平,而且通过科学技术的创新发展孕育出大批高科技新兴产业,不断缩短我国与发达国家在经济技术与社会发展上的距离,成为世界第二大经济体。中国的经济与社会的发展所取得的卓越成就,无疑为经济全球化过程展示出一个新的发展前景。

同时,随着新兴经济体的迅速崛起,经济全球化发展至今也使在世界体系中占据优势地位的发达国家面临新的挑战。首先,为了尽可能地获取廉价原材料和劳动力,为了扩大第三世界国家的市场占有率,西方发达国家通过多边贸易和跨国公司的发展,把大量的实体产业转移到第三世界国家,从而使自身的实体产业变得很不完整,由此导致严重的就业不足,使失业和贫困成为普遍现象。其次,在高科技发展的推动下,能够把握新的发展机遇的国家一方面通过引进资金、技术和先进的经济管理模式和社会治理模式,改造自身的产业结构,提升自身经济与社会发展水平;另一方面通过把握现代科技、自主研发和创新发展,实现"弯道超车"和跨阶段跃迁,在经济技术方面迅速缩短与发达国家的距离,这就使发达国家在经济全球化的体系中的优势地位受到严重威胁。

总之,经济全球化发展至今使整个世界成为一个既相互依赖、相互促进,又相互制约、相互对抗的体系,其"博弈竞争"模式的泛化给世界带来了一系列问题。如经济上极端的贸易保护主义、全球范围内的贫富分化、政治上的霸权主义、外交上的单边主义,以及文化上的种族中心主义等等,由此造成全球范围内经济对抗、政治冲突、文化冲突和频繁发生的军事冲突等等。不仅使这个世界变得越来越不安宁,而且前景黯淡,以致不少国家对全球化这个历史潮流充满了忧虑和疑虑,甚至兴起了"反全球化"的逆潮。尤其是21世纪以来,随着中国为代表的新兴经济体的崛起和发展,世界体系中的经济格局开始呈现出从"西强东弱"向"东西平衡"转化的态势。面对这种情况,某些西方发达国家一方面采取各种手段,制造各种借口打压、遏制新兴经济体特别是中国的发展;另一方面,则采取极其愚蠢的逆全球化或去全球化的方式,如不断退出国际组织和协议、频繁采用制裁手段打击或遏制新兴国家经济技术的发展、试图将已经转移到国外的实体产业撤回国内等等,以此维护自身在全球体系的优势地位。

二、"人类命运共同体"理念的提出

21世纪以来,面对经济全球化发展所出现的各种复杂情况和难以预测的发展态势,中国共产党提出了"构建人类命运共同体"的重大构想。全球化是一个客观的历史进程或历史潮流,但能不能合理地解决全球化进程所衍生出来的一系列矛盾和冲突,能否克服全球化进程的严重弊端,就成为国际社会所面临的重大问题。"构建人类命运共同体"的设想或思想,就是力图为解决这些重大国际问题提出中国方案。

"人类命运共同体"思想最早见于 2012 年 11 月的党的十八大报告。该报告明确提出:"这个世界,各国相互联系、相互依存的程度空前加深,人类生活在同一个地球村里,生活在历史和现实交汇的同一个时空里,越来越成为你中有我、我中有你的命运共同体。"报告关于"命运共同体"的提法,主要是强调在经济全球化的发展过程中,世界上各个民族国家形成了一个相互联系、相互依赖、相互制约、相互竞争的世界体系,在这个意义上,"命运共同体"大致相当于"全球化"这个概念,道出了世界上各个民族国家命运相连的基本内涵。不过,仅仅从这个意义上理解"命运共同体",还不能充分显示出中国共产党提出"人类命运共同体"这个思想的特殊意义。此后,习近平总书记相当频繁地在各种国际和国内重要会议和外交场合对"人类命运共同体"思想进行了创造性的发挥和阐释,并用这一重要概念向世界传递对人类文明走向的中国判断。

习近平总书记对命运共同体的不断阐释和发挥首先确认,随着经济全球化的迅速发展,"国际社会日益成为一个你中有我、我中有你的命运共同体"①。这是任何人、任何国家都不可回避、不可阻挡的客观进程和历史潮流。习近平总书记指出:"世界经济的大海,你要还是不要,都在那儿,是回避不了的。想人为切断各国经济的资金流、技术流、产品流、产业流、人员流,让世界经济的大海退回到一个一个孤立的小湖泊、小河流,是不可能的,也是不符合历史潮流的。"②不管经济全球化给一个民族国家带来什么样的后果,是受益,还是受害,还是利害并存,都必须面对这个客观进程和历史潮流。因此,问题不在于一个民族国家能否避开经济全球化的历史潮流,而在于如何面对这个历史潮流的挑战,如何积极地参与到这个历史潮流中,更在于如何通过世界各国的共同努力来克服数百年来经济全球化过程所包含的内在矛盾和严重弊

---

① 《习近平谈治国理政》,外文出版社 2014 年版,第 441 页。
② 《习近平谈治国理政》第 2 卷,外文出版社 2017 年版,第 478 页。

端。因此,正如习近平总书记所说:"当今世界正处于大发展大变革大调整时期,各国相互联系和依存日益加深,人类面临许多共同挑战。"在这个大发展、大变革、大调整时期,中国共产党提出的"构建人类命运共同体"的思想,就是针对目前经济全球化过程的内在矛盾和严重弊端提出的富有建设性的意见。

二、"构建人类命运共同体"的基本价值理念

"构建人类命运共同体"思想的提出,旨在把握人类利益和价值的通约性,在国与国关系中寻找最大公约数,建构相互合作、公平竞争、和平发展的新的世界格局,逐步实现自古以来人类对和谐共存的美好世界的愿望。为达此目标,"构建人类命运共同体"思想本身包含了足以引导世界走出全球化困境的基本价值理念,这些价值理念至少体现在如下五个方面。

其一,针对经济全球化过程的"竞争博弈模式",人类命运共同体的设想则是"合作共赢"模式。习近平总书记说:"我们的事业是同世界各国合作共赢的事业。""合作共赢",可以说是"人类命运共同体"的核心理念。习近平总书记指出:"世界多极化、经济全球化、文化多样化、社会信息化深入发展,弱肉强食的丛林法则、你输我赢的零和游戏不再符合时代逻辑,和平、发展、合作、共赢成为各国人民共同呼声。"①也就是说,全球化不能再沿着以往那种丛林法则和零和游戏的模式走下去了。和平、发展、合作、共赢才是世界发展的大势。一个国家要发展繁荣,就必须把握和顺应这个世界大势。

其二,追求国际公平正义。现行的经济全球化过程是在资本逻辑的支配下进行的,而资本逻辑本身所关注的是"利益的最大化"而不是公平正义。这种价值取向在当今已经赤裸裸地呈现出来,西方发达国家的一切经济、政治活动和策略都是围绕"利益"这个轴心,"公平正义"早已被弃置了。"没有永恒的敌人,也没有永恒的朋友,只有永恒的利益"已成为公认的"通则"。这个"通则"其实是一个可怕的诅咒,因为在这个通则之下,一切背信弃义的行为

---

① 《习近平在出席金砖国家领导人厦门会晤时的讲话》,人民出版社 2017 年版,第 3 页。

都可以找到自己的理由。利用这个"通则",一个国家就可以冠冕堂皇地以牺牲其他国家的利益为代价扩张自身的利益;在这个"通则"之下,很多人已经不相信有什么普遍的国际正义,不相信正义原则可以引领世界潮流。针对这种情况,中国提出"构建人类命运共同体",公开打出"国际公平正义"的旗帜,强调国家不分大小、强弱、贫富一律平等,尊重各国人民自主选择发展道路的权利,维护国际公平正义,反对把自己的意志强加于人,反对干涉别国内政,反对以强凌弱。中国不觊觎他国权益,不嫉妒他国发展,但决不放弃我们的正当权益,"让发展繁荣、公平正义的理念践行人间!"①

其三,追求国际关系民主化。针对目前少数西方发达国家主宰经济全球化过程,以及由此形成的单边主义、霸权主义,习近平总书记明确指出,世界命运握在各国人民手中,人类前途系于各国人民的抉择,因而"我们要推进国际关系民主化,不能搞'一国独霸'或'几方共治'。世界命运应该由各国共同掌握,国际规则应该由各国共同书写,全球事务应该由各国共同治理,发展成果应该由各国共同分享。"②他强调:"中国秉持共商共建共享的全球治理观,倡导国际关系民主化,坚持国家不分大小、强弱、贫富一律平等,支持联合国发挥积极作用,支持扩大发展中国家在国际事务中的代表性和发言权。"中国主张世界上的事情应该由各国人民商量着办,不会把自己的意志强加于人,尊重各国人民自主选择发展道路的权利,维护国际公平正义,反对把自己的意志强加于人,反对干涉别国内政,反对以强凌弱。"要相互尊重、平等协商,坚决摒弃冷战思维和强权政治,走对话而不对抗、结伴而不结盟的国与国交往新路。要坚持以对话解决争端、以协商化解分歧,统筹应对传统和非传统安全威胁,反对一切形式的恐怖主义。"

其四,追求持久和平。持久和平,自古以来就是各民族国家饱受战乱之苦的人民梦寐以求的理想。康德曾撰文《论永久和平》,探讨如何通过各民族的联盟来彻底地结束战争状态,实现永久和平。然而,和平与发展依然是当今世

---

① 《习近平谈治国理政》第2卷,外文出版社2017年版,第526页。
② 《习近平谈治国理政》第2卷,外文出版社2017年版,第59页。

界的主题,因为竞争博弈式的全球化使人们至今看不到和平的前景。中国始终奉行和平发展的道路,并把追求持久和平作为"人类命运共同体"的基本价值理念。习近平总书记指出:"和平是人民的永恒期望。和平犹如空气和阳光,受益而不觉,失之则难存。没有和平,发展就无从谈起。国家无论大小、强弱、贫富,都应该做和平的维护者和促进者,不能这边搭台、那边拆台,而应该相互补台、好戏连台。"①从历史上看,有着5000多年历史的中华文明,始终崇尚和平、和睦、和谐的生存状态深深植根于中华民族的精神世界之中,溶化在中国人民的血脉之中。中国自古就提出了"国虽大,好战必亡"的箴言。"以和为贵"、"和而不同"、"化干戈为玉帛"、"国泰民安"、"睦邻友邦"、"天下太平"、"天下大同"等理念世代相传。基于这个基本理念,中国的发展必然是以和平发展为基本路向。"中国梦是追求和平的梦。中国梦需要和平,只有和平才能实现梦想。天下太平、共享大同是中华民族绵延数千年的理想。历经苦难,中国人民珍惜和平,希望同世界各国一道共谋和平、共护和平、共享和平。历史将证明,实现中国梦给世界带来的是机遇不是威胁,是和平不是动荡,是进步不是倒退。拿破仑曾说过,中国是一头沉睡的狮子,当这头睡狮醒来时,世界都会为之发抖。中国这头狮子已经醒了,但这是一只和平的、可亲的、文明的狮子。"②因此,"我们将坚定维护亚洲和世界和平稳定。中国人民对战争和动荡带来的苦难有着刻骨铭心的记忆,对和平有着孜孜不倦的追求。中国将通过争取和平国际环境发展自己,又以自身发展维护和促进世界和平。中国将继续妥善处理同有关国家的分歧和摩擦,在坚定捍卫国家主权、安全、领土完整的基础上,努力维护同周边国家关系和地区和平稳定大局。中国将在国际和地区热点问题上继续发挥建设性作用,坚持劝和促谈,为通过对话谈判妥善处理有关问题作出不懈努力"③。因而应当"让铸剑为犁、永不再战的

---

① 习近平:《共同创造亚洲和世界的美好未来》,人民出版社2013年版,第5页。
② 习近平:《在中法建交五十周年纪念大会上的讲话》,载《人民日报》2014年3月29日。
③ 习近平:《共同创造亚洲和世界的美好未来》,人民出版社2013年版,第8页。

理念深植人心"①。

其五,彻底打破国强必霸的逻辑。从历史上看,在现行的经济全球化的过程中的确存在着强国必霸的现象,如英国、德国、美国、日本等等。这些国家一旦强大起来,就必然谋求世界霸权,扩充自己的势力范围,甚至直接侵犯其他国家的领土和主权。国强必霸显然是竞争博弈式全球化模式的一个基本表现。对此,有人危言耸听地抛出一个所谓"修昔底德陷阱"的论调,认为新崛起的大国必然会威胁现存的大国,现存大国也必然会起而应对这种威胁,从而使大国间的战争难以避免,就像古希腊历史学家修昔底德(前471—前400年)曾经描述的雅典挑战斯巴达导致伯罗奔尼撒战争(前431—前404年)那样。因而,有人担心,中国发展强大起来,会不会也走国强必霸的老路。一些西方国家更是渲染"中国威胁论",视中国的发展壮大为对自身的威胁,认为中国发达起来之后,也必然会谋求霸权,从而处心积虑地贬损和歪曲中国的发展战略,千方百计地遏制中国的发展。

对此,习近平总书记明确指出,世界上并没有什么"修昔底德陷阱",国强必霸也不是历史定律,只不过是以私有制为基础的剥削阶级国家争夺霸权的结果。中国是爱好和平的社会主义国家,中国人民自古以来就倡导"强不执弱,富不侮贫"的道理,所谓"中国威胁论",完全是出于对中国历史文化和现实政策不了解,或者是出于一种误解和偏见,或者是有着某种不可告人的目的。中国始终坚持走和平发展道路,坚持独立自主的和平外交政策,这不是权宜之计,而是中国的战略选择和郑重承诺。"中国不认同'国强必霸'的陈旧逻辑。当今世界,殖民主义、霸权主义的老路还能走得通吗?答案是否定的。不仅走不通,而且一定会碰得头破血流。只有和平发展道路可以走得通。所以,中国将坚定不移走和平发展道路。"②中华民族是爱好和平的民族,历史上曾经长期是世界上最强大的国家之一,但没有留下殖民和侵略他国的记录。

---

① 《习近平谈治国理政》第2卷,外文出版社2017年版,第526页。
② 习近平:《在德国科尔伯基金会的演讲》,载《人民日报》2014年3月30日。

坚持走和平发展道路,是对几千年来中华民族热爱和平的文化传统的继承和发扬。"和平是宝贵的,和平也是需要维护的,破坏和平的因素始终值得人们警惕。大家都只想享受和平,不愿意维护和平,那和平就将不复存在。中国人民坚持走和平发展道路,也真诚希望世界各国都走和平发展这条道路,共同应对威胁和破坏和平的各种因素,携手建设持久和平、共同繁荣的和谐世界。"[①]因此,习近平总书记多次代表中国人民向全世界作出永不称霸的庄严承诺。他说:"中国从一个积贫积弱的国家发展成为世界第二大经济体,靠的不是对外军事扩张和殖民掠夺,而是人民勤劳、维护和平。中国将始终不渝走和平发展道路。无论中国发展到哪一步,中国永不称霸、永不扩张、永不谋求势力范围。历史已经并将继续证明这一点。"[②]

坚持合作共赢、追求国际公平正义、追求国际关系民主化、追求持久和平、彻底打破国强必霸的逻辑,这五个方面构成了"人类命运共同体"的基本价值追求和精神实质。因此,"人类命运共同体"所要达到的目的,就是"建设持久和平、普遍安全、共同繁荣、开放包容、清洁美丽的世界"。这样的命运共同体,并不否认世界文明的多样化,而是要尊重世界文明多样性,以文明交流超越文明隔阂、文明互鉴超越文明冲突、文明共存超越文明优越。很显然,"人类命运共同体"思想的提出,就是力图从根本上改变现今经济全球化的固有模式,克服经济全球化过程始终存在的内在矛盾和严重弊端,把人类始终追求的和平、安全、合作、互利、共赢、共享、平等、自由等理念完整地注入世界文明的发展进程中。

当然,经济全球化已有了数百年的历程,这个过程所形成的固有模式及其内在矛盾和弊端也同样有着长时期的积累,并且西方发达国家的发达也是得益于这个过程。可以说,在当今世界上,西方国家在国际社会中所占据的主导地位甚或霸权地位都是在这个以资本逻辑为轴心的全球化过程中逐

---

① 习近平:《携手追寻中澳发展梦想,并肩实现地区繁荣稳定》,载《人民日报》2014 年 11 月 18 日。

② 习近平:《共同构建人类命运共同体》,载《人民日报》2017 年 1 月 20 日。

渐形成的，或者说，都是以"竞争博弈"的全球化模式为依托的。因此，把全球化过程从"竞争博弈"模式转变为"合作共赢"模式，强调世界各国在世界体系中的平等地位和分享和平发展利益的权利，必然会受到世界各国之间在经济上、政治上、文化上、意识形态上各种矛盾的制约，特别会受到各种形式的强权逻辑、霸权主义和单边主义的抵制和对抗。由此看来，尽管"人类命运共同体"思想的基本价值理念反映了世界各国人民自古以来的道义追求，特别是反映了世界上那些相对落后的民族国家改变自身处境的强烈愿望，因而能够得到世界上绝大多数国家的响应和支持，但要真正实现它，并不是轻而易举的。正如习近平总书记所指出的那样，"构建人类命运共同体是一个历史过程，不可能一蹴而就，也不可能一帆风顺，需要付出长期艰苦的努力"①。

然而，全球化发展过程本身所蕴含的内在矛盾，以及国际社会解决这些矛盾的努力，决定了全球化历史进程的可能趋势和未来走向。竞争博弈式的全球化模式所带来的国际秩序的紊乱、全球范围内的贫富分化、多元文化的冲突，以及生态危机、资源耗竭、恐怖主义活动等威胁人类生存的全球性问题，足以表明"竞争博弈"的全球化模式已经逐渐地走向自己的尽头，如果不从根本上改变这个模式，这些矛盾和问题的解决就必然会成为一纸空谈。"构建人类命运共同体"的思想及其所包含的基本价值内涵，就是力图解决这些矛盾和问题的中国方案。尽管实现这个方案必然是一个坎坷不平的漫长过程，但世界各国人民的共同努力将会使这个方案终究成为现实。正如习近平总书记指出的那样，事要去做才能成就事业，路要去走才能开辟通途。"为了构建人类命运共同体，我们应该锲而不舍、驰而不息进行努力，不能因现实复杂而放弃梦想，也不能因理想遥远而放弃追求。"②

---

① 习近平:《携手建设更加美好的世界——在中国共产党与世界政党高层对话会上的主旨讲话》,人民出版社 2017 年版,第 7—8 页。

② 习近平:《携手建设更加美好的世界——在中国共产党与世界政党高层对话会上的主旨讲话》,人民出版社 2017 年版,第 8 页。

第三节　面向新的文明时代的文化自信

中国人的文化自信不仅在于确信自身的文化有着 5000 多年文明积累带来的深厚的文化底蕴,不仅在于有革命文化锻造出的坚强意志和拼搏精神,不仅在于社会主义先进文化本身所具有的生机活力能够使中国人民摆脱现代社会的精神困境并为世界的发展提供新的方案,而且在于,或者说更在于能够面对文明时代发展的未来,为人类文明的进步塑造出更为美好的前景。

"文明时代"是一个含义极为广泛的概念,主要是从人类社会发展的一般历史进程上理解文明所标志的社会进步状态,它首先意味着人类的社会生活摆脱了原始蒙昧野蛮的自然发展阶段,走向了以文化创造活动为基本生存方式和发展机制的历史阶段。因此,文明时代的产生总是包含了人类物质文化和精神文化创造的标志性成果,如工具的制造和使用、语言文字的形成、知识的积累和传承,国家或政府组织的建立、法律制度的产生,以及宗教、哲学、道德、艺术、教育、教养等文化形式的兴起等等,所有这些东西通常被称为文明的各种因素,意味着人类社会的发展摆脱了生物自然进化的老路而进入文化进化的轨道。本书在这里,主要是基于恩格斯在《家庭、私有制和国家的起源》(以下称《起源》)这本书中阐释的他对"文明"、"文明时代"和"文明社会"的基本理解,从"文明时代"的意义上分析人类文明的昔日今生以及未来的可能走向,探讨这个未来走向蕴含着怎样的文化精神。

一、恩格斯对"文明时代"的分析

在《起源》一书中,恩格斯把"文明时代"称为继"蒙昧时代"和"野蛮时代"之后的社会发展阶段。他指出,文明社会的产生和发展是与分工和商品生产的发展密切相关的,即"文明时代是社会发展的这样一个阶段,在这个阶段上,分工、由分工而产生的个人之间的交换,以及把这两者结合起来的商品生产,得到了充分的发展,完全改变了先前的整个社会"①。在以往的原始部落社会中,生产在本质上是共同的生产,消费也是在原始共产制共同体内部直接分配产品,尽管生产的这种共同性是在极狭小的范围内进行的,但它表现为生产者对自己的生产过程和产品的支配。也就是说,产品是他们自己生产的,产品的消费也是他们自己的,产品不离开他们的手。"只要生产在这个基础上进行,它就不可能越出生产者的支配范围,也不会产生鬼怪般的、对他们来说是异己的力量,像在文明时代经常地和不可避免地发生的那样。"②

　　然而,"分工慢慢地侵入了这种生产过程。它破坏生产和占有的共同性,它使个人占有成为占优势的规则"③,这就意味着私有制的产生。伴随着个人生产和产品的私人占有,产生了个人之间的交换,即商品交换。进而,随着分工和商品生产即不是为了自己消费而是为了交换的生产的出现,产品就不再留在自己手中,而是在交换中交出自己的产品,这样,生产者就不再知道产品的结局将会怎样,而当货币以及随货币而来的商人出现在生产者之间的时候,交换过程就变得更加错综复杂,产品的最终命运就变得更加不确定了。商人越来越多,商品交换已经不仅是从一手转到另一手,而且是从一个市场转到另一个市场,这样一来,商品生产者就丧失了对自己生活领域内全部生产的支配权,这种支配权商人也没有得到,产品和生产都凭商品交换过程中出现的各种偶然性因素来摆布了。

　　随着私有制的产生以及分工和商品生产的发展,文明时代最早的产物奴隶制出现了。从那时起,"就发生了社会分成剥削阶级和被剥削阶级的第一次大分裂。这种分裂继续存在于整个文明期。奴隶制是古希腊罗马时代世界所固有的第一个剥削形式;继之而来的是中世纪的农奴制和近代的雇佣劳动制。这就是文明时代的三大时期所特有的三大奴役形式"④。

---

① 《马克思恩格斯选集》第4卷,人民出版社2012年版,第190—191页。
② 《马克思恩格斯选集》第4卷,人民出版社2012年版,第191页。
③ 《马克思恩格斯选集》第4卷,人民出版社2012年版,第191页。
④ 《马克思恩格斯选集》第4卷,人民出版社2012年版,第192—193页。

私有制的发展所带来的阶级分化,使国家这种政治共同体取代了原始氏族社会公共生活的模式。"国家是文明社会的概括,它在一切典型的时期毫无例外地都是统治阶级的国家,并且在一切场合在本质上都是镇压被压迫被剥削阶级的机器。"①与国家的产生同时发展起来的,还有各种维护统治阶级基本利益、维护社会生活基本秩序和处理社会公共事务的政治制度和法律制度,它们与在人们长期的共同生活中形成的习俗、习惯、道德、礼仪等结合在一起,使人们之间的社会交往关系规范化制度化,这是社会文明的一个基本特征。

人类文明发展的另一个重要特征在于,随着体力劳动和脑力劳动的分工,脑力劳动阶层即知识分子阶层的产生,使社会的精神生活逐渐摆脱了原始蒙昧的"畜群意识"或自然宗教观念,带来了宗教、哲学、艺术、科学等精神文化生活的发展,使之成为相对独立的社会生活领域,更重要的是使人类文明的发展成果得以积累、传承和发展。精神生活的发展在古代就曾带来科学和哲学的兴盛和艺术的高度繁荣。如果说,在古代社会精神文化生活还主要的是少数有闲阶级的一种事业追求和生活情趣,那么自近代以来,在工业革命的推动下,自然科学的发展及其在工业和商业技术中的广泛应用,从根本上改变了社会进步的传统模式。在这个过程中,科学文化和人文文化的发展更是突飞猛进,各种思想理论层出不穷,文化教育得到广泛普及并带来了文化生活日益多样化和大众化,社会成员的文化素质和个人的文化教养不断提高。这一切成为现代文明最重要的标志。

然而,在恩格斯看来,文明时代所有这些特征都是从文明时代的一个核心原则衍生出来的,这就是伴随商品生产而产生的对财富的狂热追求。这种文明"是用激起人们的最卑劣的冲动和情欲,并且以损害人们的其他一切禀赋为代价而使之变本加厉的办法来完成这些事情的。鄙俗的贪欲是文明时代从它存在的第一日起直至今日的起推动作用的灵魂;财富,财富,第三还是财

---

① 《马克思恩格斯选集》第4卷,人民出版社2012年版,第193页。

富——不是社会的财富,而是这个微不足道的单个的个人的财富,这就是文明时代唯一的、具有决定意义的目的。如果说在文明时代的怀抱中科学曾经日益发展,艺术高度繁荣的时期一再出现,那也不过是因为现代的一切积聚财富的成就不这样就不可能获得罢了"①。这可以说是迄今为止文明时代的本质特征。从传统文明到现代文明的发展所产生的巨量成就和所衍生的一系列矛盾和冲突都是与这个本质特征密切相关的。

二、市场经济与现代文明

如前所述,文明时代是在分工和商品生产的推动下开启的,因而迄今为止文明程度的提高也是与分工和商品经济的发展密切相关。按照马克思的分析,商品经济的发展经历了从简单商品经济到发达商品经济的演进过程,这也可以说是从文明的传统时期向现代文明的过渡。因为,简单商品经济,笼统地说,就是一种以满足需要为目的的商品交换活动,其公式是"W—G—W",即用具有某种使用价值的商品(W)换取货币(G),再用货币购买具有另一种使用价值的商品(W),一旦达到了满足需要的目的,商品所有者就会退出交换过程。这样的商品交换,不论规模有多大,都是有限的,不能主导社会的经济结构,而只能是自然经济的补充形式。随着资本主义工业经济、自由贸易和世界市场的开拓,简单商品经济逐步过渡到发达商品经济。发达商品经济是以资本的价值增殖为目的的商品交换活动,其公式是"G—W—G′",即商品交换的目的不是满足需要而是实现资本的价值增殖。这个过程的起点是货币,终点还是货币,因而是没有止境的。交换手段的充分发展使发达的商品经济成为财富增长的基本方式,很快就主导了社会的经济结构,这就是我们现在说的"市场经济"。

市场经济的本质特征就是谋求资本的价值增殖,即所谓"资本逻辑"。马克思对之做出了一个经典表述:"生产的扩大或缩小,不是取决于生产和社会

---

① 《马克思恩格斯选集》第 4 卷,人民出版社 2012 年版,第 194 页。

需要即社会地发展了的人的需要之间的关系,而是取决于无酬劳动的占有以及这个无酬劳动和对象化劳动之比,或者按照资本主义的说法,取决于利润以及这个利润和所使用的资本之比,即一定水平的利润率……资本主义生产不是在需要的满足要求停顿时停顿,而是在利润的生产和实现要求停顿时停顿。"①也就是说,在资本逻辑的统治下,生产什么,不生产什么,生产多少,怎样生产等一系列问题,在资本所有者那里不是取决于社会需要,而是取决于能否实现价值增值。而且,由于文明时代的核心原则表现为对财富的狂热追求,因而资本逻辑的不断泛化并渗透到社会的政治交往活动和文化教育、医疗卫生、日常生活等各个社会生活领域,用哈贝马斯的话说,构成了对"生活世界的殖民化"。这可以说是现代文明的基本特征。

随着商品经济的发展,社会文明程度的不断提高也体现在人的发展上。马克思在《1844年经济学哲学手稿》中,从人的生命活动即劳动的特征上,确认人的本质是人的有意识的自由活动。不过人的自由本质在其现实性上,是一个随着物质生产活动的发展而不断深化和拓展的历史过程,也就是人的本质的现实化过程。马克思在《资本论》手稿中,从人的发展的角度提出的关于社会发展的"三形态"理论,即"人的依赖关系"、"以物的依赖性为基础的人的独立性"和"建立在个人全面发展和他们共同的社会生产能力成为他们的社会财富这一基础上的自由个性"。② 这三个阶段中的第一个阶段显然包含了原始社会、奴隶社会和封建社会。也就是我们现在所说的以自然经济为基础的体现农业文明的传统社会,其基本特征是"人的生产能力只是在狭窄的范围内和孤立的地点上发展着"③。在这种社会形态中,人与人之间的关系表现为直接的依赖关系,如原始社会中,氏族成员的共同生活以及个人对群体的直接依赖;奴隶社会中奴隶对主人的人身依附关系;封建社会中农奴对领主、陪臣对君主的人身依附;等等。在这种社会形态中,个人没有或严重缺乏自主

---

① 《马克思恩格斯文集》第7卷,人民出版社2009年版,第287—288页。
② 《马克思恩格斯全集》第46卷上册,人民出版社1979年版,第104页。
③ 《马克思恩格斯全集》第46卷上册,人民出版社1979年版,第104页。

性、独立性和自由性，"这里，在一定范围内可能有很大的发展。个人可能表现为伟大的人物。但是，在这里，无论个人还是社会，都不能想象会有自由而充分的发展，因为这样的发展是同[个人和社会之间的]原始关系相矛盾的"①。尤其是在封建社会——这可以说是传统社会的最高发展阶段——中，人的依赖性突出地表现为在等级制、宗法制和君主专制中建立起来的统治和奴役的关系。这是传统文明时期人与人之间社会关系的基本特征。

从"人的依赖关系"的社会形态过渡到"以物的依赖性为基础的人的独立性"社会形态，无疑是人的存在方式的根本性变化。这个根本性变化同样是由商品经济的发展带来的。因为"在古代人那里，财富不表现为生产的目的"，生产"是以私人享受等等为目的"，而"在现代世界，生产表现为人的目的，而财富则表现为生产的目的"。② 在古代世界，以财富为目的的生产只存在于少数商业民族中，而在现代世界中，财富成为生产的普遍目的，而且这个财富集中地表现为积累起来的并在交换中不断增殖的货币即资本。

这个根本性的变化同时也就是文明程度的提高。这首先是因为从人的发展角度上看，以财富为目的的生产正是人的内在本质的充分发挥。马克思认为，财富在普遍交换中造成个人的需要、才能、享用、生产力等等的普遍性，是人对自然力统治的充分发展，也是人的创造性天赋的绝对发挥。"在这里，人不是在某一种规定性上再生产自己，而是生产出他的全面性；不是力求停留在某种已经变成的东西上，而是处在变易的绝对运动之中。"③这种建立在交换价值基础上的生产，不仅带来了物质财富的迅猛增长，而且造就了人的需求的全面性和人的社会关系体系与能力体系的全面性。

在发达的商品经济即市场经济中，"一切产品和活动转化为交换价值"，这就意味着，个人对他人或对社会的依赖转变为一种对"物"即商品和货币的依赖。这样，个人摆脱了人的"固定的依赖关系"，亦即传统社会中的那种人

---

① 《马克思恩格斯全集》第 46 卷上册，人民出版社 1979 年版，第 485 页。
② 《马克思恩格斯全集》第 46 卷上册，人民出版社 1979 年版，第 485—486 页。
③ 《马克思恩格斯全集》第 46 卷上册，人民出版社 1979 年版，第 486 页。

身依附关系,而获得了一定意义上的独立性、自主性和自由性。个人是一个有着私人利益并为私人利益而活动的个人,他的活动服从他的特殊目的。个人的社会地位、社会权利亦即个人的物质生活和精神生活的方式,取决于他对物的占有状况,因而他是独立的;作为私有者,他可以自主地决定生产什么、生产多少,或者自主地决定把自己的劳动力出卖给哪一个资本所有者,因而他是自由的个体;他与他人的关系不是不同等级之间的依附关系,而是平等的契约关系,他不依附于任何人,至少在人格的意义上他与任何他人都是平等的。只要他所占有的物足够丰裕,他就可以同任何个人进行任何意义上的交往,而不受家族、地位和等级的先天限制。所以,在货币关系中,或者说在发达的交换制度中,"人的依赖纽带、血统差别、教养差别等等事实上都被打破了,被粉碎了"①。

在现代社会中,人的这种独立性、自主性、自由性、平等性,自然也带来了政治文明的进步。普遍的贸易自由、产业自由、就业自由等,以及资本对自由劳动力的需求和对专制君主任意聚敛财富的愤怒,都不可避免地同封建等级制、宗法制和君主专制制度发生尖锐的冲突,最终导致资产阶级革命推翻了封建专制制度,建立了以普选制和议会制为基本特征的代议制民主政治。这种民主政治以确认公民在人格上的平等为基础,并以确认和维护公民平等拥有的各种个人自由权利特别是其中的私有财产权利为其合法性的根据。

如果说,人的自由本质的现实化是一个历史发展过程,那么,商品生产发展所带来的第二种社会形态,无疑就是人的自由本质的一个极为重要的发展阶段,是人的解放的一个极为重要的历史阶段。

三、文明时代中的"文明悖论"

迄今为止,我们所经历的文明时代是市场经济发展的必然结果,它带来文明程度的不断提高,但它同时也带来一系列悖论性的矛盾。正如恩格斯所说:

———————

① 《马克思恩格斯全集》第46卷上册,人民出版社1979年版,第110页。

"由于文明时代的基础是一个阶级对另一个阶级的剥削,所以它的全部发展都是在经常的矛盾中进行的。生产的每一进步,同时也就是被压迫阶级即大多数人的生活状况的一个退步。对一些人是好事,对另一些人必然是坏事,一个阶级的任何新的解放,必然是对另一个阶级的新的压迫。"①在现代社会中,文明程度的提高所带来的悖论性的矛盾表现在很多方面。这些悖论性的矛盾都根源于资本逻辑的统治。

（一）文明时代的悖论：自由平等的形式化和表面化

尽管资本主义生产方式的产生彻底结束了封建等级制和封建专制,以法律的形式确认和维护公民的人格平等和自由权利,并在广泛的意义上用产业自由、贸易自由、就业自由、思想自由等诠释了现代文明的基本内涵,但是资本主义生产方式的存在是以资本和劳动的相互分离为前提的。在这个前提下,所谓自由与平等在现实中不过是交换价值基础上的自由与平等。现实中的自由归根到底是竞争的自由,是资本的自由,只要深入到自由竞争的内在机制中,自由与平等的表面性就消失了。看上去,资本所有者和工人都是独立的、自主的个人,他们之间是以人格平等为前提的契约关系,但由于资本和劳动的分离,这种契约关系以雇佣劳动的方式使资本所有者拥有了支配他人劳动的权力,并通过无偿地占有工人创造的剩余价值实现资本的价值增殖,从而使财富通过竞争越来越多地集中在少数资本所有者手中,由此造成事实上的或实质上的不平等和不自由。这样一来,资本的统治在任何一个地方都重新建立起统治与奴役的关系,只不过这种关系被掩盖在物与物的关系之下。

资本主义的政治制度和法律制度虽然肯定公民在人格上的平等与自由,但这种平等和自由不过是形式上的而非实质上的。它以法律的形式维护以雇佣劳动制为核心的经济关系,也就把资产者阶级与无产阶级之间的事实上的、实质上的不平等和不自由合法化,本质上不过是在执行"集体资本家"的功能。这不仅使贫富分化成为资本主义社会的顽疾,而且使资本主义民主政治

①　《马克思恩格斯选集》第4卷,人民出版社2012年版,第194页。

本身所强调的平等自由成为"幻影"。当代美国政治学家达尔也不能不承认，"市场资本主义不可避免地会产生不平等，它引发了政治资源分配中的不平等，从而限制了多元民主的潜力"，政治资源分配中的不平等使一些公民对政府政策、决定和行动的影响比另一些公民大得多，这就使民主的道德基础和公民的政治平等遭到严重的破坏。①

更为深刻的是，马克思不仅揭示了资本主义生产方式中以物与物的关系掩盖的统治与奴役的关系、剥削与压迫的关系，而且还指出，在社会关系、社会权利和地位全面物化的条件下，个人虽然摆脱了对他人或共同体的直接依附，但却陷入了对自己的创造物的直接依赖，并被这些创造物所支配。个人能否建立同他人的社会联系以及建立怎样的社会联系，他能否获得自己的生存条件和他所期望的社会地位，不取决于他个人的意图和目的，而是取决于他的活动和结果能否成为商品同他人进行交换。这样，个人之间的全面的依赖性使物化了的社会关系成为外在于每一个个人的异己力量。马克思指出："这一运动的整体虽然表现为社会过程，这一运动的各个因素虽然产生于个人的自觉意志和特殊目的，然而过程的总体表现为一种自发的客观联系；这种联系尽管来自自觉个人的相互作用，但既不存在于他们的意识之中，作为总体也不受他们支配。他们本身的相互冲突为他们创造了一种凌驾于他们之上的他人的社会权力……个人相互间的社会联系作为凌驾于个人之上的独立权力，不论被想象为自然的权力，偶然现象，还是其他任何形式的东西，都是下述状况的必然结果，这就是：这里的出发点不是自由的社会的个人。"②

（二）文明时代的悖论：商品拜物教与"抽象的统治"

现代文明的悖论更为突出地表现为从对物的依赖性中自发地产生出的"商品拜物教"这样一种自我异化的精神统治现象。马克思在《资本论》中谈到，商品这个东西看上去十分简单、十分平凡，但是劳动产品一旦采取了商品

---

① 参见［美］罗伯特·A.达尔：《论民主》，李风华译，中国人民大学出版社 2012 年版，第148—149 页。

② 《马克思恩格斯全集》第 46 卷上册，人民出版社 1979 年版，第 145 页。

形式就具有了"谜一般的性质",成为"一种很古怪的东西,充满形而上学的微妙和神学的怪诞"。① 这种"谜一般的性质"来自商品形式本身,其奥秘就在于:商品形式在人们面前把人们本身劳动的社会性质反映成劳动产品本身的物的性质,似乎这些物本身就天然地具有社会属性,"由于这种转换,劳动产品成了商品,成了可感觉而又超感觉的物或社会的物"②。也就是说,商品之间的关系,"只是人们自己的一定的社会关系,但它在人们面前采取了物与物的关系的虚幻形式。因此,要找一个比喻,我们就得逃到宗教世界的幻境中去。在那里,人脑的产物表现为赋有生命的、彼此发生关系并同人发生关系的独立存在的东西。在商品世界里,人手的产物也是这样。我把这叫做拜物教。劳动产品一旦作为商品来生产,就带上拜物教性质,因此拜物教是同商品生产分不开的"③。

这里,特别值得注意的一个问题是,商品拜物教现象的产生并非仅仅是出于认识上的模糊不清,而是源自于人们的商品交换活动中的"真正抽象"。所谓"真正抽象"不是发生在思维活动中,而是发生在现实的商品交换活动中。商品交换活动使劳动产品采取了商品的形式,这个形式使所有劳动产品的具体的、个别的、特殊的质的规定性都消失了,成为一种只具有"交换价值"的同质性抽象实体,其唯一功能就是实现价值增殖。正是这种"真正抽象"使商品,特别是作为一般等价物的货币,成为网络化社会关系的化身,成为"赋有生命的、彼此发生关系并同人发生关系的独立存在的东西"。尽管货币就其可感知的物质形态不过是一块金属或纸片,甚至是一个数字,但它作为社会关系网络的化身或物化又是"超感觉"的,不会因磨损而丧失其价值。这就使它在人们的商品交换活动中被体验为一种凌驾于一切存在物之上的"神圣物",它君临一切财富、权力、情感、道德之上,成为人们疯狂追逐的对象。正是由于这一点,人们的经济活动乃至其他一切领域的活动,都被货币所具有的"超感

---

① 《马克思恩格斯文集》第 5 卷,人民出版社 2009 年版,第 88 页。
② 《马克思恩格斯文集》第 5 卷,人民出版社 2009 年版,第 89 页。
③ 《马克思恩格斯文集》第 5 卷,人民出版社 2009 年版,第 89—90 页。

觉"的幻象所支配、所控制、所引导。正如马克思所说："个人现在受抽象统治，而他们以前是互相依赖的。但是，抽象或观念，无非是那些统治个人的物质关系的理论表现。"①如果说，社会的经济结构是由人们现实的经济活动所构成的，那么支配着人们的经济活动的拜物教幻觉的确就是在结构着社会现实，使社会现实中所发生的一切离开了拜物教幻觉就无法得到确切的解释。

不独商品是如此，人也是如此。"在货币关系中，在发达的交换制度中（而这种表面现象使民主主义受到迷惑），人的依赖纽带、血统差别、教育差别等等事实上都被打破了，被粉碎了（一切人身纽带至少都表现为人的关系）；各个人看起来似乎独立地（这种独立一般只不过是幻想，确切些说，可叫作——在彼此关系冷漠的意义上——彼此漠不关心）自由地互相接触并在这种自由中互相交换；但是，只有在那些不考虑个人互相接触的条件即不考虑生存条件的人看来（而这些条件又不依赖于个人而存在，它们尽管由社会产生出来，却表现为自然条件，即不受个人控制的条件），各个人才显得是这样的。"②因此，在发达的商品经济或市场经济中，个人的一切个性特征在商品交换过程中都消失，或者说变得无关紧要了。他们只是作为商品所有者彼此发生关系，也就是说，他们只是作为商品所有者才具有独立性和自由性，而他们的活动就是受这种独立性和自由性的"幻想"所支配。这样，在商品交换活动中，个人也成为"抽象实体"。

（三）文明时代的悖论：欲望的生产与消费的异化

因此，如果说商品拜物教是一种在商品交换活动中自发地形成的一种意识，它是一种被普遍化的、同样具有抽象性的欲望，这种欲望的对象就是作为商品和货币表现出来的，因为"没有货币，就不可能有致富的欲望本身；其他的一切积累和积累欲望，表现为原始的、有限的、一方面受需求、另一方面受产品的有限性制约的东西（万恶的求金欲）"③。现代社会的经济发展在很大程

① 《马克思恩格斯全集》第46卷上册，人民出版社1979年版，第111页。
② 《马克思恩格斯全集》第46卷上册，人民出版社1979年版，第110页。
③ 《马克思恩格斯全集》第46卷上册，人民出版社1979年版，第109—110页。

度上就是以这种拜物教性质的欲望为推动力的。

市场经济是现代社会的基本经济形态,因而必然要贯彻追求价值增殖的资本逻辑。而要扩大资本利润,就需要有庞大的消费市场。但仅仅满足生活基本需要的消费市场是非常有限的,因此,资本的运作还必须通过各种方式刺激消费欲望的增长,如通过广告、媒体、互联网等不断发布新的商品信息和消费理念,激发人们的消费欲望,刺激消费不断向着所谓高档化、高端化、奢侈化方向发展。正如我们看到的那样,贯彻资本逻辑的生产不仅是生产产品,而且也在生产欲望,因为欲望直接决定了消费市场。

自古以来,哲学家们就很重视对欲望的分析,并给我们留下了既脍炙人口又发人深思的道德箴言。柏拉图就曾把人的欲望区分为三种:必要的欲望、不必要的欲望和邪恶的欲望。其中,必要的欲望是必须得到满足的,不必要的欲望会给人带来贪婪和困惑,而邪恶的欲望则必然会给自己带来毁灭,给社会带来灾难。然而,现代社会中的生产为了实现资本利润的最大化,就把人们的非必要的欲望乃至邪恶的欲望激发出来,甚至"激起人们的最卑鄙的冲动和情欲",并且给满足欲望的产品附加上具有多方面意义的符号,以至于这个产品本身的真实的使用价值完全被淡化、被忽视,反而使附加在产品上的各种文化符号本身成了使用价值,由此导致消费的畸形化或异化,使大量的资源(物质资源、人力资源)浪费在奢侈性的符号消费中。正如美国学者鲍德里亚在《消费社会》一书中所说的那样,随着后工业社会的来临,工业的发展、技术的进步,可利用资源的增长,使物质财富极大地丰富起来。这种物质的丰盛为消费主义的盛行提供了温床,整个社会进入到消费社会。在这种消费社会中,消费不再被理解为使用价值向交换价值的转化,而是被视为交换价值向符号价值的转化。消费也不再是物的消费,而是符号的消费,消费者对符号的追求超过了对物的功能的需求。这是没有止境的无限扩张过程,甚至达到了无法控制的程度。消费欲望的疯狂扩张刺激了利己主义动机和行为使现实生活日益失去道德约束力。这就是商品拜物教带给我们的"现代文明"的景观:它创造出光怪陆离的消费世界,使人目不暇接,甚至全身心地臣服于金钱万能的幻象;

它使多少人为了金钱背信弃义、坑蒙拐骗,不择手段地攫取财富;它使多少政府官员成为金钱的俘虏,在腐败的泥潭中越陷越深。

(四)文明时代的悖论:世界体系中的竞争博弈

文明的悖论暴露出来的现代文明本身所固有的内在矛盾伴随着经济全球化的发展也给整个世界的经济、政治和文化格局造成了深刻的影响。从"美洲新大陆"的发现算起,400多年的全球化过程把对财富的攫取和追求价值增殖的资本逻辑贯彻到世界经济体系的形成和发展过程中。如果说经济全球化就是市场经济体系打破民族国家的界限向全球的拓展,那么率先进入现代社会的西方发达国家显然在这个世界体系中占据主导地位。它们凭借自身的经济——技术优势在世界范围内进行商品与资本的输出,掠夺资源、占领市场,从而使资本创造的经济剩余不断地从落后国家向发达国家流动,导致落后国家不断地为发达国家的发达付出代价。当然,第三世界中绝大多数发展中国家也不甘于这种被动受制的境地,而是必然会竭力抵制发达国家的掠夺和剥削,力求抓住机遇和条件改变自身贫困落后的境地,并试图通过充分吸收现代世界经济和技术的发展成果实现对发达国家的快速赶超。

世界体系中这种难以协调的矛盾使对财富的攫取不再仅仅是私人利己主义行为,而是演变为国家间的竞争博弈,并且不可避免地延伸到世界的政治格局和文化格局中,使这个文明时代的世界体系被国与国之间的剧烈对抗与冲突所困扰,充满了内在的对抗性。即便饱尝了两次世界大战带给人类的沉痛教训,也没有从根本上改变这个文明时代的内在逻辑,反而使自古以来人们就企盼的"永久和平"的梦想一次又一次地破灭。特别是在21世纪以来,经济全球化的发展出现了一些新的态势,一些发展中国家抓住了机遇正在崛起,这使得某些西方大国感到自身的地位受到威胁,于是竟然放弃以往由它们高调鼓吹的全球化,开始玩起了"退群"的游戏,掀起一股股的"反全球化"热潮。面对世界体系本身所具有的内在的并且益复杂化、尖锐化的对抗性特征,人们要么公开地,要么默默地接受了一个所谓的"通则":世界上没有永恒的敌人,也没有永恒的朋友,只有永恒的利益。这个"通则"毋宁说是我们这个文明时代的一个可怕的咒语,它可以为任何一种背信弃义的行为做出辩护,甚至使国际正义、国际道义、国际关系的民主化、"永久和平"的呼声不是变成赤裸裸的谎言,就是变成难以实现的泡影。也许这就是我们这个"现代文明"走向尽头的征兆。

四、当代中国道路开创文明新形态

总之,现代文明就是随着商品经济的发展而产生和发展起来的,在现代社会中,文明程度的提高以及文明时代的种种悖论,也是市场经济的发展所带来的历史效应。因此,马克思和恩格斯一方面历史地肯定了现代文明所产生的巨大成就;另一方面又指出,迄今为止的现代文明并不是人的发展的最高阶段。马克思确信,人的发展的第二个阶段(以物的依赖性为基础的人的独立性的社会形态)为第三个阶段——"建立在个人全面发展和他们共同的社会生产能力成为他们的社会财富这一基础上的自由个性"——创造条件。在这个阶段上,"全面发展的个人——他们的社会关系作为他们自己的共同的关系,也是服从于他们自己的共同的控制的"①。这也就是马克思和恩格斯设想的"共产主义社会"或者说是"自由人的联合体",它意味着彻底结束私有制的统治,扬弃劳动异化,摆脱物与物的关系所掩盖的统治与奴役关系,把人从对物的依赖性中解放出来,真正实现每个人全面而自由的发展。

尽管我们目前还很难对这个未来的文明的具体样态做出准确的描述,但有一点可以肯定的是,共产主义这个社会形态的产生意味着人类文明将走向新的历史形态。恩格斯在《家庭、私有制和国家的起源》一书中,意味深长地引用摩尔根对文明时代的评断作为全书的结语。这段话的最后几句是这样写的:"自从文明时代开始以来所经过的时间,只是人类已经经历过的生存时间的一小部分,只是人类将要经历的生存时间的一小部分。社会的瓦解,即将成为以财富为唯一的最终目的的那个历程的终结,因为这一历程包含着自我消

---

① 《马克思恩格斯全集》第46卷上册,人民出版社1979年版,第108页。

灭的因素。管理上的民主,社会中的博爱,权利的平等,教育的普及,将揭开社会的下一个更高的阶段,经验、理智和科学正在不断向这个阶段努力。这将是古代氏族的自由、平等和博爱的复活,但却是在更高级形式上的复活。"①恩格斯未必完全赞同摩尔根的这个说法,但他暗示,这个以单个人的个人的财富为唯一起决定作用的文明,或用马克思的用语,这个以"物的依赖性"为根本特征的社会阶段,必然会历史地终结而被新的文明历史形态所取代。

当然,眼下距离人类文明的这个可能的历史形态还是比较遥远的。当今世界仍处在由商品生产所开创的文明时代,而且资本主义依然在这个文明时代占据主导地位。但是在这个世界中,经过40多年改革开放而发展起来的中国特色社会主义,却为这个文明时代注入了新的发展因素。我国改革开放实践的核心内容,就是建立和完善社会主义市场经济体制。市场经济是现代经济形态发展的不可逾越的历史阶段,也是现代文明的基础。正是通过市场化改革,我们比较充分地吸收了现代文明发展的积极成果,使我国用40多年的时间走过了西方发达国家300多年的历程,成为当今世界第二大经济体。在物质文明、政治文明和精神文明各个方面,都取得了足以和发达国家比肩的成就。这证明,只有充分发展市场经济,我们才能真正把文明提高到现代社会的发展高度,从而为更新的文明形态创造条件。否则,很难走出传统文明低水平循环的状况,同时也会使马克思、恩格斯所设想的更高的文明历史形态成为一纸空文。

不过,我们也应当看到,市场经济本身作为交换手段充分发达的经济形态,客观上不可避免地要贯彻以追求价值增殖为目的资本逻辑。这就意味着,在我国市场化改革过程中,同样会出现文明悖论的现象。例如,由于我国经济结构中多种所有制形式和多种经济成分的存在,同样会在一定程度上存在资本与劳动相互分离的状况,从而意味着雇佣劳动及其所包含的剥削与被剥削关系在一定范围内的存在,同时也意味着存在形式上的自由平等与实质上的

---

① 《马克思恩格斯选集》第4卷,人民出版社2012年版,第195页。

自由平等的矛盾。此外,随着市场经济的发展,商品交换活动普遍化,社会成员也会在经济活动中自发地产生商品拜物教幻觉,由此产生不择手段地疯狂追逐金钱的行为和消费的符号化倾向,并导致各种违法、违纪、违反道德的不良现象的频繁发生。

但是中国作为社会主义国家,其社会发展的基本理念是谋求人的解放,实现人的全面而自由的发展。这就是说,中国特色社会主义的未来发展在其基本价值取向上是指向人类文明的更高历史形态,因而它应当能够为逐步消解文明悖论做出努力。这就要求我们更为自觉地把握市场经济发展的规律,一方面充分利用市场机制发展国民经济,另一方面充分认识市场自发倾向本身所包含的内在矛盾,加强政府调节利益分配格局的能力,合理地限制贫富差别,不断扩大公民的财产性收入,使广大社会成员能够分享社会发展的利益,从而不断扩大和深化公民的实质性的自由与平等。由于文明悖论根源于资本逻辑的泛化,因而社会主义国家应当自觉地、合理地限制资本逻辑起作用的范围,遏制商品拜物教幻觉的泛滥,尤其要防止资本逻辑浸染国家的政治与行政过程,及其向文化教育、医疗卫生和新闻媒体等公共生活领域的漫延,在广泛的意义上实现社会的公平正义。同时,要加强对社会成员的理想信念教育,使人们能够以崇高的政治信仰、高尚的道德情操和健全的法治意识自觉地驾驭商品交换活动。面对当今经济全球化过程导致的波云诡谲的世界格局,中国共产党和中国政府提出并实施的"构建人类命运共同体"的理念和战略,谋求用"合作共赢"的模式取代现有的"竞争博弈"模式,倡导国际公平正义,追求国际关系民主化,追求持久和平,打破国强必霸的逻辑,等等,为合理解决世界体系的内在矛盾提供了中国方案。所有这一切都意味着,中国特色社会主义发展道路及其实践成就,为现代文明的历史发展进程提供了新的发展前景,并为向文明的新的历史形态过渡创造必要的社会历史条件。

主要参考文献

《马克思恩格斯文集》第 1—10 卷,人民出版社 2009 年版。

《马克思恩格斯选集》第 1—4 卷,人民出版社 2012 年版。

《马克思恩格斯全集》第 46 卷上、下册,人民出版社 1979 年版。

《毛泽东选集》第 1—4 卷,人民出版社 1991 年版。

《邓小平文选》第 1—3 卷,人民出版社 1994、1993 年版。

《江泽民文选》第 1—3 卷,人民出版社 2006 年版。

《胡锦涛文选》第 1—3 卷,人民出版社 2016 年版。

《习近平谈治国理政》,外文出版社 2014 年版。

《习近平谈治国理政》第 2 卷,外文出版社 2017 年版。

《习近平谈治国理政》第 3 卷,外文出版社 2020 年版。

[古希腊]柏拉图:《理想国》,郭斌和、张竹明译,商务印书馆 1986 年版

[古希腊]亚里士多德:《尼可马可伦理学》,廖申白译,商务印书馆 2003 年版。

[古希腊]亚里士多德:《政治学》,颜一、秦典华译,中国人民大学出版社 2003 年版。

[德]康德:《实践理性批判》,韩水法译,商务印书馆 2000 年版。

[德]康德:《道德形而上学原理》,苗力田译,上海人民出版社 1988 年版。

[德]黑格尔:《哲学史讲演录》第 1 卷,贺麟、王太庆译,商务印书馆 1983 年版。

[德]黑格尔:《历史哲学》,王造时译,上海人民出版社 2001 年版。

[法]涂尔干:《社会分工论》,渠东译,生活·读书·新知三联书店 2000 年版。

[美]丹尼尔·贝尔:《资本主义文化矛盾》,赵一凡译,生活·读书·新知三联书店 1989 年版。

[美]罗伯特·A.达尔:《论民主》,李风华译,中国人民大学出版社 2012 年版。

[法]佩鲁:《新发展观》,张宁、丰子义译,华夏出版社 1987 年版。

[美]奥格本:《文化变迁》,王晓毅、陈育国译,浙江人民出版社 1989 年版。

[美]怀特:《文化科学——人和文明的研究》,曹锦清等译,浙江人民出版社 1988 年版。

[美]A.班杜拉:《思想和行动的社会基础——社会认知论》,林颖、王小鹏等译,华东师

范大学出版社 2001 年版。

[美]恩伯:《文化的变异》,杜杉杉译,辽宁人民出版社 1988 年版。

[美]爱德华·希尔斯:《论传统》,傅铿、吕乐译,上海人民出版社 1991 年版。

[英]威廉·史坦利·耶方斯:《名学浅说》,严复译,商务印书馆 1981 年版。

[斯洛文尼亚]齐泽克:《意识形态的崇高客体》,季广茂译,中央编译出版社 2002 年版。

康有为:《日本变政考》,中国人民大学出版社 2011 年版。

《康有为全集》第 8 卷,中国人民大学出版社 2007 年版。

梁启超:《论中国学术思想变迁之大势》,上海古籍出版社 2001 年版。

《梁启超论清学史二种》,复旦大学出版社 1985 年版。

梁启超:《饮冰室合集·专集之四》,中华书局 1989 年版。

《梁漱溟全集》第 1 卷,山东人民出版社 1989 年版。

《龚自珍全集·古史钩沉二》,上海人民出版社 1975 年版。

张岱年、方克立:《中国文化概论》,北京师范大学出版社 2019 年版。

《陈独秀文章选编》,生活·读书·新知三联书店 1984 年版。

《胡适文存》第 1 集,黄山书社 1996 年版。

蔡和森:《社会进化史》,东方出版社 1996 年版。

范寿康:《中国哲学史通论》,武汉大学出版社 2008 年版。

徐嘉:《中国近现代伦理启蒙》,中国社会科学出版社 2014 年版。

周德丰:《中国近代哲学研究》,天津人民出版社 2004 年版。

阎孟伟:《在马克思实践哲学的视野中》,武汉大学出版社 2011 年版。

阎孟伟主编:《多元文化背景下的正义与责任》,南开大学出版社 2017 年版。

衣俊卿:《文化哲学十五讲》,北京大学出版社 2004 年版。

罗荣渠主编:《从"西化"到现代化》,北京大学出版社 1990 年版。

葛懋春等编:《无政府主义思想资料选》(上),北京大学出版社 1984 年版。

丁守和、殷叙彝:《从五四启蒙道马克思主义的传播》,生活·读书·新知三联书店 1979 年版。

庞朴:《文化结构与近代中国》,载《中国社会科学》1986 年第 5 期。

阎孟伟:《社会文化的实践哲学诠释及其意义》,载《学术研究》2013 年第 1 期。

阎孟伟:《文明时代的特征、悖论与历史趋向》,载《教学与研究》2021 年第 10 期。

丁立群:《文化自信的哲学省思》,载《天津社会科学》2018 年第 5 期

丁立群:《深化文化哲学研究的思想路径》,载《中国社会科学评论》2015 年第 2 期。

郭齐勇:《传承发展中华优秀传统制度文化》,载《人民日报》2021 年 4 月 22 日。

章太炎:《演说录》,载《民报》1905 年 6 月。

王德昭:《服尔德著作中所见之中国》,载《新亚学报》第 9 卷 1970 年第 2 期。

刘然:《马克思主义哲学视域下的文化哲学研究》,载《思想教育研究》2018 年第 4 期。

霍桂桓:《论文化哲学研究吸收中国资源的方法论维度》,载《河北学刊》2008 年第 5 期。

陈先达、臧峰宇:《文化自信与新时代中国文化发展的哲学对话》,载《理论与现代化》2019 年第 2 期。

后　记

　　《论中华民族的文化自信》是 2018 年南开大学当代中国问题研究院设立的重大研究项目之一，也是 2019 年天津市社科规划项目重大委托项目之一。接受这个研究项目，对我们这个课题组来说，是一件十分荣幸的事情。它促使我们更为深入、更为系统地学习、研究和阐述中国文化从远古至今五千年的发展脉络，更深刻体领悟和体会习近平总书记所说的，"文化自信是更基本、更深沉、更持久的力量"。两年多来，我们都深深地沉浸到对中国文化发展历程的追溯与沉思中，这也是一个思想锤炼、提升的过程。对我国思想文化资源的探索越深，就越能切实地感受到和理解到"文化自信"对于我们把握中华民族的历史命运和未来前途是多么重要。

　　这本书是由我们课题组四名教师共同完成。第一章、第四章和第六章由阎孟伟撰写，第二章和第三章由周德丰、张娇撰写，第五章由阎孟伟、吴建永撰写。在这里，我们还特别感谢中国人民大学哲学院郭湛教授对这本书的初稿进行了审阅。郭先生是我国著名的哲学家，承担了很多学术研究任务，但百忙之中，还是欣然接受了我们审阅书稿的请求。郭先生对书稿的审阅极为认真、极为负责，对书中的思想论点、话语表述、标点符号乃至引文注释都做出了修正，发现了书稿中存在的许多问题，提出了许多改进的意见，甚至直接做出了修改。看了郭先生的修改意见，我们不仅深受教益，而且甚为感动。在此，我们向郭湛先生表示衷心感谢！我们还要感谢人民出版社马列部崔继新主任以及编辑部所有编辑老师，他们为本书的出版付出了巨大的努力。

　　中国从古至今五千年创造和积累起来的思想文化资源博大精深、浩如烟海,是对人类文明进步发展的最为卓越的贡献。中华文化所拥有的卓越的民族智慧、思想精华远不是我们这一部 20 余万字的作品所能尽述的,我们希望读者能够对这本书的不足之处提出高贵的意见和建议,更希望有更多的读者能够投身到中国文化的历史和理论的研究中,通过我们的不懈努力,把中华文化完整地熔铸到中华民族伟大复兴的历史进程中。

阎孟伟

2022 年 4 月

责任编辑:崔继新
封面设计:林芝玉
版式设计:东昌文化

图书在版编目(CIP)数据

中华民族文化自信的理论逻辑和实践逻辑/阎孟伟、周德丰等 著. —北京:
　人民出版社,2022.9
(新时代政治思维方式研究丛书/陈晏清主编)
ISBN 978－7－01－025008－3

Ⅰ.①中…　　Ⅱ.①阎…②周…　　Ⅲ.①中华文化-研究　　Ⅳ.①K203

中国版本图书馆 CIP 数据核字(2022)第 153202 号

中华民族文化自信的理论逻辑和实践逻辑
ZHONGHUA MINZU WENHUA ZIXIN DE LILUN LUOJI HE SHIJIAN LUOJI

阎孟伟　　周德丰 等　著

人 民 出 版 社 出版发行
(100706　北京市东城区隆福寺街 99 号)

中煤(北京)印务有限公司印刷　新华书店经销

2022 年 9 月第 1 版　2022 年 9 月北京第 1 次印刷
开本:710 毫米×1000 毫米 1/16　印张:18.5
字数:273 千字

ISBN 978－7－01－025008－3　定价:88.00 元

邮购地址 100706　北京市东城区隆福寺街 99 号
人民东方图书销售中心　电话 (010)65250042　65289539